党员干部能力建设读本

如何有效开展调查研究

廉 思 ◎ 著

人民日报出版社
·北京·

图书在版编目（CIP）数据

如何有效开展调查研究 / 廉思著. -- 北京 : 人民日报出版社, 2019.6
（党员干部能力建设读本）
ISBN 978-7-5115-6045-2

Ⅰ.①如… Ⅱ.①廉… Ⅲ.①中国共产党—组织工作—工作方法—研究 Ⅳ.①D262.2

中国版本图书馆CIP数据核字（2019）第097003号

书　　名：	如何有效开展调查研究
	RUHE YOUXIAO KAIZHAN DIAOCHA YANJIU
作　　者：	廉　思
出 版 人：	刘华新
责任编辑：	刘　悦
封面设计：	王薯聿
出版发行：	人民日报出版社
社　　址：	北京金台西路2号
邮政编码：	100733
发行热线：	（010）65369527　65369846　65369509　65369510
邮购热线：	（010）65369530　65363527
编辑热线：	（010）65363105
网　　址：	www.peopledailypress.com
经　　销：	新华书店
印　　刷：	大厂回族自治县彩虹印刷有限公司
法律顾问：	北京科宇律师事务所 010-83622312
开　　本：	710mm×1000mm　1/16
字　　数：	292千字
印　　张：	18.75
印　　次：	2019年10月第1版　2025年12月第10次印刷
书　　号：	ISBN 978-7-5115-6045-2
定　　价：	48.00元

序

资料就在背包上，调研就在大路上
案台就在膝盖上，成果就在大地上

党的十八大以来，以习近平同志为核心的党中央，高度重视调查研究工作。习近平总书记指出，调查研究是谋事之基、成事之道。没有调查，就没有发言权，更没有决策权。研究、思考、确定全面深化改革的思路和重大举措，刻舟求剑不行，闭门造车不行，异想天开更不行，必须进行全面深入的调查研究。[①]深入一线、掌握第一手详细资料是习近平总书记的工作作风，也是他对党员干部的要求，他用"深、实、细、准、效"概括了调研要达到的5个要求，强调要求真务实。

习近平总书记关于调查研究的讲话精神，指出了对待调查研究应有的态度以及需要学习和掌握的正确方法，对于调查研究工作的开展具有重要的指导意义。领导干部的调查研究与作为社会科学研究方法的调查研究在研究目的、对象乃至方法上有所差异，但同为调查研究，两者有很大共性，有着共通的规律。调查研究既是认识社会的方法，也是群众工作的方法。因此，作为一种相对成熟的方法，调查研究能力是党员领导干部必须具备

---

① 习近平在武汉召开部分省市负责人座谈会 [N]. 人民日报，2013-7-25(1).

如何有效开展调查研究

的一项基本素质。

然而,究竟什么是调查研究?科学意义上的调查研究具有什么特征?对于这些问题,许多人并不是很清楚。特别是当需要亲自动手进行一项调查研究时,有些人往往仅凭头脑中对调查研究的感性认识和工作热情,就大胆去做。当然,这种精神是好的,但是这样调查研究得来的成果究竟在多大程度上能够反映现实情况?会不会歪曲事实、误导决策?比如,有的在几万人的总体中,仅仅调查十几个人,甚至只调查了几个人,就得出有关这个总体的结论;有的根据极端特殊的样本,得出的却是有关一般总体的结论;有的把表面上存在差别、而实际上并无差别的统计结果作为阐述变量关系的依据;还有的在调查中对调查对象提出一些很难回答,甚至完全无法回答的问题,等等。

不科学的调查研究会干扰人们对客观世界的认识,进而会导致不当决策。因此,对调查研究的知识体系和方式方法具有一些基本的、正确的认识和了解,既是动手做调查工作的前提,也是形成高质量研究报告的需要,这也是本书的初衷所在。

老一辈革命家,经常深入基层亲自做社会调查,撰写了许多调查报告。他们调查研究的实践和成果,对于指导党和人民的事业沿着正确的道路发展,起了重要的作用。当今时代,信息手段十分发达,利用信息工具了解和掌握情况,是一种越来越重要的方式。但不管通信手段多么发达,有多少了解情况的其他渠道,都不能替代亲自深入实际、深入基层、深入群众的实地调查研究。党政领导干部和学者学生们,应当走出书斋,深入基层,在实际生活中"望闻问切",在充分占有和分析第一手材料的基础上概括出新思想、新观点、新论断、新举措,把群众的创造吸收到文章、著作中来,使我们的思想和文字体现时代要求,符合实际情况,解决实际问题。

当前中国已经进入新时代,国家在取得了举世瞩目的成就的同时,也面临着许多发展中的问题,比如均衡发展问题、创新创业问题、精准扶贫问题、收入分配问题、公平正义问题、环境治理问题等。很多问题前无古人、旁无借鉴，这为我们提供了多样化的研究对象和广阔的实践平台。纵观我国调查研究的现状，可以看到具有中国特色的本土化调查研究体系和方法已经初步形成，并取得了一些创建性的成果。但是，有时候通信工具发达了，离群众却远了；科技手段先进了，了解群众的真实诉求却难了。当前的调查研究，还不能紧跟理论研究的步伐，还不能为党的决策提供有效的支撑。有鉴于此，本书在充分吸收和借鉴前人成果的基础上，做了一些新的探索和尝试，希望能够为广大党员领导干部和调查研究者认识中国提供一些新的洞见和新的路径。

一、关于内容

本书力求通俗易懂，并不是一本研究性的著作，亦无对调查方法某一方面的深度挖掘和独创发现。书中的案例，大多来自课题组以往的研究成果，使用的文献资料，大多提炼自现有的著述和教材。书中涉及很多领域，对这些领域的专家而言，这本书的内容可能是常识性的。我们的工作是尽量摘取前人较为前沿的研究，加以整理，用我们在实践中摸索出来的规律进行串联总结，加入我们自己的视角和经验，然后转化为党政领导干部和普通读者可以接受的文字表达。

二、关于体例

本书在体例框架上，沿用了大多数同类著作的编写方法，而不刻意标新立异，但是我们对一些以往书籍中的疏漏或不足，提出了自己的看法。本书第一章调研概述介绍有关调研的基础知识，第二章调研设计介绍调研准备的各项工作，第三章抽样方法介绍抽样方案的设计，第四章到第六章介绍各种具体的调研方法，第七章介绍调研报告的撰写方法。本书的体例安排按照调研的实际过程展开，适合实操实战。当然，这样的章节设计只能抓住调查研究的一些精髓，不可能面面俱到。还要强调的是，做调查研究，实际上是做人的工作，人情与人性是"常"，时代与工具是"变"，要做好调查研究，核心是把握具体情境中的人情和人性。所谓"人情"，就是人们生活交往中的风俗、习惯、礼仪、规则等；所谓"人性"，就是从人的基本需求中反映出人的本性，一些社会学理论对此有专门探讨，比如马斯洛的需求层次理论等。因此，本书中提及的调查研究方法只是"术"，而非"道。"要想做好调查研究，必须深入某一群体或地域的具体场景中去感知人情和人性，研修理论，长期实践，才能真正"悟道"，并做出一流的研究成果来。

三、关于表述

在本书中，我们结合十余年来课题组完成的调研成果，采用文本框的形式，列举了许多实际的、生活化的案例，来说明一些复杂的社会学或者政治学议题。这不仅是为了方便一般读者和党政干部阅读，而且是因为学术理论本来就应该是简单的东西，它们只是人类为了理解复杂的社会文化现象所创造的一种思想索引工具或认知通道，其最终用途是为了让我们更了解我们的生存环境，因此它们的效度（或者称可靠性），除了在我们的生活世界或田野经验中被验证外别无他法。我的导师，北京大学中国与世界研究中心主任潘维教授常对我说：把复杂的问题简单化是"学术"，把复杂的问题复杂化叫"复述"。我觉得社会科学知识尤其如此，中西方很多理论大家都十分注重作品的可读性。我们看到他们的著作，并没有矫揉造作的故弄玄虚之感。当前有些讲究纯理论研究的学者经常发明或翻译出一些拗口的词汇，夹杂在文白相间的句子中，以此显示自己的高明，让人心生"高山仰止，景行行止"之感，却又捉摸不透、不知所云。这样的学术风气，会导致学者的精力消耗于"造词""空想"的书斋学问，造成理论与实践的脱节。因此，将知识从云端拖到尘世间来，让学术重回社会关怀之中，正是本书编著的题中应有之义。

任何国家的执政党都不能不把发展经济作为绩效合法性的重要来源，但是仅仅发展好经济是不够的，如果不善于做好"人"的工作，一样有可能失去公信力。"当今世界正面临百年未有之大变局"，① 党的十九大报告指出，中国特色社会主义进入新时代，我国社会主要矛盾已经转化为人民日益增长的美好生活需要和不平衡不充分的发展之间的矛盾。我国社会主要矛盾的变化是关系全局的历史性变化，对党和国家工作提出了许多新要求。我们要在继续推动发展的基础上，着力解决好发展不平衡不充分问题，大力提升发展质量和效益，更好满足人民在经济、政治、文化、社会、生态等方面日益增长的需要，更好推动人的全面发展、社会全面进步。② 中国共产党之所以能取得今天辉煌成就，一个重要的原因就是党始终重视调查研究。重视调查研究，使党能够不断获取和了解到最可靠的第一手资料，而正是有了可靠详细的资料，才使党始终能够把握时代发展的潮流，制定出符合时代发展，民生需求的方针政策。我们相信，新时代的共产党人，一定可以经受住任何考验，团结带领全国各族人民实现中华民族伟大复兴的中国梦！

---

① 中华人民共和国主席习近平. 顺应时代潮流 实现共同发展 [N]. 人民日报, 2018-7-26(2).
② 习近平. 决胜全面建成小康社会 夺取新时代中国特色社会主义伟大胜利 [M]. 北京：人民出版社, 2017.

目 录

序 …………………………………………………………… 1

第一章 调研概述 …………………………………………… 1
 第一节 调研的主要价值 ………………………………… 3
 第二节 调研的基本态度 ………………………………… 9
 第三节 调研的能力要求 ………………………………… 22

第二章 调研设计 …………………………………………… 35
 第一节 调研的基本类型 ………………………………… 36
 第二节 问题的发现和确定 ……………………………… 42
 第三节 制定调研方案 …………………………………… 53
 第四节 预调研的主要环节 ……………………………… 69

第三章 抽样方法 ……………………………………………… 75

第一节 抽样的类型和程序 ………………… 77
第二节 抽样规模 ………………………… 82
第三节 概率抽样 ………………………… 85
第四节 非概率抽样 ……………………… 103
第五节 抽样的本土实践 ………………… 109

第四章 问卷法 …………………………………………… 113

第一节 问卷的类型和特点 ……………… 114
第二节 问卷设计的原则和步骤 ………… 119
第三节 问卷的结构及问题的编制 ……… 124
第四节 问卷设计中应考虑的因素 ……… 146

第五章 深度访谈 ………………………………………… 155

第一节 深度访谈前期准备 ……………… 158
第二节 深度访谈实施过程 ……………… 176
第三节 深度访谈策略技巧 ……………… 186

第六章 焦点团体座谈 …………………………………… 199

第一节 焦点团体座谈概述 ……………… 199
第二节 焦点团体座谈准备 ……………… 204
第三节 焦点团体座谈执行 ……………… 212
第四节 焦点团体座谈资料整理与分析 … 216
第五节 焦点团体座谈的利弊 …………… 218

第七章 调研报告的撰写 …… 226

第一节 调研报告的特点和意义 …… 226
第二节 调研报告的类型 …… 230
第三节 调研报告的结构 …… 246
第四节 调研报告应注意的问题 …… 276

参考文献 …… 281
致　谢 …… 283

第一章 调研概述

作为认识社会现象的实践方法与技术手段之一,调查研究是使用最多的,也是人们探索社会问题的有力工具。

中国式现代化是中国共产党和中国人民长期实践探索的成果,是一项伟大而艰巨的事业。在这一历史进程中,中国发生了广泛而深刻的变化,大变革产生了极其丰富的实践经验。方针政策的产生必然要以实践经验作为基础,"实践—经验—思想"是理论产生和发展的客观过程,经验以实践为基础,理论是对经验的提炼与升华。没有对中国经验的系统研究与扎实总结,就不可能产生为中国所需要的、反映时代精神的重要理论和方针政策。毛泽东在研读苏联哲学家西洛可夫和艾森堡合著的《辩证唯物论教程》的批语中明确提出:"书斋里面不能发展理论。"[1] 因此,构建中国特色、中国风格、中国气派和中国话语的学术体系,出台适合不同发展阶段的大政方针,都要求我们必须关注中国社会生活中涌现出来的、人民群众创造的丰富多彩的实践经验,努力做好调查研究。

2007 年以来,来自社会学、统计学、经济学、政治学、心理学、教育学、信息学等学科领域的近 30 位青年学者组成了廉思教授课题组,先后对"蚁族"(未稳定就业大学毕业生聚居群体)、"工蜂"(高校青年教师)、"洄

---

[1] 中国延安干部学院. 延安时期大事记述 [M]. 北京:中央文献出版社, 2012:252.

游"（返乡青年）、新生代农民工、城市新移民、快递小哥、文艺新群体、新的社会阶层等社会群体及党建和意识形态等问题进行了深入细致的调查研究，获得了关于当代不同社会群体的大量一手资料和实证数据。本书所有案例均来源于课题组十余年来的调研成果。

在十余年研究的过程中，我们积累了数十万个样本数据，数百万字的访谈资料，逐渐形成了"深度入场、共情交流、抽离研判"的研究经验，"资料就在背包上，调研就在大路上，案台就在膝盖上，成果就在大地上"的研究作风，以及"服务人民找问题，俯下身子做调研，把握规律提建议，凝聚理想建团队"的研究宗旨。并在长期的调查研究中达成了"不仅物质是生产力，科技是生产力，理想信念也是生产力"的团队共识。通过团队领袖的带动作用和成员间的相互影响，把团队共同目标凝练为个人理想信念。理想信念一旦形成，就会成为持久研究的精神动力，使团队始终保持昂扬向上的精神状态和百折不挠的旺盛斗志。

我们从事调查研究的十余年，在中国历史上犹如沧海一粟，但却是国家现代化事业快速发展的十余年，也是群众价值观剧烈变迁和社会利益不断整合分化的十余年。在十余年的调查研究中，我们深刻体会到，个体样本的背后不是枯燥的数字，而是鲜活的生命和多彩的生活。调查研究，不仅是一门理论文献的学问，更是一门实地考察的科学。如果缺少扎实系统的现场调查，那么有关社会问题的一切论述，可以是很好的文献综述或新闻评论，但却缺乏深入人心的解读和剖析。调查研究，不仅是宏大的社会学和政治学命题，更是一个个鲜活生命组成的跳动乐章和生动史诗。在一次次艰苦的调研过程中，我们最激动的不是带回来一些资料，写成了什么报告或发表了哪些论文，而是从调查对象眼中看到了人生的起伏和中国的转型。

同时，我们也切身感受到，调查研究要始终坚持以人民为中心。理论著作是写给群众看的，是要群众接受和引导群众的，要站在群众的立场上，用群众听得懂的语言讲群众听得懂的道理，真正还学问于人民。而审视我们的研究成果，如果说能够对党和国家的决策起到一点点作用，那恰恰是因为我们与广大群众在一起，真实反映群众的所思所想。离基层越近，离真理也就越近，离群众越近，做决策也就越扎实！

第一节　调研的主要价值

调查研究的本质是群众工作。做群众工作，不可能"一气呵成"或"毕其功于一役"，而是一个不断重复、循环和提高的过程。正所谓：联系群众"永无止境"，接触群众"没完没了"，群众工作"尽善尽美"。这意味着，在调查研究的过程中，解决了一个问题，又会出现新的问题，还可能产生更多的问题。调查研究看似具体、实则抽象，上手简单、做好很难。绝非是一套机械化的技术，绝不是只要接触了调查对象就可以获得想要的材料。简单照搬西方实证社会学的调查方法，对处于深刻变迁中的中国社会生活的解释常常只能流于表层。只有积极探索中国本土特色的调查方法，才能真正有效开展调查研究。

一、调查研究是了解认识群众的有效途径

我们党始终坚持以人民为中心。党的政策源于对社会现实的关照，人民的关注就是社会现实的需要，脱离了人民的政策是没有价值、没有生命力的。做好调查研究，要在现实生活中"望闻问切"群众诉求，把群众普遍反映的问题吸收到党的决策中来，使国家政策符合实际情况，解决实际问题。坐在办公室里都是问题，走下去就都是办法。基层是创造力的源泉，是调查研究的富矿，一地的经验常常可以用来解决另一地的问题。通过调查研究，集中民智，体现民意，反映民情，把群众分散的智慧集中为党的

如何有效开展调查研究

决策,把群众分散的意志上升为党的主张。

当前,随着我国人民教育水平和文化素质的提升,"政治生活化"已经成为一个突出的现象。大量的政治问题生活化、生活问题政治化,这就反映了"一切群众的实际生活问题,都是我们应当注意的问题。"① 所以,要重视人民生活和企业发展遇到的问题,关注政策制定和工作推进落实过程中存在的问题。在调查研究中,我们要和人民交朋友,听他们把自己的心里话说出来,听他们讲对具体政策的看法,对民生问题、宗教问题和民族问题的看法。只有和他们真心交朋友,他们才会告诉你自己真实的想法。正如有的农村标语写的那样:"扶贫方式千千万,就看我们怎么办。闲暇不妨乡村转,东家油米西家蛋。"这句话其实点明了调查研究的意义和方法,通过调查研究,我们可以深入地了解群众所思所想,所急所需。

当群众是一个抽象概念时,谁都可以对"密切联系群众"说上几句。但当我们身处基层,直接面对具体的群众时,只有尊重他们的感受,走进他们的生活,倾听他们的呼声,服务他们的需求,才能锤炼和反映我们的真本事、好作风。作风都是具体的,需要我们在一点一滴、一言一行中有意识地去认真培养、反复磨炼,而调查研究就是锤炼作风的最好方法。随着社会日益多元化,不同群体的话语习惯、行为特征、思维方式差异日益显著,针对不同群体做调查研究的方法也有很大区别。当前深入群众的门槛不断提高,很多群众口中有多套话语体系,在不同的场合讲不同的话。要想得到他们真实的对党的政策的看法,不能通过一般性的研讨会、座谈会,必须长期蛰伏在不同的群体中,赢得他们发自内心的认同和信任。而群众的认可,首先来自感情的认可。群众遇到的问题,我们不一定都能立

---

① "解决群众的穿衣问题,吃饭问题,住房问题,柴米油盐问题,疾病卫生问题,婚姻问题。总之,一切群众的实际生活问题,都是我们应当注意的问题。"出自1934年1月毛泽东所著的《关心群众生活,注意工作方法》。

刻解决，但是只要和群众之间有感情，关键时刻群众就会相信我们，就会坚定不移地跟党走。所以要做到实事求是，首先要通过交朋友来了解群众的真实情况和真实想法，把各个社会阶层的基本情况调查清楚，只有这样，我们才不会误判中国当前的现状和发展趋势。

二、调查研究的过程是教育引领群众的过程

习近平总书记指出："我们讲两句话：第一句话，干部要相信和依靠群众，但又不能做群众的尾巴；第二句话，干部要教育和引导群众，但千万不能站在群众的对立面。"[①] 调查研究肩负着面向群众宣传党的理论和路线方针政策，让党的创新理论"飞入寻常百姓家"的重要责任。调查研究中的群众工作，不同于课堂教学和社会实践，不是从理论到理论，从活动到活动，而是要将调研中的大量案例和鲜活资料与我们党领导的伟大社会革命和自我革命有机结合起来，与我们的伟大实践有机结合起来，把党的理想主张用学术思维、通俗话语、真诚交流的方式感召群众、教育群众、感染群众。

为了更好地在调研中宣传习近平新时代中国特色社会主义思想，我课题组平时就把习近平总书记系列重要讲话作为口袋书、枕边书、案头书，尤其是《习近平谈治国理政》等，随时学习领会，及时对照检查。在调研中深化学习，联系实际深入思考。只有自己首先把理论学深学透，才能把握背后的历史逻辑、实践逻辑，才能从身边事例、国际视野、历史比较等多角度选择群众感兴趣、听得懂的素材来教育启发群众，把习近平新时代中国特色社会主义思想讲得通俗化、形象化、生动化。

---

① 习近平. 干在实处，走在前列 [M]. 北京：中共中央党校出版社, 2013(532).

调研过程中，课题组成员抓住一切机会与调查对象交流讨论，用历史的、全面的、辩证的、发展的眼光和他们一起分析问题。既向人民群众虚心学习，也教育引领人民群众，既要当人民群众的学生，又要当人民群众的老师。我们生动讲解一个个"中国故事""中国纪录""中国奇迹"背后迸发的思想火花，让中国特色社会主义制度在广大人民心中生根发芽。无论是在企业、矿场、油田，还是在街道、乡村、城中村，在无数次的访谈座谈和问卷发放中，我们都向调查对象潜移默化、润物无声地传达习近平总书记重要讲话精神，使群众在交流中相互启发、共同提高，努力在宣传习近平新时代中国特色社会主义思想的过程中不让一个群众掉队。

调研过程中，当群众，尤其是青年朋友们对当前社会现状有一些不满和抱怨时，我们向他们认真分析哪些是国家暂时无法解决的问题，不能空谈空想，要放长眼光，着眼发展；哪些是国家已经在着手解决的问题，不能过于急躁，要耐心包容，看到进步；哪些是中国特殊国情和发展阶段的问题，不能盲目对比，要客观理性、立足实际。我们向他们答疑解惑，哪些是马克思主义的基本原理，必须长期坚持；哪些是针对具体问题做出的具体论断，需要根据时代的发展不断与时俱进；哪些是对马克思主义错误的和教条式的理解，澄清打着马克思主义旗号的错误观点，引导群众用科学的态度看待中国当前发展中的问题。从广大群众对我们的认可和评价中，我们也感受到做调查研究的快乐和幸福，更坚定地把忠于人民、服务人民确立为自己研究工作的首要目标。

三、调查研究的目的是把广大群众团结凝聚在党的周围

做人的思想工作要遵从规律、讲究艺术，不仅要精通党的思想理论，更要了解在理论基础上建立的制度、在制度规范下形成的政策、在政策执行中实现的利益。理论、制度、政策、利益，这是一串紧密相关的逻辑链条，只有把这根链条上的每一个问题都想明白、捋清楚，才能真正引导群

众把身边发生的巨大变化同党的思想理论主张建立起必然的联系，从而发自内心地认同党的理论和党的领导。

因此，做调查研究要长年深入研究群众语言、群众行为、群众思维，熟练掌握政治语言、学术语言、生活语言，甚至是网络语言，增强自己团结凝聚群众、动员宣传群众的能力，尤其是在学术研究能力、意识形态能力和群众工作能力之间互相转换，将学术研究用于工作实际，将群众呼声反映到中央决策，服务于党和国家的现实需要。

人群中天然存在善于沟通、团结他人的关键少数，他们是人群中的天然枢纽，在调研中应注意团结凝聚带头人和领袖人物，由此实现群众工作的杠杆效应。这些带头人大多具有一定的知识技能和文化水平，因此不少人带有傲气，一般性的交流很难获得他们的认同，如何做"有思想人的思想工作"对调查者的能力提出了更高的要求。这意味着，调查研究的过程，必然要经过浅层交流、深度交心进而实现思想交融，而交流递进的过程，也就是团结凝聚和组织动员的过程。可见，调查研究是用有限资源塑造"三观"，引领群众的一门高深学问，需要不断加强学习，提升自身水平。

新的社会阶层是我课题组近年来的研究对象。他们异质性大，流动性强，人难找，人难聚，人难统。其中的网络作家、独立制片人等新的文艺群体思想前卫，在政治立场上坚持"价值多元"，在创作态度上秉承"文化多样"，深入了解他们的所思所想，真实反映他们的利益诉求，团结引领他们的价值追求，绝非易事。我们在和他们接触前，先深入了解他们的作品，对其作品背后的内涵和意义进行学术化的解读，让他们感觉到，我们在思想认识上比他们更了解自己的作品。进而向他们抛出一些关键问题：你们的作品大多属于玄幻和穿

如何有效开展调查研究

越,主要围绕宫斗和武侠,为什么不关注真实世界的现实生活?改革开放40多年来中国发生了这么多天翻地覆的变化,为什么没能引起你们的共鸣?这时,我们适时把多年来调研的大量现实题材和人物故事展现给他们,让他们意识到,虽然自己被大量粉丝追捧,但不能迷失方向,要认清自己视野的局限和知识的短板,睁开眼睛看中国,就会有不一样的感受。我们平等地和他们交流观点,并真诚地告诉他们:"你们的影响力很大,你们的作品在国际上代表着中国的形象,是当代中国文化自信的践行者,要主动承担起历史使命,不能轻易辜负了这个时代。"经过无数次的交锋和博弈,终于赢得了他们的信任和尊重。现在,我们身边已经聚集了几十位粉丝量在千万级的网络大咖。

一次调研中,我们注意到某文艺青年领袖对党的统战工作误解很深,认为统战是很可怕的事情,他对我说"统战统战,不统就战""统战就是洗脑、同化"等。他在网上开设直播,在青年中影响很大。我耐心向他系统讲解统战故事和统战人物,引申分析到统战原则和统战政策,并鼓励他发挥自身优势,多发出正能量的声音影响青年。通过不间断的努力,现在这个青年领袖已经成为积极参与统战工作的骨干力量,并带动了一大批文艺青年参与党的统战和宣传工作。

十余年来,我课题组孜孜不倦、坚持不懈,通过不回避、深层次、成系统地调查研究,以平等的姿态,高超的思辨,从感性上吸引,从理性上说服,扭转了很多群众对党的误解怀疑和错误认知,积极探索把广大人民群众紧密团结在党的周围的方式方法,为新时代党的群众工作尽了一份绵薄之力。

第二节　调研的基本态度

理论的辨别能力来源于研究者的经验系统。研究者在长期实践中获得了对现实世界的感知与经验,据此形成判断的依据。我们可以看到,每个理论观点都可以在现实生活中找到很多支持自己的论据,但真正触及本质的是很难的。很多人往往能将种种理论朗朗上口,但未必真解其意,在不知不觉间竟变成了理论的"俘虏"。真正的研究者不能总是透过别人的眼睛看世界,而是要用自己的眼睛看世界,这就需要脚踏实地下真功夫,扎扎实实地做调查研究,把报告写在大地上。

一、深度入场

对于调查来说,入场非常重要。我们始终坚持研究者必须"入场":我们到大学与青年学生碰撞思想,到直播间和网络主播互动,到酒吧听流浪歌手唱歌,到工厂和管理技术人员谈发展,到公益平台和社会组织从业者交心。入场的过程十分艰辛,但在以往的成果中,永远只会听到我们顺利入场,以及搜集完数据凯旋的消息,至于怎么费劲地进入田野,则论述不多。其实,哪有可能次次都那么顺利。被调查对象误解,被当地群众包围,苦寻受访者不可得,冥思苦想没有答案……调查研究要经得起挫折,耐得住性子。别人的生活不是按照我们的日程来安排的,可遇不可求的事情屡见不鲜。

入场不仅便于交朋友获信息,更重要的是能够真实地感受到现场的氛围,尤其是心理氛围,这不仅有助于观察和访谈,更有助于感受与体验。

有时候，我们看到一些学者写的文章，模型方程很精美，逻辑推导很严谨，数据使用也没有问题，但是结论却感觉平平。就是因为他们只是运用文献和数据，没有实际到现场来感受、到一线来体会，没有个体的经验作为支撑，他们不知道数据和数据之间哪些关联才是有意义的、有价值的，因此做出来的成果很难新颖深入、打动人心。因此，想"成果一流"，首先要"深度入场"，走进调查对象的圈子，成为"圈内人"，才能揭示出真正相关的、有影响力的因素。

入场的基本要领是"腿脚好、眼睛尖、嘴巴甜、脸皮厚"。在入场中切忌照相和录制视频，使用录音笔也要先征得对方的同意。要向调查对象说明，我们在报告中不会写出他们的姓名，参与与否全凭他们的自愿，我们最终反映的是整体意见，不会突出某个人的观点等，以打消他们的顾虑。我们还要向调查对象强调，我们要听的是真实的声音，而不仅是歌颂和赞扬。

但仅凭这几点口诀就想深度入场还远远不够。社会学有一个概念叫"社会距离"（Social Distance），是指由于持不同观点的群体拥有不同的社会阶层地位，因此相互间的亲密程度也大相径庭。由于我们的课题经常是受国家有关部门的委托，所以经常会被群众误认为"组织上来的人"或"上面派来的人"。他们从一开始就在"社会距离"上与我们保持较远的距离。而地方负责对接的同志也知道调研是上级交办的任务，往往会按照最优秀的标准推荐"典型人物"。他们认为我们要找的调查对象，应当是能够代表当地或行业优秀形象的，普通群众太平凡怎么可能推荐呢。显然这与我们的调研预期不符，我们需要了解的恰恰是群体的普遍生存状态，而不是对组织有意培养的典型人物进行宣传和报道。我们必须要倾听"过日子"的普通人发出的声音，尤其是那些生活在社会的边缘角落，常常被体制忽视甚至有意回避的人们的声音。只有透过这些声音，这些声音嵌入的实践，以及其中裹挟的情感体验和人生意义，我们才能深刻地理解"活生生"的人性和人情。

> 著名社会学家费孝通先生是我们的榜样。他几十年栉风沐雨，跋山涉水，昼夜兼程，笔耕不辍。每到一处，不是倾听当地干部的汇报，而是到村镇走走看看，常常去农民家坐坐聊聊，有时就在那里用餐小憩。他要求调查者"真诚地面对每一个未知的领域，全神贯注地倾听"，而且事后还要反复听录音去体验每一句话，甚至每一种语气，以便抓住精髓，经过判断和筛选，才能找出最有价值的研究素材。

在一般的群体调查中，入场的诀窍在于找到关键人物。关键人物的特点是在圈子内有一定的威望和影响力。别说他们推荐我们，就是他们仅仅同我们站在一起，都是一个有力的担保与支持，比我们自己解释半天还要管用。在我们以往的调查中，都会有那么一两个人起到关键的作用，能够帮助我们与圈层内的其他人建立更广泛和深入的关系，取得信任。

但对于有些群体而言，找到关键人物则要颇费一番周折。比如自由职业者在自己的空间中生活工作，单枪匹马闯天下，表现出较弱的群体性。他们缺乏共同的群体利益、普遍认同的群体文化、共同的群体意识，也没有推举的群体代言人，因此找到圈子共同认可的关键人物难度很大。此外，新的社会阶层中很多群体在社会交往上以专业性较强的"内循环"为主，群体内形成了一个个认同度较高的小圈子。在圈子内部，以线下交往为主，经常以沙龙、茶叙、座谈、乐跑、穿越等形式聚会，抱团取暖，组团取乐。对圈子外部活动的深度参与不多，对不熟悉的人往往保持一定的距离，很难袒露心扉。因此，进入新的社会阶层圈子、深入交流沟通思想绝非易事。

对于这样的群体，顺利入场要取决于对调查对象的习惯和心理的透彻理解和精准把握，要根据具体调查对象的特征制定适用于其群体可接受的入场策略。比如新的社会阶层大多具有一定的知识技能和文化水平,入场的实际效果最终还是取决于真理的力量和人格的力量。要想赢得新的社会阶层发自内心的认同和尊重,还要和他们在思想上有共鸣,精神上有共振。因此,需要调查者不断提高自己的理论水平和思想深度。

> 新的社会阶层中自由职业者群体的独立音乐人大多怀有"彩虹文化""极客文化""古着文化"等小众群体文化心理,具有典型的"去商业化""去娱乐化""去大众化"的特殊品质,拒绝依附的独立品格,卓尔不群的生存方式,对自由的向往,以及对社会底层的人文关怀。我们在入场前,先要对他们的作品有所了解,对作品流派做扎实的功课,尽可能多地搜集相关资料。在入场时,可以到其演出现场,或者是排练现场,聆听完作品后再开始交流,在交流时可以从音乐开始,过渡到生活经历,进而再涉及思想认识,层层递进,循循善诱。

在入场时,还要谨慎使用深访礼金等物质感谢方式。有时候,我们调查相对弱势的群体,当直接给调查对象深访礼金的时候,会被认为是在可怜他们,从而伤害了他们的自尊心。我们在做北京市新生代农民工调查和快递从业青年群体调查时,就出现了这种情况,个别调查对象认为,接受我们的访谈,为自己的群体发声,是一件很值得做的事,绝不能收钱,否则就是动机不纯。尽管我们再三强调,这不是普通的聊天,是正规的调查,有经费的保障,他们仍坚持认为:自己虽然不富裕,但人穷志不短,没听说聊天还能拿钱的,死活不要钱。后来我们采取的形式是,将深访礼金转换为水果、食材、点心之类的礼物,在调研过程中,和调查对象边吃边聊,既表达了我们的感激,也缓解了现场的紧张。

在入场的过程中,不同的场景因素(包括当时的提问环境、相处的时间以及调查者的年龄性别等）都会导致调查者获得调查材料的真实性有所偏差。一个提纲，单独问（访谈），和当着某个人或一群人一起问（座谈），得到的结果会不同。一份问卷，是通过党政官方渠道下发，还是课题组私下下发，得到的结果也会大不相同。所以，在调查研究中获得的材料真假并不是绝对的。对调查者而言，需要从调查对象主体的角度出发，仔细分析他们为什么这样说，他们给出的说法依据是什么，他们对谁说的，在哪里说的等，就是要努力还原当时的场景。因此，在调研中，"说法""做法"和"想法"三者的辩证关系十分重要。有的说了不做，有的做了不说，有的不做不说，有的又做又说。三"法"之间的差异，就是我们要调研的重点所在。当然，也不是说，三者之间的差异，就是调查对象有意欺瞒，或者故意编造。即使是谎言，也有其存在的价值。可能很多时候，调查对象对于自己表述的内容也无法确定真实与否，或者他们认为做法就应当用这种说法来予以表达而已。一个事情的意义不仅在于当时是如何做的，更在于它如何被人们记得，以及如何在叙事中被人们与其他事件以时空和因果关系相联结，形成一套传递特定信息的社会记忆。人们基于这种社会记忆而采取后续行动，因此如何记忆，如何表述都与当时的情境和个人身份密切相关。探究这种表述背后的意义以及不同人对同一事件的记忆差异，其实更为重要。

二、共情交流

入场后如何获取有用的信息，是难度更大的挑战。一般而言，调查者要通过发放问卷、深度访谈、焦点组座谈等方式收集场域内的各种信息。但无论是哪种方法，都是人为预设的场景，双方很容易陷入一问一答的节奏中，把调查过程变为"审问"而不是"交流"。调查者担心冷场，调查对象担心表述不清，而且容易被我们带着走，给出迎合我们的回答，即所谓的"正确答案"。

这是因为，所谓的调查方法，都是调查者在有限的时间内想要获取有价值的信息而采用的不得已的做法。而在有限的时间内经常会带来信息的缺失，交流的误解，甚至答案的诱导。当我们把心静下来，把感情沉下去，这种对时间的局促感和对信息的功利性才会逐渐弱化，才能使调查研究变得有价值和张力。

要想在和调查对象交流时熟练运用各种调查方法，除了要求掌握必备的知识和技术外，还要求调查者具有较高的悟性，比如反思能力、感知能力、共情能力等。其中，共情能力是最重要的。什么叫共情能力？共情能力是一种别人流着泪时，调查者惦记的不是访谈记录，而是关切调查对象所呈现的"同理同心"，是调查者放下身段，卸下盔甲，与调查对象"交融"的柔软与关怀。"共情交流"要求我们在调查中，不只把调查对象当作研究客体来分析，而是当作平等主体来交往。在这个过程中，要让调查对象娓娓道来，很多信息只有在细节中才能发现，正所谓"魔鬼在细节"。调查者不能急于求成，不能一蹴而就，更不能急功近利，要有功成不必在我的决心和毅力，以心换心，心心相印，最后才能心有灵犀。

> 在"蚁族"的调查中，有这样一个场景让我记忆犹新。当时我无意间走进一个"蚁族"的住所，在这个不足5平方米的房间里，她的床头贴着一份惊人的买房计划：第一个五年计划之购房计划（2013.1.1—2018.1.1），建筑面积53m²，实用面积45 m²，单价2万/m²，总造价106万；首付30%，即31.8万；每年存6.36万，每月存0.53万，即5300元/月；需月收入捌仟元整。一定行！一定行！！一定能行！！！努力！努力！！再努力！！！签字人：×××，×××（她和男友），2012.12.16，壬辰年十一月四日。

> 看到这样的情景，似乎看到他们几年后住着自己房子的幸福生活。当我把这份购房计划拍下来，带回到课题组时，大家震惊了，都觉得那是不可能完成的任务，但是他们却很认真地在执行。这就是中国普通青年的梦想，以及他们为了梦想而做的努力。

时代快速发展，当代很多群体的生活方式是"主流"社会所不能理解的，甚至是不能接受的，但是他们以这种方式生活很开心，很自由，很洒脱。作为调查者，就是要理解这些不同的活法，理解他们存在的合理性，搭建起私人生活和社会背景的桥梁，填埋不同个体经验之间的理解鸿沟。作为调查者，如果没有这样的胸襟和视野，就不会在宏大社会结构之下关注那些微小生命的丰富和光亮。

比如在与一些边缘群体的调研中，一开始，他们可能不接受课题委托方的组织机构，不接受主流的观点看法，但只要我们以诚相待，驰而不息，他们会先接受我们个人，这是第一步，却是至关重要的一步！接受个人，才会静下心来听我们的观点和意见，才会和我们真心实意展开对话。如果连我们个人都不接受，那么我们的观点、背后代表的组织，他又如何认同？群众也是具体的有情感的人，当你想要和调查对象交流时，不是只带一副耳朵就可以，还要放下你的评判和偏见，并要随时准备讲出自己的故事，准备有限度地分享自己的秘密。做"蚁族"研究时，很多人问我："你有什么本事？'蚁族'和父母都不说实话，报喜不报忧，为什么和你无话不谈？"为了调研"蚁族"，我们在北京最大的"蚁族"聚居地——唐家岭——住了两年多时间，我们和"蚁族"一起吃烤串、喝啤酒，大年三十包饺子，分享各自的喜怒哀乐，"蚁族"把我们当作他们的亲人，我们也把"蚁族"当作自己的家人，家人亲人之间有什么话不能说呢？

这些年的调查研究让我们深刻意识到，无论调查问卷设计得多么精美，深访提纲设计得多么严谨,座谈方式设计得多么委婉,都无法替代情感在和调查对象交流中的重要作用。我们要始终明白,生活总是比我们想象得更加丰富。日常对话中的信息,比调查对象回答调查问卷时要生动、真实得多。有时候调查对象常常答非所问,这并不是说回答时他们有意回避,而是因为他们平时根本没有意识到或者思考过我们提出的问题。我们一问,他们才开始想,而在极短的时间内,确实很难给出系统全面的回答。所以,我们和调查对象情感预热、共情交流,反而会得到问题的答案。

> 在做新的社会阶层调研过程中,新社会阶层的职业类型在体制外,流动性强,社会交往与职业高度相关,社会参与意愿和学习愿望强烈,具有较强竞争意识和危机意识。但他们同时面临着职业瓶颈、流动性大、风险高等诸多困惑,是网络上"中产阶层焦虑"的主要群体。由于当前人口流动管理、户籍改革、公共服务均等化等存在相对滞后问题,新的社会阶层产生了较强的相对剥夺感,部分人对体制怀有不同的看法和认识,与我们打交道的时候,难免心存疑虑,心有芥蒂。在这种情况下,我们的立足点在哪里,态度是否诚恳,对方要了解清楚才能如实回答问题。这就是说我们要调查他,他先得调查我们,然后再决定是否让我们调查他。这个互相调查的过程很微妙,一旦对方发现我们的调查态度不那么诚恳,或者我们的调查会对他们的日常生活带来损害,他们就不愿意接近我们,不肯说出真心话。

在交流过程中,如果仅仅是围绕研究主题让调查对象填答问卷或座谈访谈,往往难以捕捉到对方的情绪和情感。调查问卷和访谈提纲都经过了认知的过滤,显得过于理性和冷血,从而把生活中那些充满了情感能量的东西排除在外。我们课题组在做青年婚恋调查时,有些调查对象和我们谈起自己十分私密的感情经历。为什么会这样？她们把最不为人知，最不愿暴露的一面展现给我们这些陌生人？显然，她们的动机并不是通过调查得到一些赠品礼物这种小恩小惠，其诉求主要是情绪和情感。在和调查对象交流之前，特定的生活主题（爱情和家庭）给她们制造了怎样的情绪和情感的波澜？这些波澜又如何把她们推入交流现场这种特定的情境之中？她们在访谈中所表达的内容，与她们之前所经历的情绪和情感的波澜，又有怎样的关联？当然，可能一两次的交流仍无法给出明晰的答案，但这里面至少隐藏着通过深度意义阐释的密钥。

因此，对于调查对象，如果我们仅仅停留在"我们想要看到的他们"，而不是真正的、完整的、作为"独立个体"的"真实的"他们，"共情"就是一个虚假的命题。只有在我们互相把对方看作平等的独立的个体，才能获得"贴近的体验"和"内部的视野"，也才能深入调查对象的心灵深处，做出真正有价值的社会调查。从这个意义上讲，共情交流不是简单地填个问卷，做个访谈，而是在具体情境中去理解人、思考人，是沉浸于对方的生活世界之中去理解他当时所处的场景和选择。对每个人而言，个体生活就是他的宇宙；对社会而言，宏大之下亦是个体的欢欣和苦痛的汇聚。中国宋明理学的治学方法中有所谓"切己体察"之说，即：要想了解一件事物，必须首先抛弃自身的成见，忘却自我，然后以共情共心的姿态，投入到对象的生活情景之中，考察其内在本质，加以深切体悟，得出其意义与价值。这种"切己体察"和佛家所说的一花一世界，一沙一天国，有异曲同工之妙。

三、抽离研判

入场要"深度"，交流要"共情"，但研判则要"抽离"。做调研时会发现，群众讲的都是身边的事，自己家的事。作为调查者，我们有没有能力把这些琐事"升维"提炼出来，放到全局中看？能不能透过现象看到本质，认识到反映的问题背后的东西，进而提出有效对策。所以，调查研究要有

如何有效开展调查研究

一个从群众中来,同时又高于群众,从实践中来,同时又高于实践的过程,这也是做群众工作的能力。

"抽离"还有一个意思就是要不仅仅听调查对象的一家之言,他们提的意见是否符合实际情况,有没有政策依据,是否具备实现的条件,不能因为我们和调查对象有了感情,是"一家人"了,就放弃了原则,影响了判断。我们要始终记住,调查研究是一件值得审慎的工作,研究结果将有可能会影响政策的出台和群体的走向。这不仅仅考验我们的学术能力、知识体系,同样也检测我们的学术道德和社会公心。所以与调查对象距离的把握,始终是不断探索的方向。有的调查对象在回答了我们的问题后,直接问我们:"你的报告会提交中央吗?你会为我们呼吁吗?"我只能说:"我会上报有关单位,但最终结果如何,谁也不能保证。"当然,有些人会感到失望,感觉"那我跟你说了也是白说"。他们的预期是通过我们的研究,来实现一些生活上或者事业上的改变,这是可以理解的,但非我们的能力所企及。在共情交流后的研判阶段,调查者不能再沉浸于与调查对象的复杂情感中,而要努力将自己从共情的氛围中抽离出来,并保持适当的距离去审视整个调查对象,即"入世的调查,出世的研究"。调查时,要用入世的状态身至心至;研究时,要尽量让自己的思维判断处于这件事情之外,用更大的空间去看待具体的调查对象,正所谓:"风来疏竹,风过而竹不留声;雁渡寒潭,雁去而潭不留影。"

当然,"抽离"不是简单的旁观,任何一项社会科学研究,都带有研究者的主观判断,都不可能绝对客观。更何况长时间的调查过程中,我们一定和调查对象结下了深厚的情感,但是我们还是可以用相对科学的方法和尽量公允的态度得出较为严谨的判断,努力把自己的主观干扰降到科学允许的限度内。在自然世界中,客观知识是对物理世界的描述和解释,这种解释是以客观原因来说明和预测物理现象的产生或变化。而对社会世界的各种现象不仅需要客观的因果解释,而且还需要主观的知识来理解行动者的目的、动机和理由,即主观的理由解释。调查研究强调以经验事实为基础,而对经验事实的把握能够在多大程度上摆脱主观的影响?在调研中,我也经常会遇到内心的困惑,那就是"我到底是谁?"我仅仅是一个调查者、研究者?还是我也和调查对象一样,是一个正在经历迷茫、痛苦、焦虑的前行者?我是选择成为一个类似于记录仪或录音笔似的理性记录者和资料采集者?还是充当一个带有感情的分享者,一个和调查对象进行情绪对接和共情理解的人?也就是说,调查者和调查对象,究竟是两个"人"的互动,最终呈现出某种"调查结论",还是作为一个冷眼的旁观者,冷静呈现调查对象的状态?如果我作为"人"参与到调研中,那么我的感情到底应该投入到什么程度?如果我作为"机器"呈现状态,那么应该"呈现"什么内容?这些疑问和困惑不是我在这里可以草率解答的,只能靠调查研究的实践得出每个人自己的答案。

在调查研究中,经验事实的获得在其研究工具的设计上就表现出调查者的目的性、选择性,以及调查者既有的理论和知识的影响与渗透。有关社会的知识是复杂与多样的,因此探寻有关社会知识的方法也是多样的,将某一种认知社会的方式普遍化与绝对化将不可避免地陷入困境。因此,要做到相对的"抽离",就需要"耳闻目睹说"等多种方法的综合运用,对于"旁人"和"关系"的重视,质性研究和定量研究的呼应,大数据和小数据的关联,"生活志"和"口述史"的强调等,以实现调查研究的"大小并重"和"宽厚相间"。当然,团队成员之间的讨论切磋也十分重要,每个人的知识阅历毕竟有限,通过碰撞交流,就能超越个人认知的局限。在团队互动中,俞正声同志提到的"三不"方针是很好的原则,即"提倡热烈而不对立的讨论、开展真诚而不敷衍的交流、鼓励尖锐而不极端的批评。"[①]

[①] 俞正声.中国人民政治协商会议全国委员会常务委员会工作报告[N].人民日报,2018-3-16(3).

此外，在整个调研的过程中，我们还要懂得并能够比较熟练地运用政治、学术、生活、网络这几种语言，针对不同的场景和环境，在这几种语言体系之间熟练地转换。学术语言具有准确严谨的特征，政治语言具有强调立场、突出价值判断的特征，生活语言具有通俗易懂、见文知义的特征，网络语言具有鲜活生动、时尚感强的特征。和调查对象线下沟通，要用生活语言去交流；和青年朋友线上对话，要用网络语言去回应；撰写调研报告，要用政治语言去提炼；撰写研究论文，要用学术语言去总结。毛泽东同志《反对党八股》中曾指出："俗话说：'到什么山上唱什么歌。'……我们无论做什么事都要看情形办理，文章和演说也是这样。"

我课题组完成的《"95 后"大学生入党状况调研报告》，提炼了当前"95 后"大学生入党状况的新特征，用政治语言将之总结为六点：

入党竞争加剧与入党动力降低"矛盾式共现"；

入党门槛提升与党员光环消散"共生性并发"；

高中宣导缺失与大学党团工作"断崖式割裂"；

思政教育固化与价值追求分化"内生性冲突"；

就业渠道多元与功利主义抬头"融合式发酵"；

形象认同深化与现实表现弱化"张力性演进"。

好的调研报告是用学术语言表达政治观点，我课题组完成的《丰台区社会管理创新报告》，系统梳理了丰台区社会管理的创新举措，其中将社会组织发展形象地比喻为"三放"，即"放水养鱼""放飞风筝""放马奔腾"。

> 丰台区高度重视社会组织在社会管理中的作用,通过"放水养鱼",让出社会资源,让出发展空间,让出部分行政职权,推动以社会组织为主要载体的社会力量快速发育;通过"放飞风筝",加强与社会力量、社会组织纽带联系,引导社会力量沿正确方向发展,强化"风筝线"的牵引效用;通过"放马奔腾",推动社会力量承担社会建设的更多任务,在更广阔范围服务群众。
>
> "三放"政策培育了一大批社会组织,壮大了社会力量。

在研判中还要注意的是,当各种定量技术的使用越来越成为一种潮流时,调查者对源于自然科学的各种定量方法必须抱有一定的警惕,因为社会毕竟不同于自然,探究有关社会的知识的方式不同于数学推导和模型公式。比如在新的社会阶层研究中,我们的经验是,深度访谈和场景考察的效果往往要好于调查问卷。当下西方社会学理论和西方话语体系占据主导地位,但是这套理论体系是在西方工业社会和现代文明的基础上形成的,这些理论在一定条件下、一定范围内是社会发展规律的总结,而在中国的经济社会面临千年未有之转型的大背景下,在中国每天都在发生大量的量变事件甚至质变事件的大前提下,以西方为中心的社会学理论体系是否能够有效解释当代中国的社会现象,解决中国面临的实际问题,需要根据实际情况加以分析。西方有关中产阶级的理论对分析当代中国新的社会阶层有一定的参考意义,但实际价值有限,我们还是要立足于中国的实际国情,通过横纵交织的两个维度分析我国新的社会阶层的历史演变和群体特征,即纵向上是怎么形成、如何积累的,横向上有没有参照对象、可作为对比研究的群体等。

第三节 调研的能力要求

本书阐述的调查研究方法，植根于课题组的长期实践，有三个突出特点。

第一，通过实地调查获得一手数据。随着信息技术在社会科学领域的广泛使用，现在很多调查研究都采用电话访谈或网络（微信）调查，但我们始终坚持调查者必须"入场"，与调查对象面对面接触，采取问卷填答、深度访谈、焦点组座谈和参与观察等方式进行调查。这样做虽然费时费力，但事实证明，感性认识是研究问题的起点，没有大量现场感性认识的积累，理性认识难以实现飞跃。

第二，通过专业优势互补加强对复杂问题的攻关。中国当前的问题是复杂的，每个人都不是全知全能的，多学科交叉合力是理论创新的重要途径，要做到这一点，需要团队的力量。高校教师做研究，往往带自己专业领域的研究生。而我们团队的成员分别来自不同高校、不同企事业单位，专业不同，文理兼顾，协同作战，充分发挥团队成员专业优势互补的特点，加强对重大问题的攻关，促进学科间的有机融合。所以我们所用的方法不仅涉及传统意义上调查研究的学科，如社会学、统计学，也涉及其他学科领域，如政治学、新闻学等。

第三，通过组织结构扁平化提升研究效率。我们根据调查对象性质的不同和研究进程的不同阶段，确定团队成员的具体任务和分工职责。注重发挥研究团队的主体性作用，不提倡学术权威，不鼓励地位尊卑，调查者都是主人,都是主体。团队成员在思想相互撞击、相互交融、高度整合的过程中,资源共享、互信互学、共克难关、创出精品。

从整体来看,我们这种调查的最突出优势在于独立灵活。有别于统计局的普查和每年的千分之一调查,我们的调查能够及时发现社会问题,及时反应并形成新颖独特的调研报告。在团队组建和运行上,往往依托团队成员的热情和兴趣,因此能够充分调动成员的积极性,实现更具活力和创造力的效率和成果。

当然,我们这种调查方法也存在一定的劣势。这主要表现为可动用资源匮乏,与综合性社会调查相比,团队的经费数额和人员规模都受到较大限制。即使与政府部门合作,有时仍需要在学术严谨性上做出一定的妥协和让步,在样本量及抽样方案的设计上会受到局限,在成果发表的内容和研究视角上也会有所取舍。

可见,我们这种调查方法的优势和劣势,正如硬币的两面。若对其过分苛求,那就只能放弃这种极具优势的学术方法,使我们只能唯综合调查数据和普查数据等是从。但是这些综合调查和普查数据的公布往往滞后,且在调查深度和问题意识上都有所欠缺,无法满足个性化的研究需求。此外,能够得到这些数据的人并不多,一般干部和学者由于社会资源相对匮乏,经常处于"寻数据而不得"的尴尬境地。因此我们认为,为了得到理想化的研究成果而放弃眼前并不完美的学术实践,不是对学术的追求,而是对学术的背离。

因此,对于这种调查研究方法而言,有三个方面的能力就显得至关重要。

一、发现真实问题的能力

做调查研究,无论是精力还是体力,青年学者和青年干部理应冲锋在前。现在的青年学者和青年干部大多受过系统的学术训练,很多人还有海外留学背景，从知识结构上说，比老一辈更加系统规范。但是，大多数青年学者和青年干部在长期受教育的过程中，往往是"概念对概念""理论对理论"，头脑中形成的是"观念的世界""概念的世界"，需要通过调查研究这种方式，把自己头脑中的"观念的世界"转换成"案例的世界""经验的世界"。当能够在头脑里建构起"经验的世界"后，经过理论的再次总结、抽象、提炼，才能形成新的观点和新的见识。当然，这个过程是漫长而艰苦的。

学问是看出来的，不是从别人那里"听"来的，也不是凭自己聪明的脑袋想出来的。学问跟着见识长，见识跟着路程长。我们看到一个现象的时候，如何去看它的问题到底在哪儿？分析一个现象时不应该人云亦云，而要用自己的眼睛去观察，用自己的头脑去思考，得出自己的见解。社会科学的本质，就是要从人人都可见的表象中去发掘那些平时被大家忽略的现象和逻辑。

要发现真问题，必须站在时代的前沿。研究当前的问题，必须着眼于长远的发展目标，而研究长远的问题，又必须从现实出发。我们发现的"蚁族"现象被曝光后，很多人认为这只是阶段性现象，会随着时间的推移自然消失，没必要大惊小怪；甚至有观点认为，青年问题其实根本不需要研究，更无须解决，因为随着年轻人年龄的增长，其经济资本、社会资本和文化资本逐渐提升，与之相伴的社会问题就自然消失了。比如长久以来青年都面临着住房难的困境，而随着个体年龄的增长与社会经济地位的改善，青年住房问题往往可以得到缓解。但是，我们应注意到这种状况的改善更多地发生于个体而并非群体层面，对于整个社会而言，青年作为一个整体，其住房问题并不会自然而然地解决。随着时间的推移，一些个体的住房问题得以缓解后，其年龄往往相对较大，不再属于青年。而与境况改善者的退出相同步的是，另一批新个体又会进入青年期，加入青年群体之中，若其生活工作的大环境与上一代相似，未得以改善的话，那么同样的住房难题会再次上演。所以，我们一直关注影响青年向上流动的关键要素，像户籍、住房、婚恋等变量对青年人生发展阶段的作用。

比如就住房而言,在中国,房产相当于城市的股票。大城市的房产相当于涨停板的股票。在一个城市生活工作,如果没有这个城市的住房,就无法参与城市化的分红。由于住房价格不断上涨,青年中也形成了两种完全不同的财富分配效果——"有产"的青年,即使不努力不奋斗,财富也会自动增加;"无产"的青年,即使再优秀再努力,工资的涨幅和房价的涨幅之间的差距也会越拉越大,拥有房产的机会越来越小。这就对底层青年人向上流动的渴望产生极大的打击。因此,看待住房问题,我们就不能只顾眼前利益,只算经济账,而要看长远利益,看人心向背,还要算政治账和社会账。《黄帝内经》中讲"上工治未病",即最好的医生,不是人已经得病才去医治,而是在未得病时,就预先发现并予以防范。因此,做调查研究,必须要有历史眼光。所谓历史眼光,不仅仅是站在现在看过去,更重要的是站在未来看现在。

要发现真问题,还必须保持对陌生现象的好奇。要善于发现社会中的"新",睁大眼睛、放下身段、掏空自己,充分汲取社会事实中的营养,并经过自己的分析呈现出来,供人思索,发人深省。作为社会躯体的解剖者和病理分析师,每一个人在调查者眼里都应是独立、完整的生命个体。每个样本,不是枯燥的数字,而是鲜活的人生。要尊重调查对象的生活世界和经验系统——它可能是调查者既有知识的盲区,尽可能地还原和体察调查对象的意义构造。这就要求调查者时刻保持对调查对象的敏感性和好奇心,同时必须保有移情的能力:既要感知并把自己置身于调查对象的生活背景中,又要体察并提炼自己没有直接经历过的生活或社会过程。因此,在做调查研究时,不能仅对群体的生存状况进行表层的梳理和一般性的解读,而是要深入群体行为模式背后的结构中进行剖析和探究,尤其是对调查对象在日常行为中不经意或不自觉流露出来的生活态度和价值倾向给予特别关注。恰恰是这些细微之处的瞬间表达,有可能反映其内心深处的精

如何有效开展调查研究

神追求和价值认同。而通过深挖调查对象的底层心理世界,有助于让党和政府的工作有的放矢,因人制宜,出台真正知民惠民的政策。

人们常说,社会现实是具体的,理论是抽象的。但在当前中国社会急剧转型的时期,社会的事实系统已经和书本的理论系统相背离了,生活之树是常青的,理论则是灰色的。所以,做调查研究时可能是相反的命题:直接的社会现实更抽象,而理论则是具体的。没有比直接的、眼前看到的东西再抽象不过了,只有理论——抽象的理论才是具体的。因此,对直接呈现的事实的解读,是最难的事。当代群众的价值观念和行为方式迭代很快,虽然有时候我们长期研究某一群体,但并不意味着我们对这一群体的情况一直把握得准确,我们要根据新的时代变化,不断做出新的科学论断。这些年我们越来越感觉到,断续的、截面的研究虽有意义,但对事物未来发展趋势的前瞻性往往不强,就像大数据的累积和机器学习模型的生成一样,前期研究积累会形成巨大的先发优势,对事物长期发展规律的研判需要连续的研究"喂养"才有可能形成。我们要持之以恒,久久为功,发扬十年磨一剑的精神,在每一次的研究中深刻把握社会现象"常"与"变"的辩证关系,不懈努力,形成势能,才能做到对现实问题的早发现、早预测、早准备,做群众运动的引领者,而不是跟跑者。

> 比如"蚁族"群体,我们十年前的研究表明,其特征是聚居、单身,希望在北京定居买房,落户发展。但是如今的研究却显示,"蚁族"的聚居形态从"单中心大规模"向"多中心小规模"转变,从"买房置业"的落户期待到"住有所居"的租房需求转变,从"个体独居"向"家庭合居"转变。这些重要的变化,究竟反映了流动大学毕业生价值观念怎样的潜在趋势,需要我们及时跟进、深入分析,将研究成果尽快反映到政府的决策部署中来。

二、认知对象生态全貌的能力

做调查研究,既要入书斋,又要出书斋;既要本本,又要反对"本本主义"。学者研究的视角多是"应然",习惯从"理论上应该是什么"的角度去分析问题,而不太关注"现实是什么,条件是什么"。在调查研究中,要把应然和实然相结合,让党的决策更符合科学规律,让学术的最新发现助力于政策落实。十多年来,我们做了30多个社会群体的调查,应该说,具体到某一类型的社会群体,我们尚可言之有物,但若扩展到整个社会心态或者价值观层面,总有隔靴搔痒之感。我们知道,物质世界是分层次的,每个层次都有自己的特征和发展规律。如果引申开来,这后面还隐藏着一个问题,即不同层次的特征和规律之间是否具有相通性。随着科学的发展,我们逐渐认识到,在物质世界中,不同层次的特征和规律之间并不一定具有相通性。

著名凝聚态理论学家安德森(P.W.Anderson)说过:"将一切事物还原成简单的基本规律的能力,并不意味着我们有能力从这些规律来重建宇宙,当面对尺度与复杂性的双重困难时,构筑论的假设就被破坏了。大量的复杂的基本粒子的集体,并不等于几个粒子性质的简单外推。也就是说我们知道两三个或四五个粒子的规律,并不能说明1020或1024个粒子的集体的规律,在每一种复杂的层次上,会有完全新的性质出现,而且对这些新的性质的研究,其基本性并不亚于其他研究。"[①] 也就是说物质结构存在不

---

① 物理学家卡达诺夫(L.P.Kadanoff)也曾说:"我在这里要反对还原论的偏见,我认为已经有相当的经验表明物质结构有不同的层次,而这些不同层次构成不同群落的科学家研究的领域,有一些人研究夸克,另外一些人研究原子核,还有的研究原子、分子生物学、遗传学,在这个清单中,后面的部分是由前面部分构成的,每一个层次可以看成比它前面的低一些,但每一个层次都有新的、激动人心的、有效的、普遍的规律,这些规律往往不能从所谓更基本的规律推导出来。从最不基本的问题向后倒推,我们可以看到一些重要的科学成果。像门德尔的遗传律与DNA的双螺旋结构,量子力学与核裂变,谁是最基本的?谁推导谁?要将科学上的层次分高低的话,往往是愚蠢的,在每一层次上都有的普遍原则中,都会出现宏伟的概念"。

如何有效开展调查研究

同的层次,而层次跟层次之间会有新的规律出现,对这些新的规律的研究,本身也具有基本性。要认识到各个层次之间既有耦合,也有脱耦。不是探究最微观层次的规律,就可以解决世界上的全部规律。

如果把这种认识论延伸到社会科学中来,我们就会更加透彻。做调查研究都要细分群体、细分对象,我们研究清楚不同群体、不同地域、不同组织的特征,但中国的整体情况绝不是组成中国的各个部分特征的简单叠加和线性组合。更何况中国研究有"三座大山",这使部分和整体之间的关系呈现出非线性和涌现突变的特征:一是中国甚长,历史源远流长,悠悠浩瀚,要做到钩沉发微,熔前铸后,谈何容易;二是中国巨大,960万平方公里,56个民族,东西南北民风迥异,差别之大让人不敢轻易做出判断;三是中国善变,且不说当前正处于"百年未有之大变局",即便是在全球化背景之下,中国每一个地方都通过多种多样的联系和渠道与世界其他地方发生意义重大的时空效应,这会引发各种"原因"与"结果"之间形成非常大的不成比例的关系,这种不可预见的影响使得认识一个"真实"的中国几乎不可能。在现有学术专业日益细化的趋势下,作为调查对象的历史性、整体性、世界性的"中国"早已被专业化切割成条条缕缕、方方块块,安能窥其全貌!所以,在对某一具体现象或问题进行研究时,我们不能管中窥豹、坐井观天,而要把这一现象或问题放到整个大的生态系统中去认知分析。

这就要求我们在调研中用更宏观的视角,站在国家的层面上来思考不同因素对社会经济政治的影响。对于一个调查对象,如何进行生态全貌的考察?简单说来,可以从三个层面进行:第一,实证主义的考察,主要结合调查问卷等实证方法来分析;第二,建构主义的考察,主要通过参与观察、深度访谈和焦点组座谈等质性方法来分析;第三,历史主义的考察,主要通过对事物发展脉络的历史学来分析。我们知道,社会本身不会思考、没有谋略,那么许许多多个人行为与社会控制机制之间的关系是如何产生的，这就需要用系统观去分析观察。当然，在具体的研究过程中，很可能是几种方法的综合运用。

> 在移动互联网出现之前，我国一直存在两个舆论场，一个是官方舆论场，一个是民间舆论场。此前，民间舆论场的早期主体是都市类报纸。随着移动互联网对传统媒体行业的颠覆，民间舆论场正在呈现出新的特征。传统媒体式微造成的结果使大城市青年的话语权在逐渐提升。传统媒体对底层的关怀不再是所谓的民间舆论场中议程设置的核心命题。远离了农村，居住于一、二线城市的青年，成为网络舆论的主要发起者和参与者。因此，这些大城市青年的局部问题被放大，在舆论上，具体体现为一线城市的白领对于清洁空气的需求大于三、四线城市的蓝领对于工作岗位的需求。而在城镇化过程中，人口流动管理、户籍改革、公共服务均等化等存在相对滞后的问题，导致大城市流动青年产生了较强的相对剥夺感。而流动青年大多处于竞争性较强的行业，工作和生活压力又增加了其焦虑感，这成为网络舆论场负能量的重要来源。
>
> 另一个值得注意的问题是，相比此前民间舆论场的主要被关注者，即以农民、农民工为代表的底层群众，当前更多代表中产阶级占据了网络舆论场，其对主流意识形态的冲击烈度较低（具体表现为烈性公共事件少、议题较为温和等），但这一阶层对主流话语的信任度不如普通群众。因此，目前舆论场低烈度冲突表象下的信任流失尤为值得关注。剥离表象看本质，网络舆论的哈哈镜效应，使真实的政治态度被深埋，这并不足以成为判断当前民情的全部依据。

如何有效开展调查研究

统计数据表明，不计算在校学生和学龄前儿童，中国有8.27亿人的学历是初中及更低。这其中，乡村人口有5.77亿。当我们长期身处大城市生活，就可能产生错觉，以为北上广深就是全部中国的样子。如果你不了解这5.77亿乡村人口的逻辑，你就无法理解"拼多多"为什么能用这么短的时间成功上市纳斯达克（"拼多多"是唯一在初中以下网民里，使用比例高于本科网民的电商平台，而在亚马逊和当当网上，低学历人群的渗透率远低于大学学历用户）。从历史上来看，不论是传统时代还是全球化时代，信息曝光的密度都不是平均的。发达城市，高学历高收入用户通常会得到更多的关注，而在此之外的人群，在主流信息圈层里通常只是一个模糊的群像。一方面，随着交通的提速和信息的通畅，他们好像离大城市并不遥远；另一方面，他们的收入、喜好和生活方式，我们又完全不了解。他们和大城市青年一样习惯了晚睡，也和大城市青年一样聊着微信，玩着手游，刷着抖音快手。但当大城市青年周末在咖啡厅里读书或打字的时候，他们也许正骑着电动车，去奔赴一个台球厅的约会。他们的力量不容小觑：谁能占据边缘，谁才更有机会占据整体，更大的中国里，藏有更多的细节。认识一个复杂的、多面的、变化的中国，何其之难！

三、反思既有知识体系的能力

调查研究需要一定的知识积累。毛泽东同志在1939年1月27日的一次讲话中指出："一个人的知识面要宽一些，有了学问，好比站在山上，可以看到很远很多的东西。没有学问，如同在暗沟里走路，摸索不着，那会苦煞人。"[①] 不过，既有的知识也会对认识新的事物产生阻碍。因此，调查研

---

① 陈晋. 毛泽东阅读史 [M]. 北京：三联书店, 2014(18).

究的过程存在着两难困境：如果我们没有一定的知识体系和经验积累，便缺乏理解调查对象的基础；但如果我们过分沉浸和相信已有的经验和知识，便可能替代对调查对象做出误读和想当然的认知。因此，调查研究必须放下思维定式与价值预设，朴素简单地直接面对社会生活的经验。调查研究要求调查者必须设身处地站在调查对象的生存环境和具体情景中真诚地观察、理解和体会，而不是将自己在另外一个场域中习得的观念体系和价值系统，生搬硬套地用在另外一群人身上。调查研究切忌掉入一些概念和想象的陷阱中，更不要被那些以讹传讹的标签误导。

我们以既有的知识体系建立起自己对世界的认知，这种认知是一种概念的世界、虚拟的世界、观念的世界。每个人的知识来源不同、渠道不同、理解不同，因此每个人眼里的世界也不相同。我们被既有的概念和原理包围，也被其裹胁。比如代际、流动、固化、场域等，或者把整个人类存在的环境分为经济、政治、社会、文化等几个方面，我们生活在这些概念包围里却浑然不觉，以为世界真的就是这样的存在。这些概念原理，在帮助我们更快地认识这个世界的同时，也阻碍了我们对概念之外世界的认知。其实，一切历史都是被建构出来的，与其说我们活在历史中，不如说我们活在别人建构的历史说法中。我们每个人的出身家庭、成长环境、所受教育、社会地位，都会形成一些所谓的"常识"，这些在我们看来的常识或习以为常的东西，阻碍了我们对世界的认知以及对调查对象的判断。

所以说，在调查者进入场域之前，就已经形成了一套预设，然后在调查过程中会不自觉地四处寻找那些有利于既定预设的材料，然后再将它拼凑成一套看似合理的论据，用来验证自己的预设，最后形成一个闭路的逻辑循环。调查者要走出自己的知识储备和理论框架，对自己的经验保持适度的怀疑。调查研究的价值正是在于，它不仅可以帮助探究未知的经验，也可以帮助我们审慎地反思我们原本已知的经验结构。我们的信念系统有时候会固化为一种思维地图，作为生活秩序和社会秩序的基础和起点。调查研究的好处在于，它为我们节省了思考的时间，让我们可以更加轻松地梳理生活经验，并进一步将生活程式化，破除我们既有的思维定式和刻板印象。调查中有一句名言叫"凉鼻子闻味找感觉"，其实就是这个意思。当我们进入一个调查的场域，要尽量把脑袋清空，不去考虑如何用既有的观念去"套"面前呈现的社会现象。围绕理论做调查研究，容易犯先入为主的错误，这可能导致我们在搜集、选择社会材料的时候，不是为了解释现实，而是用现实来验证理论，甚至是偏见。当然，即使是呈现事实，用什么样的理论来呈现事实，本身也是观点的反映，因此主观因素在调查中无法避免，但是我们应该尽量在资料收集的阶段，做到全面典型，不让自己的主观偏见忽略一部分素材。至于在报告的撰写阶段，调查者选用什么理论，剪裁什么数据，往往主观性就更强了，这时候调查者的立场就更为重要了。

调查研究是对社会现象的学术反映，对于同一社会现象，不同学科不同理论之间的解释会存在着明显的差异，到底哪个更接近"客观真实"，哪个更"分析准确"，历史学家王则柯区分了事实（fact）、现实（reality）和真相（truth）几个概念。他认为，我们生活在表征化的世界里，处处都存在着表征。我们所称的"事实"，经常混杂着我们的历史文化和既有知识的建构。譬如当我们说，木星是太阳系中体积最大、自转最快的行星。我们认为这是一个"事实"，但其实真正的"事实"是，木星自身的存在及其状态，至于说它是不是太阳系中体积最大、自转最快的行星，这些概念其实都是人类已有天文知识的建构。所以，当我们谈到某一社会"事实"，其实包括了我们自己的理解和知识的建构。这种建构依据的是我们生活的"现实"。这种"现实"是社会中存在的、普遍的，受权力建构和维持的人群区分体系以及与此相关的习俗、常识、社会规范（如道德、法律）以及审美观。因此，是"现实"让"事实"产生社会意义，不同的社会"现实"让同一"事实"产生了不同的社会意义。我们生活在既有知识构成的社会

"现实"之中，社会现实塑造了我们对"事实"的想象与认知。

因此，"事实"虽然存在，但其"真相"却不容易被认知和表述。每个人的经验、知识和立场不同，对同一事实"真相"的看法也不同。当我们说"事实真相是……"的时候，我们的意思其实是说"我所认为的事实真相是……"或"我所坚持的事实真相是……"。可见，"真相"是对"事实"所做的注解或进一步的阐释描述，具有模糊性、主观性的特点。

那么，难道事物的本来面目就真的不可知吗？当然不是，否则人类对社会的探索就失去了意义。但是，我们也要深知，任何一种"真相"都带有"偏见"和"色彩"。我们所见的"真相"，皆如一个凹凸镜面上所呈现的有些扭曲的"表相"，我们无法全然了解镜子下的被观察的物体，也就是"本相"。这个凹凸镜，就是我们的社会文化、知识训练背景所造成的认知偏见——一种扭曲物体本相的镜片。如何探究"本相"，王则柯对这个问题给出的答案是"移动"。我们移动这个凹凸镜，突破各个学科的偏见，从不同学科的角度去观察镜面下表相的变化，就能更接近物体的"本相"，对社会现象的本质有更多一点的了解。因此，在调查研究中，秉承开放包容的心态，知道自己的局限性，明晰社会生活是完整的，不能用割裂的学科去切割完整的生活，尝试用不同学科和不同理论去看待问题，取长补短，相互借鉴，就会让我们更接近事物的"本相"。

在社会大发展、大变革的时代，如果我们的政策和理论要跟上时代的步伐，就要走到社会现实中去，贴近实践、贴近群众、贴近生活。我们不应把基础研究、理论研究与应用研究、对策研究对立起来，割裂开来。我们应该做一个反向思考，从当下情况看，调查研究以及相关的应用研究、对策研究恰恰是基础研究、理论研究的基础。我们应当紧扣国家和时代发展的脉搏，通过调查研究，努力探寻中国发展的规律，以改革发展稳定中的实际问题和我们正在做的事情为中心，着眼于对实际问题的理论思考，着眼于新的实践和新的发展，研究新情况，解决新问题。我们应当立足中国国情，研究中国问题，总结中国经验；反映时代精神，回答时代课题，引领时代潮流；关注大众需求，回应大众关切，解答大众困惑。我们应当紧紧围绕新时代国家在改革开放和社会主义现代化建设中提出的重大理论和实际问题，不断做出新的理论概括，增强理论的说服力和感召力。

  国家需要的是严谨而不保守，活跃而不轻浮，锐意创新而不哗众取宠，追求真理而不追逐名利，贴近广大人民群众而不庸俗低俗媚俗的党员领导干部。我们希望这本书可以让广大党员和领导干部获得一种观察认识中国的方法，练就一副"孙悟空的火眼金睛"，借以看透凡尘变幻万端的外在表相，更加接近事物真实的内在本相。下面就请随我们一起，进入调查研究的世界吧！

第二章　调研设计

通常我们所指的调查研究,是指运用科学的社会学研究方法,系统地、直接地从一个取自总体的样本那里收集质性或量化信息,并通过对这些信息的研究分析来认识社会现象及其规律的过程或活动。

一般认为,调查研究具有四个突出特征:第一,调查研究是一种系统的认识活动,它具有一定的结构和程序,而不是像日常生活中的观察那样,盲目地、零乱地、被动地去认识;第二,调查研究主要采用问卷、深访、座谈等方法收集信息,或者说,它主要靠对调查对象的询问来收集资料,这是调查研究在所用工具或手段上区别于其他研究方法的一个重要特征;第三,调查研究要求直接从具体的个人那里获取信息,即直接从调查对象那里获得第一手资料,这一特征又将它与某些间接的、利用第二手资料的其他社会研究方法区别开来;第四,调查研究是一种既包括信息的收集工作,又包括研究分析工作的整体,这正是它作为一种独立的研究方法的基础。

开展调查研究的目的,是为了准确了解事物的真相和全貌,把握问题的本质和规律,研究解决问题的思路和对策。做好调查研究,提高调查研究的质量,需要掌握和运用科学的思想方法。调查研究是一项复杂而烦琐的系统性工程,不是傻瓜相机——一按快门,立马成像。

在当前我国进入新时代的背景下,提高党和政府的行政效率、提升决策工作的科学性和有效性,更需要做好调查研究,从而保障各项改革任务按照规律推进,调查研究的整体设计成为启动前必须考虑的重要环节。此外,调查研究作为一项系统性工程,需要指挥棒的指引,保障调研所需的人、财、物等资源及时有效地进行配置。

第一节 调研的基本类型

依据不同的调查对象、调研目的、调研手段及实施,可以将调查研究分为不同的种类。从党和政府工作的角度来讲,主要是根据调研内容进行划分,可将调查研究分为探索性调研、描述性调研和解释性调研。当然,多数调研是描述、探索和解释三者兼而有之,只是侧重点有所不同而已;如果按照调研的价值指向来分类,大致可以分为应用性调研和理论性调研;如果按照调研的时序方式来分类,可以分为横向性调研和纵向性调研;还可以从内容维度出发,分为专题性调研和综合性调研等。每一个调研在不同的分类方法中,有不同的位置。

维度分类	基本分类		
时间维度	横向性	纵向性	
价值维度	应用性	理论性	
层级维度	探索性	描述性	解释性
内容维度	专题性	综合性	

所谓探索性调研是指对所调查的对象、主题或问题进行初步的了解,

以获得对该群体或者主题的初步印象和基本认识,以便为今后更加深入、更加系统地为主题研究提供基础和方向的研究类型。这种方式的调查研究多用于该现象或问题未曾研究的空白领域,比如我课题组完成的"蚁族"群体调查、京津冀企业迁移发展需求调查等,这些调查以往未有,具有开拓性和原创性。这类调查研究可能得到的主要成果有:关于调查对象或研究主题的初始命题或者假设。如"蚁族"调查发现,该群体具有大学毕业、低收入、聚居的特点,为下一步更深入的研究形成了初步数据支撑。我课题组完成的北京市青年人才住房调研中,第一次按照住房类型将青年分为居住自有住房者、与父母亲戚同住者和租房居住者三类,分别总结了他们目前面临的住房问题与影响因素,为今后北京市调控住房市场和出台相关政策提供了理论依据。

所谓描述性调研,主要是指对某一研究群体和社会现象在某方面上的表现或者特征进行描绘的过程,形象的比喻就是"素描",对调查对象进行轮廓性的画像,这是一种对研究的总体或某种现象在某些特征上的分布状况进行描述的研究类型。人口普查和民意测验就是描述性研究的两个范例。人口普查的目标是对某一地区人口总体的各种特征做出准确和精密的描述。民意测验的目的是对民众的意愿、观点、舆论等方面的倾向进行描述。比如我课题组完成的大学生国家认同和政治认同度调查,"95后"大学生入党状况调查等就属于此类。在实际的调查研究中经常采用描述性研究的有社区研究、个案研究等。描述性调研主要关注的焦点通常在于回答这一种社会现象的状态是什么,分布具有什么特点。在一定程度上,也可以说描述性调研的主要目的是收集资料、发现情况,并提供初步判断,与探索性调研的主要区别在于描述性调研具有系统性和结构性。

与探索性调研和描述性调研相比,解释性调研是一种相对来说比较深入的研究,往往是在探索性调研和描述性调研的基础上来分析研究主题和结构诱因,并且解释原因和说明关系的。解释性调研对研究主题内部存在的要素以及要素之间的关系进行分析和归纳，并给出一定规律性的结论。我们以"蚁族"研究为例来说明它与前两种调研方式的不同。在"蚁族"研究中，探索性调研关注的是"蚁族"现象的出现，其结论主要围绕着"蚁族"在哪里，"蚁族"的基本分布和主要特征等情况展开，它主要在于发现"蚁族"群体的存在；描述性调研主要关注"蚁族"的生存状况和发展状况，包括日常生活、工作特点、业余爱好、网络行为、社交网络等；解释性调研则更进一步，它关注为什么会出现"蚁族"群体，关注"蚁族"群体高学历与低收入之间的关系，以及大学毕业生阶层流动的状况，并对他们未来的发展态势进行研判。总的来说，探索性调研回答现象或问题是什么；描述性调研更具有系统性和结构性的特点；解释性调研更加深入现象背后的规律。解释性调研主要探寻研究主题现象背后的原因，揭示研究对象或者研究主题发生变化的内在规律和运行模式，主要回答各种"为什么"研究的类型。解释性调研与描述性调研同样具有系统性和结构性的特征，但其因果关系针对性更强，往往需要进行双变量和多变量的统计分析。如在青年住房调研中，我课题组就婚姻和住房的关系进一步做了"结婚是否一定要买房？——青年住房对婚姻的影响研究"，阐释了住房对婚姻的影响。进而得出结论：住房在影响个人经济社会地位的同时，客观上决定了青年在婚姻市场中所处的位置，限制了青年的婚姻决策，住房在婚恋中成为衡量对方经济条件和家庭状况的重要指标，同一阶层通过以"住房"为标志的"门当户对"的婚姻来增强其阶层的内聚性和身份排斥性。这种研究结论就是解释性调研的成果。

如果按照选题的价值类型来分类，还可以分为理论性调研和应用性调研。理论性调研主要解决重大基础性问题，需要较长的时间和较大的投入。一般来说，高校、科研院所等研究机构对某一主题理论层面的关注比较多，侧重于完善有关人文社会科学基本知识，特别是建立或检验各种理论假设的经验研究。其关注点在于探索现象之间的因果关系，其主要目标是要增加人们对社会现象内在规律的理解,增加人们对社会现象的认识。比如在"蚁族"研究中,理论性调研的假设有:该群体的社会流动受阻,阶层地位长期得不到改善,从而探索社会流动与群体阶层固化之间的关系和规律。在新的社会阶层中,理论性调研要探索的是,在中国的现阶段,如何认识新的社会阶层划分的意义和标准,该阶层对中国社会结构的影响和作用,该阶层的内涵外延及本质特征等。

与政府工作相关的调研大多属于应用性调研。应用性调研更倾向于从解决问题的视角入手,如加强快递小哥的劳动环境和权益保障,解决新社会阶层关注的职称评定、职业发展等。应用性调研主要侧重于了解、描述和探讨某种现实社会问题或者针对某类社会现象提出建议。其关注点通常集中地体现在迅速地了解现实状况,分析现象或社会问题形成的原因,并力图在此基础上提出有针对性的建议。我们与有关部门合作的医疗改革问题研究、新的文艺群体研究等都是应用性调研。我们开展的这些研究,为有关部门出台相关政策奠定了扎实的实证基础。当然,在具体调研中,我们很难在同一主题的研究中,将这两种研究完全区分开来,一项真正有意义的应用性调研往往会推动理论的深入和发展,而理论性调研也会指导实践的开展,为未来的工作指明方向。目前国内的调研大多是应用性调研。如果理论性调研和应用性调研关注的是同一社会现象,理论性调研更关注于如何发现某种一般性的社会规律,解答学科领域内的重大理论问题或疑难问题,而应用性调研则更关注于如何有效地解决现实社会问题。

在党和政府工作中,应用性调研多数是决策性研究,是服务政府决策需求的。我们从各地的研究机构的设置中就能看出,总体上来讲,国家、省、市这三级都有政策研究中心(政研室)等,到县和街(乡镇)层面就基本上没有了。从实际运行来看,国家级研究机构的成果转化为实际政策的最多,层级越往下越少,可以看出随着决策需求的逐级递减,应用性调研的需求也会相应减少。在我国行政管理运行体制下,应用性调研应该放到更加重要的位置上去，使得各项政策、措施的出台更符合客观规律，更有生命力和针对性。

> 京津冀企业需求调查是应用性调研，也是描述性调研，其背景是京津冀一体化作为区域协同发展的重要战略已上升到国家层面，充分挖掘三地现有资源，推动市场要素在区域内有效流动，加快公共服务、基础设施、交通体系、生态环境一体化建设，是京津冀协同发展的重要内容。对此，我课题组开展了此次调研，了解企业基本情况，掌握企业发展规律，破除企业发展的瓶颈问题，为切实推动京津冀一体化起到政策参考作用。
>
> 该调查以京津冀一体化协同发展为方向，重点了解在京企业对京津冀一体化的认知，企业产业转移、发展环境等公共服务，交通网络、生态保护、产业迁移、非首都核心功能疏解等方面的认识和理解，研判可能的企业市场行为。具体来说包括三个方面重点内容：一是对京津冀协同发展的认知。全面了解首都企业对京津冀一体化协同发展、非首都核心功能疏解的认识、期待，并评估潜在影响。二是企业的迁移意愿。调查企业在京津冀三省市内的产业迁移意愿、迁移方式、迁移动力和迁移竞争优势，重点关注高科技园区、政策性园区转移的带动作用。三是企业发展环境需求。调查影响企业在京津冀中实现自由流动的因素，主要包括政策需求、公共服务、交通网络、基础设施、生态环境等内容。

如果按时间维度的分类方法，还可以分为横向性调研与纵向性调研。横向性调研，也称为横切面调研，指在一个时间点上收集研究资料，并用以描述调查对象在这一时间点上的状况，或者探讨这一时间点上不同变量之间的关系，如各种内容的民意测验和人口普查。纵向性调研也称为纵切面调研，是在若干个不同的时间点收集资料，用以描述现象的发展变化，以及解释不同现象前后之间的关系。其中有趋势研究、同期群研究、同组研究。趋势研究，即对一般总体随时间推移而发生的变化进行的研究。同期群研究，又称人口特征组研究，对某一特殊人群随时间推移而发生变化进行的研究。最典型的特殊人群是年龄组，比如以20世纪40年代出生的一些人为一个特征组进行研究时，1960年调查时从20—29岁的人中抽取样本，1970年调查时从30—39岁的人中抽取样本，1980年调查时从40—49岁的人中抽取样本。虽然每一样本由不同的人组成，但却都代表出生于1940—1949年的一代人，而研究的结果就是这一代人的变化情况。同组研究，又称定组研究或追踪研究，对同一组人随时间推移而发生变化进行的研究。主要用来探讨人们的行为、态度或意向的改变模式和变化过程，分析影响这种改变的各种因素。与同期群研究的区别在于始终都是同一样本，其困难是后续的研究难以获得这些样本。比如"蚁族"群体，如果对2008年第一次"蚁族"调查的人群持续跟踪十年，观察他们的人生轨迹和发展变化，将会有非常重大的意义，尤其对于中国阶层流动的研判有重要的参考价值。当然，跟踪一个青年流动群体十年，难度也是可想而知的。解释性调研的目的是为理解社会现象中的因果关系或因果过程，而作为原因的现象与作为结果的现象在时间上会有先后之别，所以往往属于纵向研究。

　　从调研内容的维度进行分类，大体上可以分为两类，一类是综合性调研，即围绕一个问题，进行多方面的普遍调查，经过分析提炼，提出观点和意见；还有一类是专题性调研，包括重点调查、典型调查等，都是从一个侧面进行调查，不涉及全面情况。从实际工作来看，综合性调研相对较少，因为其需要动员的资源较大，但是重要性毋庸置疑，都是事关全局性具有重要战略意义的调查，比如我们完成的新的社会阶层研究，就是对新时代下社会结构出现重大变化后，阶层划分和阶层流动的系统性研判；还有统计部门10年一次的大普查和5年一次的小普查等都是综合性的调查。而专题型调研，一般来看，都是从某一具体问题而开展的调查，比如《首都科技服务业人才队伍调查》，仅仅就科技服务业中的人才队伍建设情况进行了分析研究，而不关注首都科技服务业整体业态发展以及内部结构等。从具体实践来看，专题性调研相对较多，操作起来也比较容易，因为目前我国管理体系存在条块管理的客观现状，条块的格局有利于专题性调研的开展，有利于统筹调研资源，形成较为明显的工作成效，同时在这个过程中有利于条块自身形成共识，推动各项具体工作的及时落实和准确理解。

需要强调的一点是，在本书中，我们比较关注应用性调研，所以特别注重应用性调研的实际操作，但这并不表明我们不重视理论性调研，而是本书的定位是党政领导干部和学者学生们在实际工作中调查方法的应用实操。理论性调研主要是发展知识谱系，寻找社会运行规律；应用性调研主要是为了解决实际问题，两者没有高低贵贱之分，只是侧重点有所不同而已。理论性调研需要掌握大量的相关理论和知识，而这是绝不可能仅靠一本书就能学会。如果读者有兴趣，可以围绕调研主题自行拓展阅读相关理论著作，夯实自己的理论基础。因此，本着务实的态度和实战的原则，本书更多关注应用性调研。

第二节　问题的发现和确定

调查研究首先是问题意识。那么什么是真问题，怎样才能发现真问题呢？如果对这个问题没有思考，很可能做了调查研究，但其实没有找准问题，或者自以为是个重要问题，但其实意义不大。调查研究是个复杂的过程，不是一个简简单单的，只靠搜集材料就会自然而然地从无知变为有知。

人们不会对熟悉发问，是"习惯"阻碍了人们的发问。没有预设的大多数经验处于不闻、不睹、不察的状态。所谓问题，就是一系列的反差以及由这个反差引起的困惑。研究是从困惑开始的。如果进一步推论的话，反差越大，困惑就越大。困惑的一个比较极端的心理状态称为焦虑。正是由于困惑和焦虑，才推动了调查研究。换句话说，调查和思考的动力来源于困惑和焦虑。因此，调查的目的有两个，第一，对于调查者本人来讲，要排除其内心的困惑和焦虑。这种焦虑的长期存在，会损害自己的积极性，所以要排除它。从这个意义上来讲，所有的调查研究都有显性或隐性的心理功能。这种功能就是治病，治心理疾病——困惑和焦虑。调查者的首要目的是解决自己的困惑，并用答案指导自己的实践活动，这也是研究的第一个目标。第二，当研究取得成果，有同类困惑的人，在看了研究报告或文章后，其困惑得以消解，心灵得以安顿，所以调查研究对他人也有益。[①]

总之，调查研究有两个目标，第一个目标是为己的，这叫自利或自觉；第二个目标是为他人的，为那些和调查者具有同样困惑的人服务，这叫利他或觉他。正所谓：自利利他，自觉觉人。

一、问题的发现

一切研究从问题出发。人类所有的实践活动都是指向未来的，都有一个对未来的预期，也正是这个预期推动了我们的行为。我们生活在一个极其复杂的世界，每时每刻都会引起新的困惑。我们对世界原来的认识会和变化了的世界形成反差，这些反差是一切焦虑的根源，也就是发现问题的来源。

---

① 曹锦清. 问题意识与调查研究 [J]. 社会学评论, 2014(5).

（一）预期与现实之间的反差引起的问题

人们的预期和现实之间的反差是发现问题最显著的地方。比如"蚁族"问题就是预期中大学生的形象与现实中大学生的状况引起的反差所造成的。大学生是天之骄子，为什么会成为"蚁族"？为什么会在一线城市出现大量低收入大学毕业生的聚居？

> 我最早关注"蚁族"是在2007年，之前也有不少记者关注过唐家岭，但大多限于违章建筑多、环境脏乱差等城乡接合部共有的问题。我到唐家岭实地走访时，发现该村有两个与众不同之处：一是此地有很多年轻的面孔，这引起了我的好奇，仔细询问，原来都是大学毕业生；二是房屋出租的广告上，可以没有独立的卫生间和厨房，但一定要"有宽带，能上网"，这在当时不是农民工和农民的需求。长期学术训练的敏感性告诉我，这是一个被社会忽视的群体。于是，我立即成立课题组，开始对这一群体展开调研。当时我们的研究并不被看好，2008年国际金融危机尚未显现，国内经济形势展望良好，我以此题目申报的课题和项目接连遭到否决，很多人嘲笑我"杞人忧天""危言耸听"。但我始终认为，在经济结构调整和社会转型的中国，这是一个亟须研究的重大社会问题。后来，事实印证了我的判断，随着就业形势的日益严峻和国际金融危机的突然到来，"蚁族"问题凸显了出来。2009年，我申报的国家社科基金课题获得通过。后来，我们提交的一系列有关"蚁族"问题的研究报告，多次受到中央领导同志的批示和高度重视，我们所做的研究也逐渐被学术界认可，并在社会各界展开广泛讨论。尤其是2011年以来，在中东北非骚乱、英国青年骚乱以及欧美"占领运动"中，以各国"蚁族"为主的高知青年群体构成了运动的先锋和主力，由这一群体引发的社会矛盾和社会反抗，给每个

国家都带来了巨大的挑战，"蚁族"问题引起了世界范围的关注和重视。党的十八大以来，习近平总书记高度重视"蚁族"群体，在他上任伊始，就在同团中央领导班子集体讲话时强调，要关注"蚁族"群体的利益诉求；2018年7月2日，在同团中央新一届领导班子讲话时又再次强调"我多次讲过，你们要关注'蚁族'"。

还比如返乡现象，当大多数青年都在想方设法留在北上广深时，我们发现有一些青年在"逃离"一线城市。为什么他们选择离开而不是坚守？这是偶然的个别现象，还是新的潜在趋势？"洄游"背后反映了青年人哪些思想观念的变化？2015年我们沿着瑷珲—腾冲线完成了中国首次"洄游"青年的调查，预见到中国大规模的青年返乡潮即将开始。果不其然，2018年大量的一线城市青年开始"洄游"返乡。

（二）政策与实践之间的反差引起的问题

政策与实践的反差引发的问题对中国尤其重要，政策的初衷都是好的，但是当初制定政策时，不可能把所有的变量都考虑进去，因此，在政策的执行过程中，会产生这样那样的问题。所有的政策都有预期，如果没有实现它的预期目标，一定在某个环节出现了问题，或者政策虽然实现了预期目标，但又出现了有待解决的新问题。有了这些关怀再去研究社会问题就会注意到：政策出台后是否有某一越轨行为频繁发生，发生的行为在哪一层面展开，现实反馈是否和政策法规出现了冲突，如何加以调适等。

如何有效开展调查研究

> 我们在调研中偶然发现，近年来高校大一新生入党积极性下降。经过深入了解得知，2014年6月颁布的《中国共产党发展党员工作细则》中，对入党年龄有着明确要求，必须年满18周岁才可以向党组织正式递交入党申请书。这个举措杜绝了以往在高中发展党员时经常出现的关系户和人情户，有利于提升党组织的先进性和纯洁性。但这也导致了另一个新的问题，由于18岁以后才可以提交入党申请书，所以一些高中党组织放松了对18岁以前学生的入党教育，有些高中甚至认为，18岁以前就不需要做党员发展工作了，进而也就不需要开展入党教育了。入党教育应该是一个完整的系统，而不是各个阶段的简单相加，更不能人为地割裂各个阶段的联系。高中与大学的入党教育应该是一种递进的关系，是一个循序渐进的过程。这就是政策和实践的差别。好的政策出台后，杜绝了以往的问题，但是产生了新的问题。这就需要调查研究者予以发现并提出建议，不断完善修订政策。

（三）同类事物的比较中形成的问题（他者眼光）

我们正走在中国特色社会主义发展道路上，但这并不意味着中国的一切都是独有的，中国的发展需要借鉴和参考世界其他国家的经验教训，这是不可或缺的。在某些领域，有意识地开展比较研究，会有不一样的收获。有时候中国的事情在中国还真看不清，走出国门进行比较却能得到很多启示。因此，应在差异性中发现问题，在重复性中寻找规律。

比如在中东北非动荡、英国青年骚乱和美国占领华尔街运动中，知识青年构成了运动的先锋和主力，他们围绕着"体面工作、尊严生活"，跨越国界、跨越地域、跨越阶级、跨越信仰，利用新媒体互相沟通消息，宣泄价值主张。这些青年运动不仅在各自国家，而且在世界范围内产生了巨大影响。因此，对近年来世界范围内发生的具有典型代表性青年运动的主要特点、组织形式、产生原因等进行分析和总结，并在此基础上提出有借鉴意义的结论和措施，对于我国当前预防和治理青年群体性事件以及防止再次发生20世纪80年代末那种大规模政治动乱具有重要的参考价值。

还比如新的社会阶层研究，随着社会的转型，当前中国出现了一定规模的新兴群体。我们需要延伸思考，中国历史上新的社会阶层对当时的社会结构有哪些影响？西方国家的中产阶级和我国新的社会阶层有哪些异同？这些体制外的年轻人其他国家是如何管理的，他国的经验能否为我国提供一些借鉴？

> 新的社会阶层最重要的特征是知识资本。从广泛意义上说，任何一个阶层都具有知识资本、文化资本。新的社会阶层的特殊性在于其拥有知识资本的数量和质量方面超过其他阶层。在新的社会阶层领域，知识资本几乎贯穿了形成和发展的整个过程，尤其是其中新媒体从业者和自由职业者，不仅知识资本的拥有程度高于其他阶层，而且具有传播意识形态的能力。在中国历史发展的进程中，知识普及化后也曾出现过这样一个新的社会阶层——平民士人。生产力提高带来的知识普及化，使得平民士人在宋代出现。平民士人群体的数量不断扩大，对政权的吸纳能力构成挑战，成为引发宋元时期政治动荡的主要动力来源。虽然中国当时的统治者未用新的社会阶层这个概念来称呼，但他们重视体制外知识分子群体自带的能量和引发的对体制的冲击，并力图通过制度设计来"包容""消化"这一群体。政权对平民士人的吸纳问题直到明代初期才得以解决，这一进程中政权的应对策略值得关注和研究。

身处转型期的中国社会，调查者的任务是提出"要命"而"有趣"的问

如何有效开展调查研究

题并且找到问题的答案。所谓的"要命"是指那些与国家发展密切相关的、真实、紧迫且重大的经济、社会和政治问题;而"有趣"是指那些具有重要理论意义和学术潜力,而且能够丰富科学知识和发现社会规律的问题。

二、问题的确定

问题的确定要凭借敏锐的感觉,眼睛里看得见角落,心里才会有全局。要练就较强的敏锐性,首先要有高度的政治责任感和使命感,高度关注全党全国全社会关注的热点、难点、疑点,先天下之忧而忧。真正做到既贴近群众,又靠近领导;既在思想上政治上行动上同党中央保持高度一致,又和人民休戚与共。只有这样,才可能产生调研灵感,引起调研兴趣,把调研引向成功。不难想象,一个对党和人民的事业漠不关心、麻木不仁,对广大人民群众热切关注的热点、难点问题无动于衷的人,怎么可能会有调研的兴趣和探索的热情。

(一)公共价值

米尔斯在《社会学的想象力》中告诫后来者:学术研究一定要区分个人困扰与公共议题。学术的生命力在于其公共性。学术,公器也。用张载的话来说:"为天地立心,为生民立命,为往圣继绝学,为万世开太平。"

项羽学剑不成,项羽的叔叔项梁大怒,项羽说:"书足以名姓而已。剑一人敌,不足学,学万人敌。"于是,项梁传授项羽兵法。如果把解决私人困扰比作"一人敌",那么解决公共困扰则是"万人敌",因此要将选题做得有公共性。调查研究解决的不是个人问题,而是带有规律性的共性问题。就像如果某个大学生毕业后找工作遇到困难,那不应是调查研究应该关注的领域,那是成功学和心灵鸡汤解决的问题。只有像"蚁族"那样具有相似特点的大量低收入大学毕业生聚居在一起,才能进入研究的范畴。同样,婚姻问题如果谈及个案,那是心理学家和婚恋专家探讨的问题,调查研究关注的婚姻,一定是大量共性的婚恋现象或婚姻新趋势的出现。著名社会学家涂尔干写出了经典之作《自杀论》,如果他研究的是个案的自杀,那每个人的自杀理由和动机各不相同,他探讨的不是个案问题,而是不同群体、不同国家的自杀率及其背后的社会变化,进而延伸到人与社会的关系。自杀是个人问题,而自杀率是公共问题。

研究题目最好是当前社会发展和变化中出现的重大问题,即重点考虑新时代要求解决的实际问题。比如,随着我国经济、政治、社会、文化体制改革的深入,不断出现许多新的社会问题,这就要求调查研究的课题能够具有前瞻性,增加人们对现实世界的认知,帮助人们了解、熟悉、理解和掌握发展变化中的各种新现象、新问题及其发展规律。这样的调查研究课题不仅有较大的公共性价值,而且容易得到社会的支持和有关部门的重视。但也要切忌盲目追逐社会热点,不应该将那些社会上虽然炒得很热,但没有任何理论和实际价值的问题作为自己的研究切入点和研究视角。

(二)政策价值

调查研究以现实社会生活为素材和活动空间,因此调查研究要紧密结合社会发展的客观需要,能够解决社会实际问题,对社会实践有促进作用,或者对实际政策的出台产生一定影响。

对于党和政府部门开展的工作来说,调查研究的成果可以为具体工作服务,为某一部门或者多个部门开展工作提供依据参考,调研所得到的数据资料、分析研判、对策建议等使得部门工作更具有科学性和前瞻性,更加符合社会发展的一般规律,工作推进得更加顺利。因此,在调查研究的题目选择中要考虑其具体的工作价值,开展了该项研究能够取得什么样的效果,能够对工作有多大的推动,能够解决哪些现实问题等,都是应该高度重视的。

一个好的调研选题不能只满足于打动某一专业领域的学者或专家,求得学术"圈子"的认可固然重要,但是应该放眼更广阔的领域,打动更多的圈外专家、知识分子甚至政府部门,力争把学术成果转换为实际政策。

如何有效开展调查研究

任何调研题目都必须根植于社会现实，能够最终对现实社会具有启发意义，甚至能够促成社会行动，催生社会政策，这样，调研成果才会有更好的外部溢出效应，才会取得广泛的社会影响。

（三）理论价值

从理论需要的角度看，调研题目应有助于促进当前理论的发展，最好是学科核心领域的前沿性专题和公认的重大理论问题。学科基础研究、发展研究和应用研究的新课题、热门课题、空白课题、有争议的疑难问题等，也都具有一定的理论意义和研究价值。其中要特别注意能够提出创造性、启发性、独特性的新思想。具体来说，可以从这几个角度来考虑：提出新的创造性理论，重新验证已被证明的理论的正确性，对某一理论作补充论证，证明某一理论的新的适用性，质疑、否定或部分否定原有理论，对社会实践进行理论上的总结和解答等。

研究是滞后的，也是超前的，要"强乘第一班车"。调研选题时最好对题目的前景进行预判，选择那些将来有可能成为主流、前沿的题目。社会学家陆学艺先生对此有一个生动的比喻："选题就像公鸡打鸣，先叫的那一个最能获得关注。"这说明选题要在理论上要具有一定的前瞻性。

选题的理论价值还体现在立意要与时俱进，这是调研的灵魂所在。与时俱进首先要符合马克思列宁主义关于社会发展规律的认识，选题要站在马克思列宁主义的立场观点视角上。其次要符合时代潮流，坚持不懈用习近平新时代中国特色社会主义思想凝心铸魂。再次要符合国内国际的宏观背景，不能违背时代发展大势。对中国而言，继续推动深化改革，继续加大开放力度，就是人心所向，调研题目不能逆历史潮流而动。

此外，调研选题要以小见大，窥一斑而见全豹，用一滴水反映太阳的光辉，要开小口子，像打井，向纵深挖掘，切忌像耕田一样破皮而止。有些调研报告的题目很大，内容像《人民日报》社论，或者国务院政府工作报告，几乎把全党全国的方方面面都讲到了，面面俱到，反而不得要领。

如我们完成的《当代中国新的社会阶层调研报告》就属于既有公共价值、理论价值，又有政策价值的选题，报告得到数十位中央领导同志的高度重视。能选择这一选题，正是课题组在多年积累的基础上才形成的认识。

> 改革开放以来，不断推进的产业升级和城镇化进程使我国的经济转型和社会转型呈现"交织＋互动＋同步"的特征。在这一时代背景下，我国社会阶层出现新老演化，工人阶级和农民阶级等传统阶级出现了一些新的变化，产生了"蚁族"（未稳定就业大学毕业生聚居群体）、"工蜂"（高校青年教师）、"洄游"（返乡青年）、新生代农民工、城市新移民等诸多新兴群体。新的社会阶层应运而生，其规模不断扩大、影响不断加深、力量不断增强。正确处理同新的社会阶层的关系，引导他们做合格的中国特色社会主义事业建设者，成为我们党可靠的阶级基础和群众基础，是新时期党在推进中国特色社会主义事业进程中必须解决的重大课题。党中央对此问题高度重视，强调要把新的社会阶层人士作为新形势下统战工作新的着力点。习近平总书记在党的十九大报告中指出：加强党外知识分子工作，做好新的社会阶层人士工作，发挥他们在中国特色社会主义事业中的重要作用。2016年7月和9月，中央统战部和共青团中央分别组建了专门面向新的社会阶层人士的工作部门，为加强政治引导和阵地统战迈出了坚实的一步。
>
> 据不完全统计，新的社会阶层人士有7200余万人，主要包括四类，即私营企业和外资企业管理技术人员，中介组织和社会组织从业人员，新媒体从业人员和自由职业人员。他们思想活跃，流动性大，分散性强，与各社会阶层互动频繁，其中每个群体都有各自特点，利益诉求差异较大，且一直处于快速变化之中。

三、可行性考量

课题的选择是调查研究的出发点，决定着调查研究的目标和方向。好的选题，是调查研究成功的首要条件。调查研究课题的产生，或由上级部门指定，或由委托单位提出，或由调查者根据其兴趣自选，但无论出自何方，都必须根据理论或实际的需要以及现实可行性做出决定。

第一，要选择调查研究可以解答的课题。例如，"大学毕业生应该工作、出国还是考研？"这样的问题涉及主观的价值判断，无法对它进行客观检验，通常由哲学思辨和社会讨论来解答，调查研究无法做出科学回答，就不能作为调查研究的课题。

第二，要根据调查者的主、客观条件来选题。在客观条件方面，应考虑调查对象的选择、研究经费的提供、时间协调、资料获取、人员配合、调查对象的协作，能否获取比较可靠的保证，能否得到社会和有关部门的重视和支持，调查的范围和内容是否适当等。在主观条件方面，应考虑调查研究力量是否足够，调查者的生活经历、知识结构、理论水平、研究经验、组织能力、精力兴趣、可用资源，甚至方言、性别等各方面的条件等。总之，调研课题应根据调查者的现实力量、各方面条件的成熟程度、社会配合、社会环境等种种因素来确定。对于理论基础薄弱和实践经验不足的调查者来说，选题应与调查者过去的生活环境、社会阅历、所学专业等相近，以便发挥其在相应的基础知识和实践经验上的作用。选题还应该考虑先从简单、具体开始，以小见大、"小题大做"、小题深做，逐步扩大和深入。

第三，要根据所能动员的调研资源来选题。通俗地讲调研资源包括人力、物力和财力等。在实践中我们也发现，不少研究单位或者委托单位在调研选题时候对这个因素重视不够，缺乏相应的准备，这使得调研的质量难以保障，虽然题目选得很好，但是调研的整体效果不佳。调查者务必要戒除贪大求全的思维，要秉持量体裁衣的意识。

第四，要把握工作节奏来选题。党和政府部门的工作具有一定的节奏，比如一些重要的时间节点"全国两会""年关"等，调研工作要服务这些重要时间节点，才能更好地发挥其价值。如调研报告作为全国两会提案更容易转化为实际政策。

第五，要尽量选择自己有感触的选题。调查者应该选择那些具有个体独特生命体验或生活感悟的题目，只有具备了个体经验的支撑，研究才会做得新颖、深入有创意，研究也才能有持久的动力。当然，调查者个人的经历是有限的，我们不可能总去选择和自己人生经历有关的选题，那就要在确定选题前深入了解调查对象的生活，比如我们曾在聚居村"唐家岭"住过近三年的时间，和"蚁族"一起生活；在做快递小哥调查时，我们也和快递小哥一起送货几个月，和他们一起感受人生的酸甜苦辣。长时间的调研经历让我们感受到，只有选择那些与自身经验血脉紧密相连的主题，才会让自己的研究有血有肉有个性，成果也更加具备人文社会关怀。

最后，在选题时，最好能够有专家指导，尽量使课题向导师和所在单位的研究强项靠拢，以便从学术积累、研究成果、文献资料、相关理论和研究方法经验等方面为调查研究提供可靠的保证。

第三节　制定调研方案

调研方案是关于调查研究具体程序、操作方式、方法，以及必要条件的详细规划，相当于一项建筑工程的设计图和施工方案，具有至关重要的作用。对选题心中有数之后，就可以着手制定调查研究的总体方案。总的来讲，调查研究应坚持总——分——总的总体思路。第一个"总"指的是

如何有效开展调查研究

整体布局，要坚持全覆盖和深加工的统一，做到广和深的结合。在调研之初，应把调查对象的产生背景、现实影响、形成原因及发展趋势等因素都考虑进去，将调研实施中可能存在的关键环节、重点难点及外部环境都纳入可行性分析之中，综合评估调研产生的风险差序格局，为整个调研的顺利开展打下坚实的基础。"分"强调的是实施过程中要针对调查对象的不同性质、不同特点采取差异化的调查策略。比如对某类社会事件的调查，用典型个案法效果较好；对某个社会群体的背景调查，用结构性问卷效果较好；对群体心理和精神问题的调查，用心理量表效果较好；对涉及意见和态度等主观倾向的调查，用座谈会和个别访谈效果较好，等等。用最适合的方法实现高效率，保证高质量。最后的"总"，就是在第二步"分"的基础上，把获取的数据信息进行去粗取精、去伪存真、由表及里、由此及彼的分析和研究，并在此基础上提出对策建议。对策建议不能笼统地提一些口号和呼吁，应当在把握普遍性规律的基础上，体现问题的特殊性，结合具体情况去谋划，尽可能出实招、求实效，制定出前瞻性、针对性和可操作性强的意见。

一、方案框架

调查研究总体方案通常主要包括以下七方面的内容。

（一）调查的目的和意义

调查研究总体方案要说明调查研究的课题名称、产生过程以及这一课题的性质，特别要说明课题是侧重理论还是应用，是探索性，还是描述性、解释性等。

在目的方面，要具体说明调查研究要解决哪些问题，哪些是主要问题，哪些是次要问题，解决到什么程度等。

在调研的意义方面，主要进行调研的必要性论证，为什么要开展这次调研，此次调研能为具体工作的推动带来哪些效果等。

在具体的调查中，往往有三类方向，需要在此环节中予以考虑。

1. 状态。状态是客观指标。通过对状态的描述，我们可以知晓调查对象的基本状况。比如，个体的状态包括年龄性别、生活职业、收入支出、文化程度、婚姻家庭、户籍归属等，组织的状态包括单位构成、人员规模、产量产值、利润成本等。调查者可以根据研究选择一些指标，在具体研究中，一般会把"状态"变量作为自变量。

2. 意向性。意向性是分析调查对象的内在属性，包括态度、观念、信仰、个性、动机、偏好、倾向性等。意向性突出了行为的内在驱动力，而且不仅个人有意向性，组织也具有一定的意向性。例如国有企业和民营企业具有不同的价值理念和行为倾向，不同地区的人口有不同的思想观念。这是由于人类的社会现象包含人的主观意向，只要有人参与的社会现象，就一定会带有人的主观意向。意向性通常不像状态那么直接，一般是内隐的，很难直接测量。调查者可以通过题目的设计来描述态度、观念和行为倾向的类别及差异程度。对意向性的分析要以调查对象的行为目的、动机、手段、策略等来解释其行为。例如，个人的宗教信仰、价值观念、政治态度都会影响他的行为模式。

3. 行为。行为与状态一样，是一种外显的变量。例如选举、入党、升学、参军、就业、创业、结婚、迁居、换工作等，不同的群体和不同的组织有其特殊的行为方式。对于这种可观察到的社会行为，调查者可以从各个方面来进行细致的考察。通常情况下，行为就是调研要解释的因变量，它一般受状态变量和意向性的影响。同时，各种行为之间还有一定的相互作用，如一个人的某种行为会导致另一个人的行为回应。另外，对行为有影响的因素还包括现有的社会结构、制度设计、人际关系、环境背景及历史文化等。

（二）界定调查对象

调查对象的界定主要考虑其基本特征，要在对调查对象有一定的了解

如何有效开展调查研究

或者认识的基础上进行确定，还要对调查对象的准确性进行研判和定义，这方面是很多调查研究所忽略的。一些调查研究仅仅笼统地讲述了调查对象是什么，但是并没有做出详细的说明和界定，最后导致调查对象的泛化和研究的不确定性。以我课题组在北京市新生代农民工调研中调查对象的设定为例进行说明。

> **调查对象**
>
> 　　出生于20世纪80年代以后，年龄在16周岁以上，从外地来京，以非农业就业为主的青年群体。重点以农业户籍的工人为主，主要针对制造业、建筑业、批发零售业、住宿餐饮业、商业服务及居民生活服务业五个行业。

在调研中，我们对北京新生代农民工的特征进行了明确界定，界定为"80后、16周岁以上、外地来京和非农就业"，这从年龄段、就业、身份等几个方面对该群体进行了界定，比较清晰地反映出了要调查的对象。为了将该群体与其他群体区分开来，在调查对象中我们强调了"外地来京"，那么北京本地户籍的青年农民工就不属于本次关注的对象了；再比如强调了"16周岁以上"，那些外地来京在中小学校就读的青少年也不是调研的对象。由此可以看出确定调查对象的重要性。

同时，在该定义中，我们还特别关注群体的就业行业，界定为针对制造业、建筑业、批发零售业、住宿餐饮业、商业服务及居民生活服务业五个行业。因为在前期的文献研究中，北京的主要产业是上述五个行业，所以选定这五个行业开展调研就可以摸清整个北京市新生代农民工的基本情况。

因此，调研中很重要的是调研区域的选择，区域的选择在很大程度上决定了调研样本的代表性,区域的选择一定是与调研目的联系比较紧密或者能够代表调查对象"面"的整体情况。

(三)确定调研内容

在界定调查对象之后,就需要进行调研内容的设计和规划,调研内容是调研的核心,决定后面的问卷设计和访谈座谈的实施等。在调研内容的设计方面,也需要把握几个原则,一是要服务调研目的,围绕调研目的展开,比如在北京市新生代农民工的调研中,就是想了解该群体的社会融入情况,那么在内容上就必须围绕这个调研目的展开。二是要避免大而全,要突出重点,任何一个研究都不能将所有问题都摸清楚,都分析彻底,因此在调研内容设计上避免大而全的内容设计,要有主次之分,把握好主要矛盾。三是调研内容的设计要结合调查对象的特征,参考同类或者同主题调研,描述性调研要侧重关注基本面,解释性调研要侧重关注背后的深层次原因。四是充分探讨调研内容之间的关系,关注要素之间是相关关系还是因果关系,是进行平行研究还是递进研究。

需要强调的是,同一调查对象的调研内容依据不同的调研主题可能有所不同,比如同样是新生代农民工,在长三角地区关注的是其劳动权益保护,在东北地区关注的是其就业环境,在北京等一线城市关注的是其社会融入。因此,需要根据具体的实际情况来确定内容,不能简单参照其他案例。

如××市基层医疗卫生机构医药分开综合改革的调查研究中,我课题组以改革政策的实施状况作为基点和出发点,考察基层医疗卫生机构费用以及运行变化情况等,在此基础上进一步了解基层医疗卫生机构从业者的满意度状况和患者就医满意度状况,以便为政策的下一步推进做好支撑。

如何有效开展调查研究

调研内容

（一）社区卫生机构新的补偿机制实施状况

在××市取消社区卫生服务机构"双支两条线"政策后，医药分开改革通过取消药品加成和设立医事服务费及规范医疗服务项目，建立了医疗机构新的补偿机制，消除了医疗机构追求药品收入的逐利机制，为加强公益性奠定了良好基础。进一步分析社区卫生服务机构运行情况，从财政补偿、医保基金支付、个人卫生支出、医务人员收入变化等方面进行对比分析，研判改革是否达到预期。

（二）社区卫生机构医疗费用变化情况

全市所有公立医疗机构均须参加医药产品阳光采购，社区卫生服务机构以区为单位制定区域采购规则。医药分开改革后，患者向基层下沉明显，到社区卫生服务机构开药的患者明显增加，全区及各社区卫生服务机构在医疗费用总量、结构上有哪些变化，在用药需求上出现哪些变化趋势。在社区与大医院统一药品报销目录后，患者个人支付的医药费用负担变化情况，医保基金支出变化情况。

（三）社区卫生机构医务人员和患者满意度

医务人员是医改主力军，在医药分开改革背景下，取消以药补医机制，建立了体现医务人员技术劳务价值的补偿机制，转变了全科医生服务方式，在社区卫生服务机构建立起家庭医生签约服务制度，患者与社区卫生服务机构联系更加紧密。通过测量医务人员和患者满意度，发现医药分开改革后社区在服务能力上面临的主要问题。

在调研内容的设计上，除了要根据调研需要和调研关注的主要议题来展开，还要有一些基础性的支撑内容设计，比如人口学特征、群体状况或组织状况方面的基本信息，防止单点、单一维度的设计，避免后期调研分析中缺失数据和相关内容。

调研内容确定后要预先设想可能产出的调研成果，要根据调研的内容选定主题报告和专题报告，以达到更加全面、更加有效地使用调研资料的目的。预期调研成果是在调研内容的基础上进行设计的，在不同调研成果的内部还蕴含着一些逻辑关系，如专题报告作为总报告的支撑，是总报告某一方面的详细论述。各个专题报告之间是平行关系，总报告与分报告之间是总分关系，而分报告与专题报告并不一定具有相应的对应关系。

如在××市社会公共服务供给侧结构性改革的调查研究中，我们通过资料分析可知，供给侧结构性改革与构建新消费紧密结合，××市社会公共服务供给所出现的问题和难题很大程度上是由于对服务消费、信息消费、时尚消费、绿色消费和品质消费等消费面了解度不高，需求测算的精细化程度不够。因此，又进行了专题研究，形成了专题报告《××市市民消费意愿和消费行为调查报告》。

预期调研成果

调研报告：《××市社会公共服务供给侧结构性改革的目标、路径与对策研究》

专题报告：《××市市民消费意愿和消费行为调查报告》

主要内容有××市市民消费特征和习惯，××市社会公共服务需求现状与特点，××市社会公共服务供给的现状、目标与路径，××市社会公共服务供给改革的思路、重点、难点和对策等。

（四）选择调研方法

方法是实现调研目的的工具，不同的调研需要不同的研究方法，人文社会科学领域已经形成了一套相对完备的方法体系，主要包括哲学方法论、系统科学方法论和具体方法论，详细情况见下图。

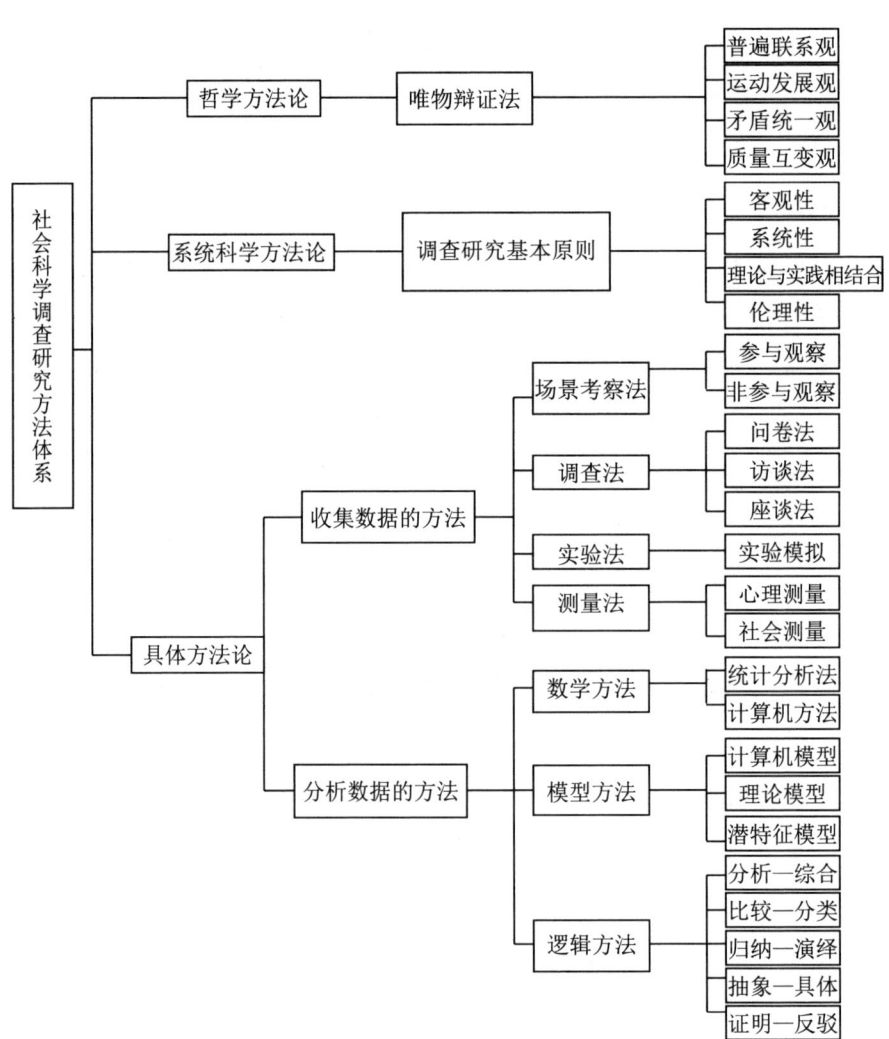

本书中的调查研究主要集中于具体方法论中数据收集方法，在方法使用过程中，要遵循四个基本原则：一是客观性原则，指调查者对待客观事实要采取实事求是的态度，不能歪曲事实，也不能主观臆测；二是系统性原则，要求调查者不仅要将调查对象放在有组织的系统中进行考察，而且要运用系统方法去考察；三是理论与实践相结合的原则，在调查研究过程中，理论与实践是辩证统一的；四是伦理性原则，在创设情境时切忌采取违背伦理性原则的方法，如欺骗隐瞒、威胁恫吓。

在具体方法与技术上，可以分为两大类：一类是定性方法，另一类是定量方法。定性方法也称质性方法或质的研究方法，是指通过对事物或社会现象的性质、质量和特征的考察来认识世界或社会的方式和方法。定量方法也称量化方法，与定性方法相对应，是指运用假设、测量变量、分析数据进行因果解释的研究。这两种研究方法在功能、回答或解决的问题、数据收集方式等方面有着明显的区别。对于调查者而言，根据所要解决的问题和研究目的选择适当的研究方法至关重要。

定性方法有利于发掘事物的深层次原因，能够对观察对象的细微之处进行把握。在研究特殊群体和敏感复杂的社会心理问题时，定性方法有其独到的功用。在操作中，定性分析采用的是比定量分析更模糊、更大胆的方法，因此，更容易具有创造性和新颖性。常用的定性方法有深度访谈、焦点团体座谈等。一般认为，这类方法的不足之处在于定性分析的样本不能够代表总体，得出的结论不一定具有普遍性。同时，定性方法的实施成功与否及其研究质量，在很大程度上取决于调查者个人的专业素养和研究经验，实施过程中的灵活性和主观性，也常常使研究结果在可靠性和有效性方面受到较大影响。

定量方法建立在统计理论基础之上，其优点在于能够通过分析一些具有代表性的样本，来推论总体特征。以定量方法中常用的统计调查为例，它首先是从一定的理论假设出发，设计出标准化、具有内在逻辑结构的问卷，然后经过规范的抽样、调查实施、数据整理和统计分析，对理论假设进行检验，或者对新的发现做出理论解释。定量方法的缺陷在于难以获得深入的信息，容易忽略具体的社会过程及人们的深层次动机，同时也不适用于对唯一发生的现象进行因果性分析。

定量方法有一个暗含的假设，即"人作为信息的载体，每个人的信息都是等量的"。所以，定量调查一般都采用结构化问卷的形式，结构化问卷是固定的模式，它的设计形式决定了对所有人的问题都是一样的，可选的答案也是被限定死的（尽管有些问题的选项设置了"其他"可自填内容）。结构化问卷不存在自由延伸和无限追问的可能，也就不会得到因人而异的各式各样的回答，这就忽视了不同人的信息差异。因此仅靠定量方法，我们只能调查到某个给定量的信息在特定群体中的分布状态，无法增加信息的总量并完善信息的丰富性。

例如，想要调查青年住房状况，我们在问卷中设置了一系列有关青年住房状态、住房面积、住房户型、住房获得的问题，但是恰恰没有设置住房对于青年的意义的问题，那么，我们就永远不可能知道住房对于青年的意义与价值。由此可见，我们无法通过问卷的形式获得问卷之外的任何信息。定量调查的这种局限性，决定了调查者在设计问卷时，要尽可能包含想要了解的调查对象各方面的信息，一次性地写入问卷中。一旦问卷中有所疏漏，将会导致整个调研信息的缺憾，影响调研报告的最终质量。

有人可能会说，一次问卷调查没有搜集到的信息，还可以通过再次发放问卷进行补充，这样就可以弥补定量调查信息限定的缺憾。这种想法理论上没有错，但是反复通过问卷调查来补充信息存在两个问题：一是每次问卷发放的对象不可能完全一致，会有系统误差；二是发放问卷的成本较高，尤其是大样本调查。即使不考虑上述因素，新的问卷获得了新的信息，新的信息总量还是被新的问卷限制死了，仍然无法随机应变地将新的问卷调查中获得的新信息及时纳入现有的研究中去。因此，有可能在新的问卷调查中又发现了更有价值的信息，但是又一次为时晚矣，再有价值也只能忍痛割爱了。

定性调查与定量调查不同，它假设每个人的信息载量是不相等的，有些人"信息量很大"，有些人"有话不说"或者"信息不多"。定量调查是在给定信息总量的情况下，如何更准确地理解分析给定的信息；定性调查，则是为了增加信息总量，得到定量调查中给定信息总量之外的新信息。

形象点说，定量方法是用渔网捕鱼，渔网的大小是限定死的，因此捕到的鱼的总量是确定的，只能分析捕到的鱼的分布和特点。定性方法是钓鱼，钓鱼的目的并不追求鱼的数量，而是希望钓到各式各样的鱼，满足自己的好奇心，即追求鱼的种类。对于钓鱼者而言，想钓什么样的鱼，就去什么地方。如果钓到重复的鱼，就会改换地点，直到钓到湖中所有不同种类的鱼为止（信息饱和）。他无须考虑湖里到底有多少鱼，只需考虑钓到的鱼与前面的鱼是不是一样。当然，用渔网捕鱼，也可以通过反复撒网的方式来补充鱼的种类，充实信息的丰富度，但是多次撒网成本太大，很不划算。可见，定性方法是想知道湖里的鱼有哪些种类，而定量方法则是想测算某种鱼在所有已知鱼中的分布和结构。

社会学家潘绥铭教授认为，定性调查绝对不是因为做不到才不去抽样的，而是因为两者的目标不一样。定量调查中那些寻求"推断总体数量或总体均值"的随机抽样方法，对于意在"收集研究主题相关的所有潜在信息"这一定性调查的目标来说，是不适用的。因此，凡是试图使用随机抽样方法的调查，都不是定性调查，而是定量调查。在定性调查中，不是调查多少样本才能达到"量"的要求，而是调查到的信息多么丰富才足以反映出调查目标"质"的要求。定性调查不应该使用"代表性"这种定量调查的专有术语，而是追求"最大差异的信息饱和"程度。①

很多人问，定性调查多少样本算"够"？一般认为，在座谈访谈时，如果从被访者处获得的与研究主题相关的信息仍未饱和，则要继续调查，直到被访者群体中不再出现新的信息，则调查到此为止。在实践中，为了保险起见，调查者可以再多访谈一个或者几个对象，如果确认再无新信息出现，即可终止调查，否则就应继续调查下去，直到"信息饱和"。有学者称之为"理论饱和"，即穷尽了某类现象的所有信息。

当然，调查者必须认识到，在调查研究中单独使用定量方法和定性方法，都无法解释或回答所有问题。不同的研究方法之间不应该是对立的，而应该是互为补充、互相支持的。定量方法与定性方法只是从不同的侧面，用不同的方法对同一事物进行研究。我们应克服那种非此即彼的做法，把定量方法与定性方法结合起来，使调查方法从对立走向统一与多元。

（五）确定调研分工

一般来说，调研是一个分工协作的系统性工程，不是哪一个部门能够独立完成的，这就需要一个明确的分工来确定在整个调查研究中自己的职责和责任，然后通过部门协作配合共同完成调研任务。

调查研究的组织形式，一般根据调查的内容和范围，可选用调查领导小组、办公室、课题组等不同组织形式。必要时，还可在其下细分具体部门或小组。

之后，明确调查研究的领导和工作人员。凡是涉及多学科或部门的，应该有相关学科的专家和有关部门的领导参加，以保证调查的科学性和顺利进行。

如下是一个调研分工的统筹情况。

---

① 潘绥铭,姚兴亮,黄盈盈.论定性调查的人数问题：是"代表性"还是"代表什么"的问题[J]. 社会科学研究,2010(4).

> **调研分工**
>
> 市委研究室负责统筹协调工作和后勤保障工作。由对外经济贸易大学廉思教授组建课题组,负责文献调研、问卷设计、调查培训、数据录入、筛选分析、深度访谈、报告撰写等工作。
>
> 请市委组织部、社工委协调各区县开展调查问卷发放、回收工作,以及深度访谈人员的联系工作。根据廉思教授意见,拟请办公厅、组织部、国资委、团委,协调行业工委、市属重点企业、相关高校参与上述工作。

(六)调研时间安排

首先,要确定调查研究的总期限。一般来说,调查研究的时间要服从调查课题和内容的需要,但是也有例外。如果某个调查的时效性很强,错过一定的时机就会降低调研成果的价值时,调查内容就要考虑时间的要求,甚至有必要调整调查内容。

其次,要排出具体的进度表,表明调查研究中每一个具体步骤的所需时间情况,以控制调查研究计划的进程。表格中是一个调研进度的安排情况。

时 间	主要任务	主要阶段
3月	组建课题组，制定研究方案，搜集、提炼、汇总相关文献资料，提出研究的主要假设和指标体系的主要框架	前期准备
4月	设计问卷和拟定抽样方案，召开专家咨询会并进行实地走访	
5月	试测问卷并召开座谈会，反馈修改意见，形成问卷终稿	
6月	问卷印制，开展调研培训，确定调研的区域和调研员名单	
7月	根据抽样方案发放问卷，督导调研员工作	实地调研
8月	根据调研和资料收集情况，进行调研数据的录入和清洗，分析实证数据；同时，分类别召开调查对象座谈会	
9月	启动深度访谈，完成调研数据的校对及分析，整理和分析座谈录音	
10月	整理深度访谈内容，完成数据分析报告	报告撰写
11月	完成深访报告，形成调研报告初稿并征询相关部门和专家的意见建议	
12月	修改完善并形成调研报告终稿，并将调研报告、数据报告和深访报告提交有关部门；分报告或分议题启动研究	

（七）经费预算和后勤保障

从官方组织的社会调查到自费的学术调查，都必须有经费预算计划。在经费预算中，须详列各项用途，如调查人员的差旅费、交通费、劳务费、专家咨询费、办公用品费、器材购置或租赁费、场地租赁费、问卷印刷费等，并且计算出具体数目。经费使用要符合所在机构或课题组委托方的制度，大型调查研究的现金出纳，应指派专人负责并予以监督。

调查研究方案还要明确所需的后勤保证，主要是对调查工具、技术设备以及资料整理与分析设备，如交通工具、笔记本电脑、录音和录像设备等做出安排。

需要说明的是，尽管所有调查研究的总体方案都必须涵盖以上内容，但其具体形式和要求因课题性质不同会有所区别。

二、方案设计应注意的问题

（一）实用性

调研方案必须全面考虑课题的需要和调查人员的主、客观条件，一切从实际出发，做到切实可行。比如调查人员数量、调查时间和经费很大程度上决定了调查对象数量、调查地域的范围。经费充足、调查人员多、时间长才有条件多调查一些对象，扩大调查地域范围，反之就应该缩小调查范围、减少调查对象。再如复杂的、难度较大的调查研究在选择调查人员时，必须以综合素质强、理论水平和专业水平高、有一定调查研究实践经验的人作为骨干，否则调查方案就难以落实。

（二）系统性

调研方案一定要完整、严密，对调查研究的所有环节和具体步骤以及具体办法都不能有所遗漏，而且要充分考虑它们之间相互联系和相互衔接的问题，做到环环相扣、融为一体。

（三）时效性

在瞬息万变的现代社会中，所有的调查研究都有很强的时效性，尤其是应用性课题，往往是具有前瞻性才能体现其社会价值，如果情况已经发生重大变化，其价值就会大打折扣。当然，这并不是说调查研究周期越短越好，有些基础性研究课题甚至需要持久、深入、反复的调查才能得出有力的结论。但是，所有的调查研究都应本着高效原则，事先制定时间规划。

（四）经济性

为了避免浪费资源，节约人力、物力、财力、时间，调研设计应该以"必须和够用"为原则，力求以最小的成本投入获得最大的收益产出。比如，能够通过文献资料解决的问题，就可以不用现场调查；能够做抽样调查就不用普查；能够就地取材就不要舍近求远。

（五）弹性

任何调研方案都是事前的设想，与客观现实之间很可能存在一定的距离。所以，研究方案的设计要尽可能多地考虑可能出现的困难和问题，并提供相应的解决办法。但即便如此，有些问题也难以避免，因此，应该为各项工作预留调整的空间，这种弹性有助于现实的操作。对一些重大的、复杂的研究课题，往往还需要设计出若干备选方案，以便随着情势的变化做出及时调整。调研方案的弹性在现实操作中，往往会起到意想不到的作用。

当然，在现实社会生活中，往往"计划赶不上变化"，当一些调查研究真正进入运行阶段时，调查者也许会发现原来的设计不完全符合实际或者难以实施，这就需要继续修改或调整设计方案，并做出新的评估。

调查者还要意识到，调查与研究是两个不同的过程。调查是深入实践，熟悉和了解情况，搜集相关材料的感性认识过程，是调查研究的第一步工作，是认识事物的初级阶段；而研究则是通过对调查所获资料进行分析、综合、比较、抽象、概括和判断，形成理性认识的过程，是对事物认识的较高级阶段。做好调查研究，这两个过程缺一不可。缺少调查或调查做得不够深入全面，很容易使研究过程成为无米之炊，无从下手，调研报告也会漂浮、无力，很难解决实际问题；而缺少研究或研究不够深入，调研报告也会成为一个材料的堆砌。因此，调查过程必须深入一线，对问题涉及的方方面面都要开展深入全面调查，而研究过程也必须在详尽占有材料后，分清现象与本质、主流与支流、成绩与缺点、主要矛盾和次要矛盾，并从事物的相互关联中发现事物的内在联系和本质特征，找出规律性的东西。

但我们也不能将这两个过程截然分开，要调查中有研究，研究中有调查，即在每次调查过程中就要不断进行分析、判断、综合、概括、总结，并形成一定的理性认识。争取在全部调查结束时，积累的理性认识就已基本形成调查报告的雏形，从而避免调查完成后再研究的耗时、费力及遗漏等问题；同时，在研究过程中要对遇到的新问题开展进一步调查，从而通过"调查—研究—再调查—再研究"的往复过程，不断加深对事物本质和规律的认识。

第四节　预调研的主要环节

在前文中已经提到，调研设计是调查研究实施的总规划，具有系统性。从我们近些年的研究实际来看，是否能够科学有效地进行调查研究，关键在于是否将原来确定的调研设计一步步来实施，调研设计中每个步骤都具有特殊意义和明确目的，这些基本的步骤能够保障调查研究的实施和推进，最终保障调查研究结果的可靠性和科学性。

预调研的主要目的是检验调查方案的可行性，而不是收集资料，这一点要特别明确。在预调研中还需要注意以下问题：

第一，方案设计者应亲自参加，并选择有经验的调查员作为骨干，以利于及时发现设计中的问题，积累和总结实际经验。同时也要选择若干缺乏经验的调查员参加，以便发现他们在调查过程中可能发生的种种问题，通过培训加以解决。

第二，选取的调查对象要兼顾各种类型，但数量不宜太多，应选择代

如何有效开展调查研究

表性较强者。

第三，预调研是一种试验，所以可以灵活机动，采用多种调查方法，从中寻找最佳途径，根据实际情况对原方案设计做出修改和调整。

第四，在比较复杂的调查研究课题中，往往有不同的方案备选，也有多个试点单位可供比较。在预调研中，可以多个方案同时进行，做多点对比，也可以交叉采用不同方案进行对比。

第五，预调研结束后，要认真分析和总结预调研结果，逐一评价优劣长短，并据此修改和完善原方案，使其真正成为切实可行的行动指南。

一、预调研的主要方法

从预调研阶段来看，文献分析法、专家咨询法和实地走访法运用较多，在此简单做一下介绍。

（一）文献分析法

文献资料可以提供丰富的相关信息，对调查者有很大帮助。应尽可能地搜索、阅读、分析各种有关资料，包括该领域已有的调查研究报告。从原则上说，查阅文献越广泛越好，越全面越理想。这样做有三方面的原因。

第一，将研究建立在前人成果的基础上，不但能保证较高的起点，还能避免盲目的调查和重复性的研究，有利于选择新的研究角度和手段，填补原有研究中的空白，纠正其中的不足。

第二，可以广泛了解相关的各种理论观点、研究方法和设计方案，便于调查者借鉴其中的有用成分，避免其中的错误。

第三，通过浏览与研究对象相关的历史、文化、经济、政治、社会、自然环境等方面的背景资料，可以从中筛选大量有价值的信息，有利于制定详细周密的调研计划和日后的研究分析。

文献的原意指包含各种信息的书面材料或文字材料。随着社会和信息传播载体的发展，可定义为包含我们希望研究的现象的任何信息形式，包括个人文献、官方文献、大众传媒、原始文献、二次文献。常见文献类型：日记、回忆录和自传、信件、报刊、官方统计资料、历史文献等。文献研究以以往文献为基础，通过收集和分析现存的，以文字、数字、图片、符号以及其他形式出现的文献资料，来探讨和分析各种社会行为、关系、现象的研究方式。文献研究有很多方法，如内容分析法、元分析法等。内容分析主要是对各种信息传播形式的明显内容进行客观的、系统的和定量的描述和分析，尤其是对网络、报纸、杂志、广播、电视等大众传媒信息的分析，其适应面最广泛；元分析是对其他研究者先前所收集和分析过的原始数据进行再次分析和研究，分析与原问题不同的问题或是对原问题的深入或检验。

文献研究的主要步骤是：首先是围绕调研主题（要求资料适应主题，研究资料随主题变动）来寻找合适的资料，主要是以往的相关研究资料和调查报告；第二步是在对文献吸收基础上进行的资料的再分析和再利用；第三步是结合调研主题修正相关调研内容，并最终确定调研内容和相关调研方法及组织实施情况。文献研究有三个优点，概括起来讲就是"省时、省钱、省力"，非常适用于对比研究和趋势判断。文献研究无反应性，虽然在资料收集过程中可能受调查者主观偏见的影响，但收集方法本身不会导致资料发生变化，费用低，省钱省时；可研究那些无法接触的调查对象，适用于纵贯分析，保险系数相对较大，相对其他研究方式弥补过失更为容易。

文献分析可以梳理关于研究主题的重要"已知"和"未知"，"共同点"和"差异点"，以及"误区"和"不足"等。此方法的缺点在于许多文献的质量难以保证，部分资料不易获得，许多文献资料由于缺乏标准化的形式而难以编码和分析，效度和信度有一定的问题，同时针对性、准确性、时效性比较差。

（二）专家咨询法

资料记录的是业已发生的事物，通常属于过去的知识，而社会中正在发生和变化着的"活事实"永远来不及记载。为此，需要向正在体验现实的时代见证人进行咨询。

熟悉这一研究题目的人往往会给出一定的建议，帮助调查者掌握研究课题的背景和现状，确定调查对象、调查内容和调查范围。咨询对象的范围要尽可能广，应包括曾经接触过相关问题的研究人员、政府部门的工作人员、所调查地区的主管人员和掌握第一手资料的当事人。比如对"蚁族"的就业状况，可询问"蚁族"本人、教育部门专家、人事部门工作人员、研究该问题的学者、政策研究人员、学校主管学生就业的领导、就业办的老师以及毕业班的辅导员和班主任等，甚至还可以是以报道这方面问题见长的记者等。咨询对象的社会地位、知识结构、生活经历、思维方式、观察视角、价值取向各不相同，有其独特的经验和想法，他们的意见往往是很宝贵的。

（三）实地走访法

在调研开始前，到现场去直接接触调查对象，亲自体验和观察，增加感性认识，发现调查研究中可能遇到的问题，对于确定研究课题和选择调查方式很有帮助。比如在进行新生代产业工人问题研究的大规模问卷调查之前，我们就曾到工厂观察产业工人的生活和工作环境，创造机会与工人交谈，从而了解他们的不同想法。

在实际工作中，上述三种方式往往是交叉结合使用的。这些工作进行得越深入、细致，后续的调查研究工作就越顺利。因此，对于预调研，应予以足够的重视。

在调查研究中，预调研绝对不是可有可无的。如同建造楼房必须打好基础一样，预调研就是调查研究的基础。只有做好这项工作，才能保证后续调查的质量。

> **《××市基层医疗机构医药分开综合改革效果调查》前期摸底方法**
>
> 在正式调查启动前,拟采用以下方法进行预调研。
>
> 一是文献分析。大量阅读××市医改政策文件及相关研究文献,分析××市医改的发展历程与特点。梳理××市医药分开综合改革对社区卫生服务机构运行的主要影响与作用,收集并分析该市××区医改前后社区卫生服务机构的变化情况数据资料。
>
> 二是专家咨询。结合改革的推进情况,邀请相关基层医疗机构的负责人作为专家进行咨询,较快掌握改革中出现的新情况、新问题。
>
> 三是实地走访。课题组对该市××区社区卫生服务机构进行实地考察,通过与社管中心管理人员、社区卫生服务机构管理人员、医护人员的座谈交流,掌握社区卫生服务机构在改革前后的变化情况,取得充足的第一手资料。

从示例调研方法中可以看出,《××市基层医疗机构医药分开综合改革效果调查》的预调研方法有三种,即文献分析法、专家咨询法和实地走访法。方法的运用不是单一的,而是相互协调、综合运用。

二、调查人员的选择、培训和组织

对于一项较大规模的调查研究来说,往往需要很多调查人员的共同努力才能完成。这就会涉及挑选、培训调查人员的问题。一般而言,选择调查人员应依据以下标准。

第一,拥护中国共产党的领导,拥护社会主义制度,树牢"四个意识",坚决做到"两个维护"。

第二,有较强的责任感和使命感,能够满腔热情地从事调查工作。

第三,对调查对象有一定的了解,具备相关的背景知识。

第四，掌握调查的基本理论、基本方法、基本技能，最好以前有过一定的调查研究经验。

第五，具备与人沟通交往所需要的综合素质，如较好的观察力、社会交往能力、应变能力、语言表达能力、文字表达能力等。

针对调查人员的培训计划，应该包括培训目的、培训内容、培训方式方法、模拟调查训练等，有时还需编制指导手册。指导手册能够使调研顺利进行，最重要的是能够保障调研的质量。

调查人员的招募范围主要有以下两种。

一是大学生。选择学生的优势在于，首先，学生更擅于运用调查技术，尤其是网络调查和微信调查；其次，学生对问卷的理解更深入，对问卷问题的研究更认真；再次，在人际关系的处理上，学生那种单纯可爱、不谙世事的社会形象，往往可以减少调查对象的戒备和顾虑，有时候，调查对象"好为人师"或"情怀大发"，有利于敏感调查的进行。当然，事物都是有两面性的，有时候调查对象也会觉得学生太幼稚，无法理解自己的处境，不愿意和学生交流。

二是组织或单位委派的工作人员或者从社会上招募的从业人员。这些调查人员年龄比学生大，社会经验丰富，可能在网络技术的熟练程度上不如大学生，但是在人际关系的处理上优势很大。他们往往是年轻人的兄长，同龄人的朋友，老年人的知音，因此调查对象和他们交流的欲望较强。

当然，具体到某个调查，还要根据调查对象的特征和调查研究的总体预算要求，统筹考虑调查人员的选择。

第三章　抽样方法

抽样是收集信息、数据、资料的方法，又是对社会现象进行总体科学估计和判断的方法，所以，不论是在实地调查还是在统计分析中都有广泛的应用。抽样在调查研究中是一块非常重要的基石。该方法具有以下基本特点。

第一，根据部分实际资料对总体的数量、特征做出估计。通过抽样调查，取得部分单位的实际材料，据计算抽样的综合指标，对总体的规模、水平、结构指标做出估计。

第二，按随机原则从总体中抽选样本单位。调查单位的确定既不受调查者主观愿望的影响，也不受限于被调查者是否愿意合作，完全排除了主观意识的作用。哪个单位被抽选、哪个单位不被抽选，纯粹是偶然的事件。这一点和其他非全面调查，如典型调查、重点调查有显著的不同。随机取样当然也不是随便取样或任意取样，而是要保证总体的每个单位有同等的中选或不中选的机会。随机原则是从概率的意义上说的，也可以被称为同等可能性原则。在抽样的时候保证每个单位有同等的机会被选取，这样就有较大的可能性使所选的样本保持和总体相同的结构。也就是说，样本与总体同分布，样本代表性大。此外，遵守随机原则，才有可能计算抽样误差，这又是抽样判断的先决条件。

第三，对抽样推断的抽样误差可以事先计算并加以控制。抽样推断是以部分资料推算总体,虽然存在一定的抽样误差,但它可以事先通过一定的资料加以计算。同时,能够采取一定的措施控制这个误差的范围,保证抽样推断的结果达到一定的可靠程度。

那么,抽样有什么作用呢?

首先,对某些不可能进行全面调查而又要了解其全面情况的社会现象和社会问题,必须采用抽样方法。例如,有些总体是无限总体,或者有限但总体单位数非常庞大,如对北京市流动人口的调查,它就是单位数非常庞大的总体;再如有些群体的总体比较小,但是单位过于分散,例如对新的社会阶层的调查,他们分布在不同行业,大多在管理服务体系的边缘,人难找,对这个群体进行全面调查的难度就很大,只能采用抽样法做推断。

其次,虽然可以对某些社会现象和社会问题进行全面调查,但抽样调查可以节省人力和费用,提高调查的经济效果;可以节省时间,提高调查的时效性;还可以增加调查项目内容,取得比较详细的资料,提高资料的准确性。

再次,抽样调查与全面调查、重点调查或典型调查同时进行,可以发挥相互补充和检查质量的作用。例如对某个事件影响度的调查,就可以先抽样到很小的区域,然后再进行全面调查。

最后,利用抽样原理,还可以对某种总体的假设进行检验,来判断这种假设的真伪,以决定行动的取舍。

第一节　抽样的类型和程序

一、抽样调查的相关概念

抽样调查是一个系统性统计分析方法，具有一些基本的构成要素，其中总体、个体、样本、抽样框四个要素是最基本的，作为调查者应该清晰明白。

总体也称为母体、一般总体等。具有某种统计特征的一类事物的全部个案，在统计学上称为总体。也就是说，研究对象的全体称为总体，如某类群体、某个地域等。总体的单位数常用符号 N 表示。

个体也称为个案。组成总体的每个元素称为个体，有时也称具有某种统计特征的每一个对象为个案。构成一个总体的个案，可以是人或物，也可以指个性、心理反应等。

样本也称为抽样总体、样本总体等。从总体中抽取一部分代表进行研究分析时，这一部分被抽取的个案称为总体中的一个样本。也就是说，从总体中抽取的若干个案所组成的群体，称之为样本。可见，总体是大群体，而样本是小群体。样本的单位数（即样本容量）常用符号 n 表示。

抽样框是指用以代表总体，并从中抽选样本的一个框架，其具体表现形式主要有包括总体全部单位的名册、名单等。抽样框在抽样调查中处于基础地位，是抽样调查必不可少的部分，其对于推断总体具有相当大的影响。

二、抽样的类型

根据概率论原理和抽样调查的特点，可将抽样调查的基本形式分为两大类：概率抽样（又称随机抽样）和非概率抽样（又称非随机抽样）。二者的区别在于：第一，是否按照随机原则抽取样本，按照随机原则抽取样本的为概率抽样，否则为非概率抽样；第二，是否利用样本估计总体，运用样本估计总体一般要求采用概率抽样，非概率抽样一般难以对总体做到准确估计。

基本的抽样方法分类如下。

概率抽样，包含简单抽样、等距抽样、分层抽样、整群抽样、阶段抽样、混合抽样。其中，分层抽样又可以分为按比例抽样和不按比例抽样两种。阶段抽样也可以分为两阶段、三阶段、四阶段等多阶段抽样。

非概率抽样，包含偶遇抽样、判断抽样、配额抽样、滚雪球抽样。

三、抽样的一般程序

抽样调查的一般程序包括三个方面：一是界定调查总体，二是选择抽样方法，三是确定调查抽样单位及样本容量，编制抽样框。

（一）界定调查总体

界定调查总体，就是根据研究课题的要求，把所调查的对象范围确定下来，从而确定抽样样本的对象和依据样本做出推断的范围。应当明确的是，调查总体与研究总体是两个不同的概念。前者是调查中实际抽取样本的所有调查单位的集合体。后者是在理论上明确定义的所有调查研究单位的集合体。在实际操作过程中，并不是符合定义的所有调查研究单位都有机会被选入样本，样本只是从调查总体而不是研究总体中抽取出来的，而调查总体的范围有时与研究总体的范围是一致的，有的情况下与研究总体的范围不一致。

例如,"××市青年白领状况调查",研究对象是青年白领,××市青年白领就是研究的总体。如果只向总体单位(每个青年白领)进行问卷调查,必然会存在三个问题。

一是用什么标准界定白领?白领通常是指不直接从事"物的生产"的职业劳动者,即非体力劳动者;一般是有较高文化素养的技术管理人员、文秘、财会人员及其他自由职业者。这些人员的工作环境比较清洁、舒适,可以穿白色衬衫工作,跟从事体力劳动的"蓝领工人"相对。那么,符合这个条件的青年很多,到底哪些行业的哪些工作人员属于调查总体?这就需要考虑研究目的和行业的实际情况。

二是年龄界定问题。假如我们已经确定了行业和工种,那么青年的年龄区间是什么?是采用1980年后出生的"新生代"概念,还是用16—35岁的年龄划分概念(国家中长期青年发展规划中提及的年龄段)?

三是状况包括什么?需要调查生活、工作的哪些方面?如果状况的范围太宽泛,不利于开展深入的调查研究,则需要凝练具体的调研主题。这样,调查研究就可能在宏观和微观上做得更加一致,研究结果就会更加扎实严谨。

调查者在调查前首先就要根据调查目的和要求,明确界定调查对象的内涵、外延和数量,以及调查对象和抽样单位等。否则,难以保证所抽取的样本是具有代表性的随机样本,特别是当调查总体与研究总体的范围不一致的时候,对样本的结论是否适用于研究总体,要特别小心地讨论,以免导致错误的结论。

(二)选择抽样方法

抽样方法可分为两大类:概率抽样和非概率抽样。调查者应当根据研究的目的和要求，结合要研究的总体的具体情况，选取不同的抽样方法。具体选择哪一种抽样方法，则要考虑以下因素。

第一，总体的性质特征。通常来说，对于那些规模小、同质性强的总体，要选用简单抽样和等距抽样；对于那些规模大、内部结构复杂、类别分明且地域分布范围集中的总体，要选用分层抽样；而对于那些规模大、内部结构复杂，但类别界限模糊、地域分布广的总体，则要选用整群抽样或多阶抽样。

第二，抽样误差。简单来说，抽样误差是指由于抽样本身的随机性，导致抽选样本在某一特征上的取值和总体之间的差异。严格意义上来看，抽样误差几乎是无法避免的，只能通过扩大样本量和优化抽样方法而尽量控制。值得说明的是，抽样误差有别于非抽样误差，它是在保证抽样方法科学性的前提下的随机误差；而非抽样误差则是在问卷汇总、统计、填答过程中出现的样本数据与真实总体数据间的误差。非抽样误差是可以通过提高调查质量而尽力控制的，而抽样误差则是抽样方法本身所带来的，除非抽选样本规模等于总体规模，否则抽样误差会一直存在。在问卷调查研究中，既要最大限度地控制和消灭非抽样误差，也要严格遵守随机取样和样本量足够大的抽样原则，将理论上可以计算但无法避免的抽样误差控制在最小的范围内。例如当总体规模较大时，在简单随机抽样的方法下，可以通过扩大样本规模尽量控制抽样误差；而当总体内不同类型样本异质性较大时，可以通过分层抽样的方法，将总体差分为不同层次，在不同层次内进行抽样，从而减少抽样误差，提升样本统计量对总体参数的估计精确度。

（三）确定调查抽样单位及样本容量，编制抽样框

调查抽样单位，就是总体中的每一个最基本的抽样对象。

> 如在××市大学生思想状况调查中，调查区域范围内有能力回答问题的每个大学生就是调查抽样单位。在调查总体中，每个个体应该是独立的。
>
> 个体的单位有时无须选择，有时则需要根据具体情况加以确定。如调查青年住房面积时，抽样单位是户；对企业青年进行调查时，调查单位是不同行业企业的青年员工。

进行调查时，往往需要确定一个完整的抽样框。这在实践中是有很大难度的。多数抽样框是存在缺陷的，可能存在不完全、部分模糊不清且难以辨认、含有未知的重复部分、不断发生变化等因素，因此建立抽样框时应保持相当谨慎的态度。

样本容量是抽样时需要考虑的另一个重要问题。样本容量就是前面叙述的样本大小问题。在调查的实际操作中，在样本容量问题上应坚持既能保证样本的代表性，又要避免样本太大造成不必要的浪费，增加额外的工作负担。

对样本做出评估，即通过对样本统计值的分析，说明其代表性或误差大小。对样本代表性进行评估的主要标准是准确性和精确性：前者是指样本的偏差，偏差越小，其准确性越高；后者是指抽样误差，误差越小，其精确度或代表性越高。样本评估可以采用实地调查和比较相结合的方法，即具体搜集一些比较容易得到的资料，并进行分析研究，对样本和总体进行比较，找出样本对于总体的代表性、准确性程度。如果发现样本代表性的偏差太大，则要及时加以修正、补充，然后再实施调查。

第二节 抽样规模

一、大数法则和中心极限定理

就数量关系来说,抽样推断建立在概率论的大数法则基础上,大数法则的一系列定理为抽样推断提供了数学理论基础。

大数法则,即大量的随机现象具有稳定性质的法则。它说明,如果被研究的总体是由大量的相互独立的随机因素构成的,而且每个因素对总体的影响都相对较小,那么对这些大量因素加以综合平均的结果,因素的个别影响将相互抵消,而显现出它们共同作用的倾向,使总体具有稳定的性质。

具体地说,大数法则的意义可以归纳为如下四个方面:第一,现象的某种总体性规律(或称统计规律),只有当具有这种现象的足够多数的单位综合汇总在一起的时候,才能显现出来。所以,只有从大量现象的总体中,才能研究这些现象的规律;第二,现象的总体规律,通常是以平均数的形式表现出来;第三,所研究的现象总体包含的单位越多,平均数也就越能够正确地反映出这些现象的规律;第四,各单位的共同倾向(这些表现为主要的、基本的因素)决定着平均数的水平,而各单位对平均数的离差(这些表现为次要的、偶然性的因素)则会由于足够多数单位的综合汇总的结果而相互抵消,趋于消失。

对于抽样推断来说,大数法则证明:如果随机变量总体存在着有限的平均数与方差,则对于充分大的抽样单位数 n,可以几乎趋近于 1 的概率,

来期望抽样平均数与总体平均数的绝对离差为任意小,即对于任意的正数 α 有:

$$\lim_{n \to \infty} P(|\overline{x_i} - \overline{x}| < \alpha) = 1$$

式中 $\overline{x_i}$ 为抽样平均数,$\overline{x}$ 为总体平均数,n 为抽样单位数。这就从理论上揭示了样本和总体之间的内在联系,即随着抽样单位数 n 的增加,抽样平均数有趋近于总体平均数的趋势;或者说,抽样平均数在概率上收敛于总体平均数。

大数法则论证了抽样平均数趋近于总体平均数的趋势,这为抽样推断提供了重要的依据。但是,抽样平均数与总体平均数的离差究竟有多大?离差不超过一定范围的概率究竟有多少?这个离差的分布是怎样的?大数法则并没有在这些方面给出什么信息。这些问题要利用另一个重要的定理——中心极限定理来研究。中心极限定理是研究变量和的分布序列的极限原理,由此论证:如果总体变量存在有限的平均数和方差,那么不论这个总体总量的分布如何,随着抽样单位数 n 的增加,抽样平均数的分布便趋近于正态分布。

这个结论对于抽样推断是十分重要的,因为通过问卷调查得到的反映社会问题的变量之和的分布是普遍存在的。假设某一次实际调查得到的样本量为1572,即大样本,假设以同样大小的样本即调查1572人不断地调查下去,取得了很多不同的样本(每个样本的样本量都是1572人),那么每一个样本中任意标志值的总和,例如回答某一选项的人数、平均得分等,可以看作一个变量值,足够多的变量值组成了一个变量值分布。根据中心极限定理,这个分布趋近于正态分布。也可以这样说,在现实生活中,服从正态分布的随机变量不是很多,但随机变量和的分布趋近于正态分布,

如何有效开展调查研究

则是普遍存在的。抽样平均数也是一种随机变量和的分布，因此，在抽样单位数 n 充分大的条件下，抽样平均数也趋近于正态分布，这为抽样误差的概率估计提供了一个极为有效而且方便的条件。

二、抽样规模

大数法则和中心极限定理为根据样本指标估计总体指标提供了坚实的基础。在实际的社会调查研究中，进行样本估计应当坚持的一个原则就是：样本单位数 n 足够大，以保证样本指标在概率上收敛于总体指标。除此之外，一个特别重要的原则就是必须保证总体中的每一个单位被抽选到的机会均等。

因为涉及问卷调查，所以这两个原则是必需的也是绝对不可动摇的，除非不采用样本来估计总体。在实践中，要避免两种错误。第一种错误是认为样本越大越好。例如，认为 3000 个调查单位的样本总体比 1500 个调查单位的样本总体好。这是"单条腿走路"的思想。假如 3000 个调查单位的样本总体不是按照随机原则抽取的，那就不如按照随机原则抽取的 1500 个调查单位的样本总体更能准确反映总体，甚至还不如坚持随机原则前提下选择的调查单位更小一点的样本。即便是 3000 个调查单位的总体单位构成的样本，如果不是按随机原则抽取的，也不能够反映总体，除非样本量已基本接近总体。第二种错误是坚持随机原则，但样本量不追求足够大。有这种观念的人虽然不多，但在调查研究中，许多调查研究者往往不太愿意费时费力，导致调查的样本难以达到大数法则的要求。

那么，随机调查的样本到底达到多少才合理？或者说，什么是样本量足够大？就一般经验而言，样本单位数超过 500 为大样本。由于社会问题的研究具有更大的不确定性，或者说为使调查研究更切合实际，研究者们普遍认同样本量超过 1000 为大样本。当然，判断样本大小也是随着总体量的变化而变化的。进行抽样调查，研究的问题是社会现象，多数总体量比较大，而且多数是调查对象为某个国家、省、地区、县市的全部人口或研究问题涉及的人口，为此，样本量按照超过 500 去设计就必然显得小了。这样，样本量设计上可以参照以下样本容量的经验值：

总体单位数 100 以下，样本容量 50% 以上；

总体单位数 100—1000，样本容量 20%—50%；

总体单位数 1000—5000，样本容量 10%—30%；

总体单位数 5000—1 万，样本容量 3%—15%；

总体单位数 1 万—10 万，样本容量 1%—5%；

总体单位数 10 万以上，样本容量超过 1%。

但是，这些经验值对于特大总体而言，在实践上是很难做到的。例如总体单位数为 1000 万的大总体，按照经验值要求样本容量超过 1%，那就是超过 10 万。因此，对特别大的总体，我们一般按照最小简单随机抽样对于样本数的要求作为基本参考，然后采用优于最小简单随机抽样的概率抽样方法去抽取样本。例如，通过分层抽样方式，提升抽样精度，降低抽样误差，从而在相同抽样误差下，降低对样本规模的要求。

第三节　概率抽样

概率抽样往往被通俗地称作随机抽样。对于随机概念，我们可以通过随机实验去理解。在概率论中，经常以抛骰子（或抛硬币）为例说明随机实验的过程，即在同样的条件下，抛一颗骰子，每抛一次骰子，向上的面有且只有六种情况：一点面向上，二点面向上……六点面向上。随着实验的不断进行，当实验次数趋向于无穷大时，任何一面向上的次数总和占总的实验次数的比例趋向六分之一。我们就说,其概率为六分之一。在这个实验中,每一次实验的条件是相等的,每一个面出现向上的机会是相等的。机会相等就是概率抽样(或随机抽样)的一个最基本的随机概念,也就是说,给任何样本单位同样的实验机会,该样本单位被抽中的机会与其他样本单位是相等的。概率抽样依其科学性,能够巧妙地利用样本指标准确推断总体。因此,概率抽样是调查研究时采用的最基本也是最主要的抽样方法。

本节讨论几种常用的概率抽样组织形式,例如简单抽样、等距抽样、分层抽样、整群抽样、阶段抽样、混合抽样等方案的设计问题,简单地就最常用的几种抽样方案的代表性和准确性的检查做些研究,并介绍如何运用这些抽样方法进行抽样。

一、单阶段抽样

(一)简单抽样

简单抽样又被称为纯随机抽样。它是按照随机原则直接从总体 N 个单位中抽取 n 个单位作为样本,保证总体中每个单位在抽选时都有相等的被抽中机会。简单随机抽样是抽样中最基本也是最单纯的方式,它适用于均匀总体,即具有某种特征的单位均匀地分布于总体的各个部分,使总体的各个部分都是相同分布的。采用简单随机抽样的前提是必须事先确定总体范围,并对总体的各个单位进行编号,形成明确的抽样框。然后,用抽签的方式或根据随机数法来抽选必要的单位数。

简单随机抽样大多采用抽签法。当总体不大时,可以用均匀同质的材料制作 N 个签,将它们充分混合后,一次抽取 n 个签,或一次抽取一个签但不放回,接着抽下一个签,直到第 n 个签为止,这 n 个签上所示的号码表示入样的单元号。

采用标签法,都需要对总体单位数进行编号。假如总体单位数不大,而且总体详细资料很容易得到,那么进行编号是比较容易的。假如总体 N 比较大,而且不可能得到详细资料,或者得到详细资料的成本是昂贵的、艰难的,那就不好编号了,这时就不要采用简单随机抽样。例如,要研究某省城市居民的主观幸福感问题。研究总体是该省有民事能力的全部城市居民,其数量是很大的。如果采用简单随机抽样,仅编号工作就是不可能完成的。要弄清楚每个人的住址(门牌号)及其个体情况,必须借助公安机关的户籍档案,但要得到全省的户籍情况,这是不可能的,因为公安机关对户籍管理有保密规定,不可能对一个调查者开放。如果通过全省的所有居委会了解,那也要付出不可想象的成本代价。针对这种情况,简单随机抽样就显示出它的局限性,有必要采用分层抽样方法进行。

(二)等距抽样

等距抽样又被称为系统抽样。事先按照某种顺序给总体中所有单元编号,然后随机地抽取一个编号作为样本的第一个单元,样本的其他单元则按照某种确定的规则诸如固定顺序或间隔来抽取,这种抽样方法被称为等距抽样。

等距抽样的具体操作方法如下。

首先,将总体单位按照一定的顺序排列起来,并进行编号。

其次,确定抽样间距 R,$R=$ 总体中单元数 N / 样本中的单元数 n,即 $R=N/n$

再次,采用简单随机抽样的方法,在第一个抽样间隔 R 个单位随机抽取一个单位,作为第一个样本单位 S。

然后,自 S 开始,每隔 R 个单位抽取一个单位作为样本单位,直到抽取最后一个样本单位为止。如此,所抽中的样本序号分别为 S,$S+R$,$S+2R$,$S+3R$,$S+4R$,…,$S+(n-1)R$。如果样本量足够大,抽到总体的末尾还没有抽够样本单位,那么在第一轮抽的总体末尾后面再加上该总体所有单位,按同样原则继续进行抽取,直到抽够样本量为止。

如何有效开展调查研究

> 从5000个乡镇中抽取200个乡镇作为样本,进行乡镇财政状况的调查研究,采用等距抽样。首先将这些乡镇编号,然后用5000除以200得出抽样距离为25。抽样的起点可以从开始的25个乡镇中运用简单随机抽样进行,也可以运用简单随机抽样从5000个乡镇中抽取第一个乡镇作为起点。假如抽中的起点是137,然后从该起点开始,往后抽取第137+25,第137+2×25,第137+3×25,……,第137+194×25。抽到编号为195的乡镇的时候,已经超过原来5000的编码范围,超出数为12,那么就在5000个乡镇中从头重新开始抽取。此时,新的起点是编码为12的乡镇,下面所抽乡镇的编码分别为12+25,12+25×2,12+25×3,12+25×4,12+25×5,至此就抽够了200个乡镇的样本。

对总体各单位进行排序时,排序标准可以是有关标志,也可以是无关标志。所谓"有关标志",是指排列的标志与单位变量数值大小有密切联系或共同性质。例如对居民家庭收入进行调查,以最近家庭月均收入为调查变量,就可以用上一年某个月的家庭收入为排队或编号的标准。就"无关标志"而言,是指排列的标志与单位变量数值的大小无关,其性质不同。如调查城市居民的主观幸福感,可以用门牌号等距抽取居民户进行调查。对于生产线上传送的产品质量的调查,可以每间隔一段时间抽样一次,进行等距抽样调查。

等距抽样适用于同质性强、类别之间所含单位的数目差别不大的总体。它具有样本在总体中的分布比较均匀、代表性强、抽样误差小于简单随机抽样,且易于实施、工作量小等优点。但是,使用该种方法,通常需要对总体的各个单位拥有一个详细的、完整的花名册,这在单位总体数太大时难于实施。另外,当调查总体按照某种标志排列后,其抽样间隔如果接近调查对象自身个体的某种规律性，可能会形成周期性偏差。之所以出现这种情况，是因为一旦确定了等距抽样的抽样起点，一个样本就只有一种可能。也就是说，第一个样本单位确定以后，其余单位的位置也随之确定，所以，采用等距抽样，应避免抽样间隔和研究对象本身的节律相重合，以减少系统性或周期性误差。

（三）分层抽样

分层抽样又被称为类型抽样。它的特点是先对总体各单位按照主要标志加以分组，然后再从各组中以相同或不相同的比例，按随机原则抽取一定单位构成样本。

例如对企业进行调查时，将企业划分为冶金、化工、电力、石油、机械等部门，在每一部门中按比例或不按比例随机抽取若干企业进行调查。再如对某省城市居民主观幸福感进行调查时，可以将总体人群按照单位属性划分为党政机关人员、事业单位人员、国有和集体企业人员、私营企业人员、个体工商户、外资企业人员、社会中介机构人员等，在每一类人员中按比例或不按比例随机抽取若干被试进行调查。

设总体由 N 个单位组成，把总体划分为 K 组，使 $N=N_1+N_2+\cdots\cdots+N_K$。然后，再从各组中按随机原则抽取一定单位构成样本容量为 n 的抽样总体，使 $n=n_1+n_2+\cdots\cdots+n_k$。这种抽样方法被称为类型抽样。

通过分类，可以把总体中标志值比较接近的单位归为一组，使各组的分布比较均匀，而且保证各组都有中选的机会，这样计算的抽样平均指标变异程度也就比较小，所以，在总体各单位标志值大小相差悬殊的情况下，运用类型抽样可以比简单随机抽样得到更准确的结果。在实际工作中广泛应用分类抽样，例如农产量抽样按照地区分组，研究国民经济结构问题按照国民经济部门分组等，都能够得到显著的效果。

由于是按照有关的主要标志分组的，各组的单位数不同，所以，类型抽样通常的做法是按各组总体单位数占全部及总体单位数的一定比例来抽取样本。即哪一组单位多就应该多抽样，单位少就应该少抽样，从而保持各组样本单位数与样本总容量之比等于各组总体单位数与全部及总体单位数之比，即：

$$\frac{n_1}{N_1} = \frac{n_2}{N_2} = \cdots\cdots = \frac{n_k}{N_k} = \frac{n}{N}$$

因此，各组的样本单位数应为：

$$n_i = \frac{nN_i}{N}$$

分层抽样在分类时要注意尽量缩小同一类型内部的差异，尽量增大各类型之间的差异。同时各类型间要有清楚的界限，在划分时不致发生混淆或遗漏。

通常的分层抽样，有分类定比抽样和分类异比抽样两种具体做法。

1. 分类定比抽样

分类定比抽样是按照各类型在总体中所占比例来进行类型内的抽样。例如，要进行某地区企业青年员工情况的调查。假设该地区有国有企业10000家、集体企业6000家、外资企业4000家、私民营企业20000家，共计40000家。假如设计抽样样本为1500，那么按照分类定比抽样，应当抽取各类企业的数量分别为：国有企业1500×25%（家），集体企业1500×15%（家），外资企业1500×10%（家），私营企业1500×50%（家）。就是说，在10000家国有企业中随机抽取375家，在6000家集体企业中随机抽取225家，在4000家外资企业中随机抽取150家，在20000家私营企业中随机抽取750家进行调查。这样，分层抽样所用的样本比例与上述比例相符，由此得出的调查结论才能够真正说明问题。

2. 分类异比抽样

进行抽样调查时，如果某个类型所包含的个案数在总体中所占比例太小，为了使该类型的特征能在样本中得到足够的反映，需要适当加大该类型在样本中的所占比例。或者对总体中各个类型群体进行对比研究，就需要每一类研究群体按照同样的样本数进行概率抽样调查。例如，要研究某地高校学生的思想动态情况，假设当地共有 20 家高等学校，在每家高校学生群体中随机抽取 600 人进行问卷调查，这就是分类异比抽样。

分层抽样适用于规模大、内部结构复杂且类别分明的总体。例如，农业产量抽样按照地区分类，对产业工人收入的调查按照企业性质分类等。

值得注意的是，在样本数量相同的情况下，类型抽样的抽样误差要小于简单随机抽样和等距抽样。特别是在分类时利用了已知的总体性质，使各类型中单位之间的共同性增大，差异程度缩小，样本的分布比较均匀，代表性高，因此抽样效果较好。建议在实际调查抽样中，采用该种方法进行抽样。

（四）整群抽样

整群抽样又称聚类抽样，是将总体各单位按照一定的标准分成许多群体或集体，然后按照随机原则从中抽取某个或若干个群体作为样本，再对样本的每个单位实施抽样调查的一种组织形式。

整群抽样和分层抽样对比，虽然两者都需要将总体划分为许多组，但划组的作用很不同。分层抽样划分的组被称为"类"，它的作用是缩小总体，使总体的变异减少，而抽取的基本单位仍是总体单位；整群抽样划分的组被称为"群"，它的作用是扩大单位，抽取的基本单位不再是总体单位而是群体，这样，抽样的工作要简单多了。例如，要研究农民安全感与农村社会稳定问题，可以将某地区的几百个村庄作为几百个群，随机抽取部分村庄即部分群，对抽中的每个群（村庄）的全部具有民事行为能力的农民进行问卷调查。又如研究某地区生男、生女观念问题，不是直接抽取居民，而是以村庄和居委会为单位，随机抽取若干村庄和居委会，对被抽选的村庄和居委会中的全部适龄居民进行问卷调查。

"群"与"层"有相似之处，即第一步都是根据一定的标准将总体划分

如何有效开展调查研究

为若干部分。但二者也有显著区别：整群抽样时，抽中群的全部个体都是样本；分层抽样则是在所有层中分别抽取样本，然后合成大样本。整群抽样时，群间差异应尽可能小，群内差异应尽可能大，是异质的群；分层抽样时，层间差异应尽可能大，层内差异应尽可能小，是同质的层。

1. 整群抽样的特点

首先，整群抽样的抽样框编制起来比较容易。整群抽样不需要对总体中的所有总体单位都有把握并构造抽样框。而实践中，构造包括所有总体单位的抽样框常常是不可能的，因为抽样设计者很难拥有足够的资料，即使有一定的资料而且可以构造这样的抽样框，工作量也是极大的。比较而言，构造群的抽样框要容易、方便得多。例如调查某省中学生视力状况，要获得全部学生的名单是相当困难的，但如果以学校作为群，得到所有中学的名单则要容易得多。其次，以整群概率抽样实施调查不仅便利，而且节省费用。在总体单元分布很广的情况下，例如实施全国性或者全省性的调查，简单随机抽样会使样本分布过于分散，给调查带来不便，并使调查费用增加。而整群概率抽样调查的单元相对集中，调查人员能节省大量的来往于各调查单元间的时间和费用。如果群是以行政单位划分的，在调查时还可以得到行政单位的支持和配合，更有助于调查的实施，可以得到较高质量的原始数据。由此可见，整群概率抽样适用于规模大、内部结构复杂，但类别界限模糊、地域分布广的总体，具有便于组织、花费少和样本抽取容易的优点。

但整群抽样也存在弱点，主要是通常情况下抽样误差较大。因为抽取的样本单元比较集中，一个群内各单元之间的差异比较小，而不同群之间的差别比较大，这样，每个样本单元所提供的信息价值量就很有限，因此，抽样误差常常大于简单随机抽样。而由于整群抽样省时省力，每个单元的平均调查费用较少，故可以通过适当增大样本量的方法来弥补估计精度的损失。

但是，对于某些具有特殊结构的总体，整群抽样反而有较高的精度。这种结构特殊的总体是指，总体中各个群的结构相似。例如调查估计男女比例，以家庭作为群，采用整群抽样，估计的精度要比直接抽取个人估计的精度高。这是因为，一般家庭中往往都会覆盖男女两种性别的样本。

2. 整群抽样中群的划分

整群抽样中的"群"大致可分为两类。一类是根据行政区域或地域形成的群体，例如学校、企业或街道，对此采用整群概率抽样是为了方便调查、节省费用；另一类则是调查员人为确定的，如将大量人员划分为各个小的群体，这就需要考虑如何划分，按照什么标准和原则划分，以便在相同调查费用下抽样误差最小。

分群的一般原则是群内方差尽可能大。由于整群抽样是每个单元全部调查，为此，影响抽样误差的只有群间方差。而通常来看，群内方差与群间方差是此消彼长的关系，只有群内方差足够大时，群间方差才能足够小。因此，整群抽样划分群时，应力争使同一群内各单元之间的差异尽可能大。

3. 群的规模

群的规模是指组成群的单元的数量。在整群抽样中，群的规模具有相当的灵活性，可以大些，也可以小些。群的规模大，则估计的精度差，但费用省；反之，群的规模小，估计的精度可以提高，但费用增大。在正常情况下，群的规模不宜过大，对于规模很大的群，通常采用多阶段抽样。例如研究产业结构调整中的农民心态问题，可以将群划分到县，也可以划分到乡镇，更可以划分到村庄。当然，划分到村庄时，进行整群抽样精度最高，但成本也是最高的。

整群抽样中群的规模又有两种情况：一是总体中各个群的规模相等，二是总体中各个群的规模不等。

如果各个群的规模相等，要提高整群抽样估计的效率，就要通过分群，尽可能增大群内各单元之间的差异。对于自然形成的群而言，要降低抽样误差，就只能增大样本量。如果各个群的规模不相等，可以采用与群规模成比例的抽样方法，可以得到总体目标量的无偏估计，并且使估计量和估计量方差都有比较简明的形式，估计的效率比较高，它是值得优先考虑采用的方法。但采用该种方法的条件是，在抽取样本前，需要掌握各群规模的信息。

（五）小结

在实际调研实践中，上述抽样方法的适用性各有不同，需要根据项目实际灵活选择。现将不同方法优缺点、适用范围与代表性等信息总结如下，以供调研实践参考。

类别	共同点	特点	联系	适用范围	何时使用	如何抽样	代表性
简单抽样（纯随机抽样）	（1）抽样过程中每个个体被抽到的可能性相等；（2）每次抽出个体后不再将它放回，即不放回抽样；（3）依据的是大数法则，可以从抽样推断总体。	从总体中逐个抽取	一切抽样的基础	总体个数较少	单位已经确定容易找到	抓阄或随机数表法	高
等距抽样（系统抽样）		将总体均分为几部分，按预先制定的规则在各部分抽取	在起始部分采用简单抽样	总体个数较多	单位已排序或者可以按序找到	每隔几个抽取一个	较高
分层抽样（类型抽样）		将总体分成几层，分层进行抽取	在所有层中采用简单抽样或等距抽样	总体由差异明显的几部分组成	有关特征已找到或可辨认	先将总体分成层，然后从每层中随机抽取样本	最高
整群抽样（聚类抽样）		将总体分成若干群，对随机抽取的若干个群中的每个样本进行抽取	在抽取群时采用简单抽样或系统抽样	总体内部结构不掌握	单位数量很大或范围不明确	先将总体分成群，然后随机抽取群，对抽中群中的所有样本进行调查	最低

二、多阶段抽样
（一）阶段抽样

阶段抽样也叫多阶段概率抽样或多级概率抽样，是一种分阶段地从调查对象的总体中抽取样本进行调查的方法。当总体很大时，抽样调查直接抽选总体单位，技术上有很大困难，这样就可以用多阶段的抽样方法。例如对某省城市青年幸福指数的调查，涉及近四千万的人口，扣除无民事责任人口无法调查之外，也有三千多万人口，这么大的总体是很难直接抽选总体单位的。再如研究中国流动人口的调查，总体也是很大的，也无法直接抽选总体单位。在这种情况下，我们就选择阶段抽样。阶段抽样到底怎么操作？

首先，确定阶段的划分标准。例如研究某省返乡青年的调查，可以用行政区划为标准划分阶段：第一阶段抽选地级市，第二阶段在抽选的地级市中抽选县区或县级市，第三阶段在抽选的县区或县级市中抽选乡镇，第四阶段在抽选的乡镇中抽选村庄，第五阶段在抽选的村庄中随机抽取返乡青年进行问卷。由于一个省各地的情况差距很大，通常抽样样本数也应当小于总体数的五分之一。为此，我们也可以在第一阶段不抽选地级市，而直接抽选县区或县级市，第二阶段可以直接在抽选的县区或县级市中抽选村庄，第三阶段再抽取返乡青年进行调查。

当然，阶段抽样也可以结合比例抽样、类型抽样、整群抽样和等距抽样等抽样方法综合进行。例如抽选地级市的时候，可以根据地级市的一种或多种分类标志（如经济发展指标、社会稳定指标、人口规模指标或开放性指标等）将地级市划分为几类，再随机抽取地级市；在抽取的地级市中，也可以分别分类抽取县（市）区；在抽取的县（市）区中根据乡镇的好坏，划分好、中、差三类不同的乡镇，再分别抽取乡镇；同样道理，抽取好、中、差的村庄；最后，随机抽取返乡青年进行调查。在这里要特别指出的是，每一阶段的抽样都可以运用简单随机抽样方法，也可以运用其他的概率抽样方法，不同的阶段可以运用不同的概率抽样方式。具体操作应兼顾成本许可和抽样的科学性、准确性。

在上述的多阶段抽样中，涉及样本容量的安排问题。例如上述通过多阶段抽出了多个村庄，是在抽到的所有村庄的返乡青年整体进行简单随机抽样，还是先按比例分配地区样本数量，再在每个村庄中独立进行简单随机抽样，这要根据具体情况确定。不过，从实际操作来看前者是比较困难的，往往采用后者。也就是说，根据每个地级市代表的分类标志值相近的所有地级市的单位总量占研究总体单位总量的比例分配抽样样本量，这样会大大降低抽样成本，因为统计年鉴会提供非常好的帮助。而且，也由于采用分类抽样，样本结构更能接近总体结构。当然，也可以等量分配地区调查量，这样便于进行地区间的对比研究，这个等量额要超过总体研究中每个地区分配的样本数。回收各地等量分配的调查问卷之后，在对总体的研究中，随机抽取足够各地应被纳入总体研究样本的数量便可。

> 例如在研究某省大学生思想动态状况时，可以根据不同地区进行分层抽样，各以 A 市、B 市、C 市为代表，每个地区各抽 800 份样本。假设 A 市、B 市、C 市代表的总抽样框的调查单位数量各为 0.8 万、1 万、1.2 万，我们确定总体样本总数为 1500，那么组成总体样本的各地抽样数，应该按照 A 市、B 市、C 市代表的总抽样框的调查单位数量比例分配，即从各地的 800 份样本中，分别随机抽取 400 份、500 份、600 份样本组成总体样本即可。

阶段抽样的主要优点是抽样前不需要总体各单位的完整名单，各阶段的名单数较小，故抽样工作简便易行。同时，抽出的样本相对集中，便于调查工作的组织和开展，节省人力、财力、物力和时间。另外，各个阶段可以根据具体情况分别采用各种抽样方式，比较灵活。特别是在进行大规模调查时，在抽样单位一级是很难建立抽样框的。多阶段抽样通过采用由多级抽样单位过渡到终极抽样单位的方法，解决了终极抽样单位不易获得抽样框的问题，并使样本的分布较为集中，从而大大降低了调查费用。

由于分段概率抽样在各阶段抽样时，可根据具体的情况灵活选用不同的抽样方法，所以能够综合各种抽样方法的优点，且能节约人力、物力和财力，提高样本的质量，获得较好的调查效果。因此，它特别适用于规模大、内部结构复杂且分布广的总体，即调查范围大、单位多、情况复杂的调查对象。但是，多阶段抽样在每一阶段抽样时都会产生误差，所以，经多阶段抽样得到的样本误差也相应增大，这是其不足之处。

（二）混合抽样

调查实践中，很多情况并不是单纯使用上述一种抽样方法，而是两种或两种以上方法的综合运用。例如对于某省城市居民主观幸福感的调查，对于当前和今后一个时期我国社会思想意识的变化等大型调查，就很有必要综合运用多种调查方法。例如，先将某省按照地理区域或经济社会发展状况，划分为某些调查区域如区县；然后采用简单随机抽样方法抽取调查的区县，在每个调查的区县中进一步确定要调查的村庄或居委会，这可以运用简单抽样方法，也可以运用等距抽样方法；最后，在抽选出的村庄或居委会中运用简单抽样、等距抽样或分层抽样等方法，抽取居民组成样本并进行调查。

综合运用多种方法进行调查研究，要充分考虑两个因素：一是最大可能地减少抽样误差；二是在保证抽样精度的前提下，降低调查成本。例如为了减少抽样误差，在调查农村青年时，可以这样分阶段分类别进行抽样——将区县中的乡镇按照某个或某几个指标分为好、中、差三类，每类中各随机抽取2到3个乡镇；再将抽选出的每个乡镇中的村庄按照同样的指标，分为好、中、差三类不同的村庄，每类村庄中随机抽选2到3个村庄；

最后在每个村庄中进行整群抽样，或者随机比例抽样，或者继续分类为几个大类的居民，再分别进行概率抽样。

再如对于城市中的抽样，可以先按照上述方法抽选出要调查的区，再在区中抽选出街道，在街道中抽选出居委会，然后以居委会为最小抽样框，进行简单随机抽样、比例随机抽样、整群随机抽样或类型抽样。

总之，抽样就是在合理的成本前提下，努力争取调查样本误差最小。这是基本的原则。

如果抽样费用和抽样时间以及人力、物力都不充足，可能导致抽样误差大，但如果采用科学的综合抽样方法，就会在一定程度上降低抽样误差。

研究不同问题，采用的方法千差万别。具体采用什么样的方法，单纯依靠理论学习是不够的，还需要调查者做到理论与实践的结合。

抽样设计是一个专业性相对较强的内容，需要对相关问题有一定的理解，才能设计出比较好的抽样方案。这里我们还要再次强调，抽样过程要避免出现两种错误：第一个错误是区群谬误，又称为层次谬误或体系错误，它指的是在研究中用高层次的分析单位所得结论，去臆断低层次的分析单位的基本情况，例如用中国整体的青年受教育水平去臆断某一省份的青年受教育水平；第二个错误是简化论，调查者仅凭某种子集群的资料，便得出推断总体的普遍性结论，例如，观察到城市A的第三产业占比高于一、二产业，便推断全省，甚至中国社会的第三产业占比已高于一、二产业。避免这两种错误的关键是，保证结论时使用的分析单位，就是运用证据时使用的分析单位。

课题组面向北京青年人才，以摸清住房状况，了解实际需求，探究可行政策为目标，在开展大量文献与实地调研工作的基础上，将调研重点对象确定为：出生于1980年以后、年龄在16周岁以上、受教育程度在大学专科以上的在京工作青年群体（注意：调查对象既包括户籍人口也包括非户籍人口），具体包括青年公务员、事业单位青年职工、国企和集体企业青年职工、外企青年职员及私民营企业青年职工五类子群体，累计召开座谈会8场，发放问卷5000份，回收有效问卷4321份，有效回收率86.42%。

调研的样本抽取过程采用分层两阶段不等概率抽样法开展，通过与有关部门的合作，利用组织渠道构建抽样框。在第一阶段，以企事业为抽样单元，将全市所有企事业单位划分为五类——国有和集体企业、政府机关、事业单位、外资及合资企业和私民营企业，在每类企业中采用简单随机的方法抽取出50家单位；在第二阶段，以企事业单位中的青年员工为抽样单元，在上一阶段抽出的每家单位中，根据简单随机抽样的原则，选择20人入样。

由于采用了分层不等概率抽样方法，因此在结果分析时，需要根据每层实际青年人才比例对直接汇总结果进行加权处理。在各类企事业单位青年人才规模比例数据不可得的情况下，课题组根据北京市第二次经济普查数据中各类单位员工规模数据对五类青年的相对规模进行了近似估计，与实际调查所得的五类青年数量进行综合计算后，得出了不同青年群体的相对权数，使用STATA12.0统计软件对所有推断总体的指标进行了综合加权计算，以求最大限度地反映实际情况。

北京市新生代农民工调研抽样设计

1. 抽样单位

本次调查采用分层三阶段不等概率抽样，各阶段的抽样单位为：

第一阶段，以区县为初级抽样单位；

第二阶段，以街道、乡镇、企业等为二级抽样单位；

第三阶段，以企业等单位下辖人员为三级抽样单位，作为集体填答调查的实施对象。

2. 抽样步骤

总样本数为10000，样本抽取分四步进行。

第一步：按照每个集体填答调查不超过5个样本的预设，计算各区县所需的二级抽样单位。

第二步：根据该群体的整体性别比，结合各区县所需样本数确定样本的性别构成，并计算各区县中每个二级抽样单位需提供的不同性别样本数量。

第三步：根据属地行业分布状况抽取不同类型单位作为二级抽样单位。根据二级抽样单位数量对辖区内所属单位进行抽样，以"国有""民营"为标准进行抽取，各类单位抽取比例根据实际情况确定。

第四步：根据岗位类型对二级抽样单位中的岗位进行分类，以"技术岗位""非技术岗位"为标准对二级抽样单位中的所有岗位进行分类，两类岗位各占所抽取样本数的二分之一。依据阶段二计算所得性别分配比例，对"技术岗位"和"非技术岗位"中的员工进行抽样。按照工号每间隔5人抽取一人，遇不符抽样条件的情况抽取后一位工号人员作为抽样单位。

3. 示例——C区

（1）问卷样本量1500，计划每个二级抽样单位提供5份问卷，则需要抽取300个单位作为初级抽样单位。

（2）该区域的外来务工男女比例为4:6，则每个二级抽样单位需要提供2名男性员工及3名女性员工。

（3）依据随机原则，在区内抽取"国有"单位150个，"民营"单位150个。

（4）在已抽取的单位中，根据岗位类型对下属员工进行划分，分为"技术岗位"和"非技术岗位"两类，并在保证两类岗位选取比例为1:1的情况下，抽取2名男性和3名女性员工作为抽样单位。

在这个抽样设计中，采用多阶段、分层、随机抽样方式，最小抽样单位为部门（车间/处室/班组），调查对象为抽中样本单位中的人口（不包含智障或残疾者）。此处将驻区企业、驻京团工委、驻区高校、街道乡镇及区属企业作为同一级别的初级抽样框，部门（车间/处室/班组）作为次级抽样框，共分为三个阶段。第一阶段：抽取不同类型单位作为初级抽样框。以各区县为整体抽样对象，将其辖区内单位按照类型分为行政机关、企业、事业单位等，并从中抽取不少于10个单位作为抽样企业，各类单位所占抽取比例根据各区县实际情况确定。第二阶段：抽取部门作为次级抽样单位。以第一阶段中的初级抽样框为基础，根据单位行业类型和工作性质，从每个初级抽样框中确定1—2个部门作为次级抽样框。第三阶段：抽取调查对象。依据第二阶段确定的次级抽样框，按照随机抽样原则抽选被访者。每个次级抽样框样本量为10—20人。如遇所抽取调查对象临时不在或无

> 法应答,则依次选择名单下一位作为被访者。这个抽样方案为保证数据的代表性和全面性,选择了适当的抽样比例。2012年在京外来务工青年的总体数量为357万人,本次调查样本量为10000份,则本次调查抽样比为1:357,约为0.3%。为了保证农业户口与非农户口的比较研究样本需求,同时控制了样本配额,确保农业户口和非农户口样本的总体比例在4:1左右,已婚样本和未婚样本的总体比例为1:1。

第四节 非概率抽样

在实际调查过程中,不是根据随机原则抽取样本,而是按照调查者的主观经验和主观判断选择样本的抽样方式,我们叫它非概率抽样方式。

与概率抽样相比,虽然这类非概率抽样的代表性差,提供的资料、信息较零散,难以从样本调查的结论中对总体做出准确判断;但是,它非常简便易行,并能通过对样本的调查而大致了解总体的某些情况,对调查研究的工作很有启发。因此,它适用于调查对象的总体难以具体界定,以及不需要准确推断总体情况的调查。

为使探讨社会焦点难点问题的问卷调查更具有准确性,我们主张采用概率抽样。但在很多情况下,概率抽样实施的条件不够完备,诸如受制于时间问题、总体结构问题、样本数量问题、经费问题,倘若不影响研究目的或者对研究目的影响很小,或者说提供了非常方便条件的话,可以采用非概率抽样方法进行调查。

如何有效开展调查研究

> 如需研究当前高校青年教师的思想状况或者他们对某些问题的看法,那么可在近期全省培训的青年教师中进行问卷调查,尽管不完全符合随机原则,但培训教师来自研究区域内的各个局部地区和各个层面,从这个角度来说还是具有一定代表性的。对于农村干部的调查、对于中青年干部的非概率抽样调查,可以在各级党校进行非概率抽样调查;对于公务员的调查,可以在各级行政学院进行非概率抽样调查;再如对于大学生的调查,如果选择大学生零散集聚的场所,诸如图书馆(不同年级和专业的大学生都有可能于某个时点在此出现),就可以做非概率抽样调查。

尽管进行这种调查缺乏随机原则的支持,但在很多情况下还是有一定作用和意义的。但是,该种调查必须与课题研究目的紧密结合。例如,有的调查者利用问卷调查研究农民增收问题,为了贪图省事、方便,只在村党支部书记、村委会主任中进行调查,很显然,与课题研究目的有很大偏差。再如研究农村党组织的先进性问题,在村党支部书记中进行问卷调查显然是不行的。常用的非概率抽样的方法主要有以下四种。

一、偶遇抽样

偶遇抽样又称任意抽样,是指调查者将自己在特定时间、特定场合下偶然遇到的对象作为样本进行调查的一种方法。如在商店门口、车站、码头、街头路口、公园、广场、影剧院等公共场合,随便选取一些顾客、行人、旅客、观众作为样本进行问卷调查,或者有条件地选择一些相关人员进行问卷调查,这就是一种偶遇抽样。再如,偶然碰到一个个体经营场所(一条街或一个大市场),进行对个体经营者的问卷调查,就是偶遇抽样。在某些偶遇抽样调查中,调查过程对调查对象来说可能是不愉快的。这时,为了调查的方便和顺利，常常将那些自愿成为调查对象的人作为样本，对于拒绝填答问卷的调查对象就不需要勉强了，这与采用概率抽样方式在对被试要求上是不同的。例如，为了测验本地干部的思想状态，随机选择参加培训的干部进行问卷调查，就能够在一定程度上说明问题。为了研究个体经营者对经营环境的看法，偶遇一个个体经营场所，选择愿意回答问卷的个体经营者即可。

偶遇抽样还称为方便抽样，即依据调查者的方便任意选取样本。该种方法的优点是方法简单、方便省力、成本较低，但样本代表性差，有很大的偶然性。为此，采用偶遇抽样时，如果有可能，也可以与其他方法结合使用，这样更有利于提高抽样的代表性和结论的科学性。

二、判断抽样

判断抽样也称立意抽样、主观抽样和目的抽样。它是调查者根据以往的经验和对调查对象的了解来选取样本的一种方法。这种抽样适用于总体范围较小、总体单位之间差异较大的调查。这种调查所抽取的样本是否具有代表性、所得出的结论是否正确，完全取决于调查者本人的判断能力，以及对调查对象的了解程度。因此，这种方法具有很大的随意性。但是，当对总体的情况比较熟悉时，运用这种方法选取的样本也会具有较高的代表性。

判断抽样具有比较强的目的性。例如对于是否进行某种改革的调查，就可以故意选择反对改革和支持改革的意见分歧较大的两类人进行调查。这样就可以将偏离平均水平者作为调查对象，以利于研究是什么原因导致了这种偏离，对于寻求正确意见更有好处。

由于这种方法完全依赖调查者的主观印象和过往经验，故而它不可能计算抽样误差。换言之，在这种抽样调查中，凡总体中具有代表性的单位都可以作为样本。个别单位被抽取的概率是无法确定的，其抽样结果的精确度也无法判断。所以，运用判断抽样，一方面，当总体规模小、所涉及的范围较窄时，样本的代表性较好；但总体太大且涉及的范围较广时，其代表性将显著降低。另一方面，如果调查者具有相应的能力，则判断抽样可能具有好的代表性，因而有利用价值；反之，样本可能会出现各种偏差。

判断抽样的作用往往在于发现问题、提出假设，而不在于对总体做出概括。在无法确定总体的边界或因调查者时间、设备有限而无法进行其他抽样调查时，可以采用这种方法。

三、配额抽样

配额抽样也称定额抽样。即调查者将调查总体样本按照一定标志分类或分层，确定各类（层）单位的样本数额，在配额内任意抽选样本的抽样方式。

配额抽样和分层随机抽样既有相似之处，也有很大不同。配额抽样和分层随机抽样的相似之处在于，都是事先对总体中所有单位按其属性、特征分类，例如市场调查中根据消费者的性别、年龄、收入、职业、文化程度等对消费者分类，然后，按各个属性或特性分配样本数额。但它与分层抽样又有区别，分层抽样是按随机原则在层内抽选样本，而配额抽样则是由调查人员在配额内按主观判断选定样本。

配额抽样适用于调查者对总体的有关特征具有一定了解且样本数较多的情况。实际上，配额抽样属于先"分层"（事先确定每层的样本量）再"判断"（在每层中以判断抽样的方法选取抽样个体），费用不高，易于实施，能满足总体比例的要求。但是，它容易掩盖不可忽略的偏差。

> 如某大学有学生2000人，请按配额抽样的方法抽取100人的样本，以调查大学生就业取向问题。配额抽样的实施步骤是：首先，确定分层标准：性别（男生、女生）、生源地（东部、中部、西部）；其次，计算性别比例和生源地比例，男生42%、女生58%，60%生源地东部、29%生源地中部、11%生源地西部；再次，根据上述比例决定样本单位在各子群中的配额，男生42人、女生58人，东部60人、中部29人、西部11人；最后，在各子群中自由地选择个体。

四、滚雪球抽样

滚雪球抽样，即以个别抽样单位或少量样本为基础，逐渐扩大样本的规模，直至找到足够的样本。此法适用于对总体不甚了解的情况，通常用于探索性调研，特别适用于对小群体关系的研究。

例如，对某市独立音乐人群体展开调查，一开始因缺乏总体信息而无法抽样，这时可以先通过各种办法，找到几个独立音乐人进行调查，并通过他们提供所认识的其他独立音乐人的情况，再去调查其他独立音乐人，并请后者也提供自己熟悉的人。依次类推，可以调查的对象就越来越多，直至完成所需要的样本调查，从调查对象那里获得足够的信息。

> 在一些新兴职业群体和体制外职业群体的调查中，也可以采用滚雪球抽样。由于原有组织体系联系不多，没有办法获得完整抽样框，难以开展严格的概率抽样。为了找到这些群体，滚雪球的方式是比较好的方法，即找到某新兴职业从业者A后，可以让从业者A找到其他从业者B，从业者B再找到另一个从业者C。

滚雪球的抽样方法可以使调查者高效率地找到符合要求的调查对象。但滚雪球抽样有一个前提，就是总体分子之间应具有一定联系，适用于小圈子和调查对象之间相互熟悉的情况，采用该种方法可以进行如下研究：对信教人员的研究，对趣缘社团人员的研究，对新兴职业群体的研究等。

滚雪球抽样的调查费用大大减少，然而这种成本的节约是以调查质量的降低为代价的。如果总体不大，有时用不了几次就会接近饱和状态，即后来的被调查者再介绍的都是已经被调查过的人。但是很可能最后仍有许多个体无法找到，还有些个体会因为某些原因被提供者故意漏掉不提。这会影响抽样结果，导致出现偏差。所以，如果圈子过大或者即使圈子不大但是调查对象之间并不熟悉，滚雪球抽样也不能得到很好的效果。比如自由职业者的调查，自由职业者虽然圈子不大，但是相互之间联系很少。还比如 16 岁至 35 岁自愿暂处于失业状态的未就业、不升学青年的调查，即所谓"NEED 族"调查，该群体圈子人数不多，但是分布极为松散，相互之间没有联系，也不适用于滚雪球抽样。

此外我们还要认识到，通过滚雪球的方式寻找调查对象，也会带来其他问题。当你要求别人向你推荐调查对象时，他们有时会按照自己的亲疏关系和爱憎喜好把他认为合适的调查对象推荐给你，或者按照他认为恰当的方式来左右你寻找调查对象的过程。尤其是在小圈层或者小范围的调查中，这种劣势显现得更为明显。在一个相对小的群体中展开调查，就不可避免地会卷入他们复杂的人际关系之中，调查者和谁走得近、经常联系谁、喜欢听什么，都会成为调查对象谈论的内容，进而也会成为他们接受和排斥你的依据。有时候，和某一个调查对象关系好，反而会成为接近其他调查对象的障碍。因此，如何公平地对待圈层内的每一个调查对象，不仅考验调查者的技术，更是对调查者人际关系能力和情商智商水平的综合检视。

第五节 抽样的本土实践

有人认为：中国是新闻记者的天堂，统计学者的噩梦。"抽样"是社会调查的基本方法，其科学性与精确度在很大程度上影响着研究结果的代表性，决定着研究结论的适用范围。美国抽样专家基什（Kish）教授，曾在其著作《抽样调查》中提出了优秀的抽样设计应满足的四项原则：目的性原则、可测性原则、可行性原则、经济性原则。我们认为，对于中国的调查研究，特别是自发组织的社会调查，同时满足上述四项原则几乎是不可能的。在本土研究实践中，我们更多地是根据调查资源的实际情况，在四个原则间平衡与妥协，对教科书中的经典抽样方法进行扬弃式地灵活使用，不能局限于西方传入的经典抽样方法，要根据我国社会及行政管理实际，做出相应的调整和创新，尽量增强抽样方案的科学性与精确度以及可行性。

对于中国政府和各级单位组织的中小型抽样调查而言，在资金支持和人力资源相对有限的情况下，行政组织渠道往往是可被依赖的重要资源。但在实践中，行政组织渠道的选取也颇为讲究，不能盲目确定，而是要在充分了解我国行政体制的基础上开展。例如，如需开展青年白领群体的调研，那么企业团工委的组织渠道会优于乡镇／街道的行政渠道。因为在中国现行的行政管理体制下，白领所在单位多为外资企业、私民营企业，街道／乡镇等基层政府机构对其影响力较弱。对"白领"所在单位而言，各级企业团工委是影响力较大且能够动员调查对象填答问卷的组织资源。这些企业团工委往往与所在界别和辖区内的单位建立有良好的合作关系，能够有效地利用日常工作渠道，将问卷下发到所辖企事业单位之中，可以在时间和资金有限的条件下，尽可能扩大样本覆盖面。

还比如快递从业人员调查中，肯定要请邮政系统协调相关快递企业，但是深入交流后发现，邮政系统管辖的快递企业仅仅是传统意义上的快递业，也就是三大类，即国营（EMS），民营（顺丰、三通一达等）和外资（UPS、中外运敦豪等），新兴的即时送行业，如闪送、送餐、送药、送烟、送酒等快递人员均未涵盖在内，所以在抽样时，既要借助邮政系统的行政力量，又不能完全依靠邮政系统的行政力量。

总体的异质性程度对样本规模的影响也十分明显。要达到同样的精确度，在同质性较高的总体中抽样时，样本规模可以小一些；在异质性较高的总体中，样本规模则应该大一些。这是因为同质性程度越高，总体在各种变量上的分布越集中，波动性越小，同样规模的样本对总体的反映就越准确；而异质性程度越高，总体在各种变量上的分布越分散，波动性越大，同样规模的样本对总体的反映就会越差。此外，在调研中还要注意调查者所拥有的经费、人力、物力和时间因素。尽管从样本的代表性、抽样的精确性考虑，样本的规模应尽可能大，抽样框应尽可能准确，但是一般而言，调查的经费、人力、物力和时间总是有限的，样本规模的大小必须与之相匹配，否则，或无力完成抽样，或无力进行根据抽样结果所做的调查研究。

从调研的实践来看，多数调查研究需要外聘调查员和访谈员，这些外聘人员需要对调研的主题和内容有深入的了解才能比较好地领会调研意图而保障调研的顺利完成。如果不进行质量控制，那么抽样的质量就可能打折扣或者出现一些其他负面问题。可以通过下列措施对抽样的质量进行控制。

第一，事前质量控制。进行事前质量控制的主要途径是对调查员提高要求，加强对调查员的培训。要对所有参加调查的调查员进行集中培训。调研培训一方面可以统一认识、统一思想，另一方面可以解答疑惑。在培训完成后，就问卷和填答中的关键点与特殊要求进行考察。同时，所有调查员都要事先做到熟悉调查问卷；建议在访问前，每人至少完整阅读3遍。

第二，填答过程质量控制。课题组在填答过程中会对各调查员问卷提交情况进行巡查督导，督促各调查员按时完成问卷回收，并实时校验已回收的样本结构是否符合抽样预期。

第三，后期质量控制。全部问卷收集完成后，会随机抽取部分问卷进行复核与回访，包括但不限于样本结构是否符合抽样预期、填答内容是否合理、填答时长是否过短等。

除此之外，还有一个重要的因素值得注意，这就是调查员的工作量。我们必须认识到，调查员是人不是机器，他们不可能超越个人生理和心理极限去完成根本无法实现的工作量。我们在实践中经常遇到一些责任心很强、专业技术很好的调查员，由于调研工作量实在太大，为了按时完成问卷发放任务，不耽误后续研究的开展，最终不得不应付了事。这样造成的结果是，填答率和时间得以保证，但是抽样的质量却下降了。因此，为了保证抽样质量，必须将调查员的工作量控制在一定范围内。

我们课题组以往的要求是，一般长度的问卷（填答时间控制在30分钟以内），调查员每天完成的问卷数量不超过6份（加上寻找调查对象的时间，实际工作量很大）。对于中小规模的调查来说，个人完成的总问卷数量应控制在30份以内，也就是总时间为5天。对于较大规模的调查来说，也应把个人完成的总问卷数量控制在60份以内，也就是总时间不超过10天。因此，我们在进行抽样前，就要根据样本规模和调查员数量，来确定集中填答问卷的抽样时间长短。

假设一个调查的样本规模是2000份，那么按照人均日工作量5份计算，共需要400个工作日。这400个工作日如何分配调查员的数量和集中抽样的时间，会有不同的方案。可以安排10个调查员做40天，20个调查员做20天，40个调查员做10天，当然，还可安排80个调查员做5天。在其他条件相同的前提下，比较可取的方案是40个调查员做10天。为什么？原因是第一个方案中每个调查员总的问卷数量是 200 份（远超过 60 份），填答时间 40 天（远超过 10 天），这会带来严重的身心疲劳，从而降低调研质量。第二种方案虽然在时间上（20 天）和数量上（100 份）都有所缩短，但是仍然超过了时间和数量上的最大限度。最后一种方案，虽然集中填答的时间最短（5 天），个人总的问卷数量（25 份）最少，好像是最优方案，但是会因为调查员数量过多（80 个）带来一系列新的问题，比如组织管理的难度加大，协调调查员的成本提高，调查员能力差别导致抽样质量标准不统一等。

最后，我们要强调，抽样方法是死的，而社会生活是丰富多彩的。我们不能奢求中国的社会现实去适应教科书中那些基于西方经验总结出的成型理论方法，特别是在目前这样一个社会快速变迁、新鲜事物和新兴群体层出不穷的中国大环境下，在把握科学性原则和底线的基础上，社会现实才是指导我们抽样和研究实践的核心依据，盲目地追求所谓"科学"和"精确"，而不顾及实际操作中的具体情况，只会令调查研究停滞不前。

第四章　问卷法

问卷法也称问卷调查法，它是调查者运用统一设计的问卷向被选取的调查对象了解情况或征询意见的调查方法。问卷是社会调查研究中收集资料的一种工具，它的形式是一份精心设计的问题表格或者列表，用以测量人们的特征、行为和态度，以及社会事务、社会现象等有关情况。

问卷法在调查研究中发挥着重要的作用，普查主要依赖问卷法，最常用的抽样调查也主要采用问卷法。美国著名社会学家艾尔·巴比曾提道："问卷是社会调查的支柱。"

问卷法有以下五个主要特点。

第一，把研究目标转化为特定的问题。

第二，使问题和答案范围标准化，让每一个人面临同样的问题环境。

第三，通过措辞、问题流程和卷面形象获得调查对象的合作，并在整个谈话中激励调查对象。

第四，常用于抽样调查，即调查对象是通过概率或非概率抽样方法选取而来的。

第五，特别适用于定量调查，即通过样本统计量推断总体。

问卷法虽然在调查研究中应用广泛，但它并非万能的工具，而是有一定的适用性。

首先，适用于大规模的抽样调查和定量分析。在调查研究中，问卷法通常与大规模的抽样调查以及资料的定量分析相联系。许多调查研究都是抽样——问卷——定量分析三者的结合体，这也是调查研究中最为常见，也是最重要的方式。它与焦点团体座谈、深度访谈、场景考察等有着明显的区别。

其次，适用于成分单一的被调查总体。问卷法的适用性通常会受到调查对象总体构成情况的影响。在成分单一的总体中，由于人们的社会背景相同或相似的因素较多，问卷设计相对容易。比较而言，成分较为复杂的总体中，人们社会背景中各种因素差异较大，要设计一份适合每一类人的问卷就非常困难。因此，问卷法在成分单一的总体中更为适用。

设计一份科学有效的调查问卷需要考虑诸多方面，从问卷的结构、问题的选择，到问题的排列、表达，以及答案的形式等，各个环节都有严格的要求，都需要与研究假设、研究设计、研究内容、研究目的、调查对象等各方面结合起来。因此，科学设计调查问卷是关键环节。

第一节　问卷的类型和特点

一、问卷的类型

在社会科学的调查研究中，根据研究目的、研究内容、研究对象和研究条件的不同，调查者可以采用不同类型的问卷进行调查研究。常见的问卷分类有以下两种。

（一）结构化问卷和无结构问卷

根据问卷中问题的结构，可分为结构化问卷和无结构问卷。结构化问卷是调查者根据研究目的、理论假设,把设计的问题有规则地排列起来,其中每个问题的提问方式、措辞以及供选择的答案都已做了明确规定;并且,各个问题之间存在内在的逻辑关系和较强的顺序性。而无结构问卷中问题的提问方式、措辞、表述形式以及提问顺序都没有硬性规定或预先规定,而只是根据研究目的限定了调查方向、调查内容。这样的无结构问卷,实际上就是通常所说的访谈提纲。本章所谈的将侧重于结构化问卷。

在结构化问卷中,每个问题都事先列举了几个可能的答案,调查对象可根据自己的情况,在其中选择恰当的答案。由于结构化问卷的问题具体、回答简单,所以调查对象不需要花很多时间来完成问卷,问卷的回收率和信度也比较高;而且由于回答是统一格式的,收集的数据资料便于统计分析,不同调查对象的回答易于进行对比。值得注意的是,结构化问卷多为非开放式的填答语境,调查对象不能随意回答,必须按照调查者的设计,在预先编制的几个可能的答案中选择。因此,调查对象有时不能真实、完整、深入地进行回答,难于表达独特的观点、看法,只能有所倾向地在预先给定的问题答案中选择。

在无结构问卷中,问题虽然是统一的,但未事先列出任何选择答案,调查对象需根据自己的情况自由回答,因此也被称为开放式问卷。无结构问卷并非真的完全没有结构,只是结构较少或较松散。一般来说,无结构问卷与结构化问卷相比,前者的调查对象可以自由回答,限制少,调查者可以在研究中得到更丰富的资料。因此,无结构问卷多用于探索性调研,以便收集诸多无法预设的情境信息,充分发挥调查对象的主动性与创造性。当然,由于无结构问卷的回答没有统一的格式,所以难以进行定量分析和对比分析,有时所收集的数据资料还可能与研究的问题无关,从而影响调查效果。

鉴于结构化问卷和无结构问卷的上述特点,调查者在调查研究中,通常是根据具体情况选择适当的类型,而且在很多场合将它们结合起来加以使用。一般情况下，结构化问卷可以进行大范围的研究，可以将不同类型的调查对象进行对比研究；而无结构问卷比较适合小样本，适合进行深入研究。当结果不需要进行量化，且对调查对象主观反馈诉求较高时，无结构问卷往往能发挥更大价值。在实际研究中，业内通常是采用先结构化问卷，再附加数个无结构问卷设问的做法，这样可以互相补充，取长补短，提高研究的科学性和全面性。

（二）访问问卷和自填问卷

按照问卷是否由调查对象自己填答，可以将问卷分为访问问卷和自填问卷。访问问卷，又称代填问卷，是调查者按照统一设计的问卷当面或通过电话向调查对象提出问题，然后再由调查者根据调查对象的口头回答来填写问卷的一种调查方式。根据访谈方式不同，又可以分为当面访问问卷和电话访问问卷两种。

当面访问，就是调查员按照统一设计的问卷向调查对象当面提出问题，之后由调查员根据调查对象的口头回答来填写问卷，类似于访谈。调查员在访问过程中只能按问卷所设问题提问，当调查对象回答问题时，不能给出暗示或提示；当调查对象不理解所提出的问题时，调查员可解释题意。这种类型问卷的最大优点是便于选择调查对象和控制访问过程，有利于灵活使用各种访问方法和技巧，有利于对回答结果做出正确分析和评价，而且回复率高、有效率高。但是，它的缺点是比较费时、费力、费钱；而且，调查员必须具备很好的专业素质，调查对象的态度以及调查者与调查对象之间的彼此印象和关系都直接影响调查的结果。

电话访问就是调查员通过电话，按照问卷的项目逐一询问调查对象，再按其回答填写问卷的调查方式。这种方式在欧美等国使用比较普遍，我国也有很多调查采用了这种方便快捷的调查方式。其优点是速度快，比入户调查的费用低。但局限性也很明显：一是调查对象的拒访率比较高；二是调查内容不能多，只能就简短的问题进行专题调查，否则时间太长，易引起调查对象的厌烦。

自填问卷一般通过报刊发行、邮局传递或派人送发、邮件发送、网页（微信）填答等渠道将问卷发放至调查对象，并由调查对象自行填写，然后再返回调查的一种调查方式。而自填问卷根据不同的发放方式，又可以分为不同的类型。

第一，报刊问卷，指报刊传递分发的问卷，号召报刊读者对问卷做出书面回答，然后按规定的时间将问卷寄回。问卷内容一般印制在报刊上或作为附页夹在报刊内。

第二，邮寄问卷，指调查者将设计好的问卷通过邮局寄发给选定的调查对象，调查对象按要求填答后，在规定的时间内寄给调查者。

第三，送发问卷，指调查者派人或亲自将问卷送到选定的调查对象手中，调查对象填答完毕后，再由专人收回问卷。多用于题材敏感，数据因政治安全或个人隐私等原因需要高度保密的项目。

第四，邮件问卷，指通过电子邮件将电子问卷链接发送给事先确定好的调查对象，被调查对象通过点击问卷链接完成在线填答。

第五，网页（微信）问卷，是近几年比较流行的填答方式，借助自研或第三方电子问卷平台完成问卷编辑，生成电子链接推送给调查对象，调查对象在自己的电脑或者手机上进行填答，填答完毕后系统自动提交回收的一种方式。

二、不同调查领域问卷的特点和使用范围

由于调查研究的领域、内容和范围的不同，从问卷设计的角度区分，问卷具有不同的特点。根据调查研究的应用领域，我们可以把调查分为社会状况调查、社会问题（群体）调查、社会舆论调查、市场调查以及研究性调查等。那么，运用于不同调查领域的问卷就具有自身突出的特点。

用于社会状况调查的问卷往往内容较多且所涉及的范围较广，因此，

调查者常常会将问卷中的问题分成若干个不同的类别，并分别标出相应的小标题。社会状况调查的问卷所面对的对象多为成分混杂的不同人群，调查的形式则多为入户访问或街头面访。

社会问题或社会群体调查的内容主要涉及社会中的某一热点问题或某类群体，因此问卷中问题的内容相对集中，主要围绕与这一社会问题或这一社会群体相关的各个方面而设计。

社会舆论调查以及民意调查常涉及调查对象的态度、意见、看法、思想、价值等主观因素，所以进行这类调查时，其问卷的内容往往会显得比其他调查问卷的内容更为敏感。这类问卷的设计方式也与普通问卷有所不同。比如，这类问卷中较多地采用投射技术、量表技术等间接测量的方式，来收集调查对象的相关资料。这类调查的对象也多为成年人，调查的形式常常是街头面访或电话访问，时间通常比较短，故问卷的内容不能太多，题目也不能太复杂。

市场调查与社会问题调查有一点相似的地方，就是它的内容也比较单一、比较集中。只不过它所关注的不是社会热点问题，而是与某个厂家、某个商家、某个企业的产品或商品密切相关的内容。在调查的形式上，市场调查又与舆论调查十分相似，也常常采用街头面访或电话访问的方式。这类调查的对象主要为普通居民，调查的问题大多比较简单，往往会涉及普通居民的日常生活，特别是人们的消费行为和态度。问卷设计中，主要应注意的是问题的通俗性和目的性。

研究性调查的内容最为广泛，调查对象也最为多样化。这类调查往往与某种理论概念或理论框架有关，且较多地采取自填问卷的方式进行。因此在问卷的设计上，这类调查问卷涉及的方面最多，工作最复杂，要求往往也最高。

第二节　问卷设计的原则和步骤

一、问卷设计的重要性

问卷调查结果的信度和效度往往依赖于调查问卷的设计与实施中的每一个环节，但是，对调查对象所提出的问题则是其中最为基本的部分，这些问题对调查结果的影响比其他部分更显著。调查研究最直接的目的，即获得某种结论，要依靠对真实反映社会现象的资料进行科学分析来实现。在问卷调查过程中，对收集这种"真实反映社会现象的资料"有重大影响的具体步骤，主要是抽样方案和问卷设计。抽样的目的是选取一部分代表样本总体的调查对象，以便节省调查的时间、人力和财力。这一工作的关键是保证所选样本对于总体有足够的代表性。然而，对于调查对象能不能如实、顺利地把社会现象的本来面目提供给调查者，在相当程度上则依赖于问卷设计的水平。因此，问卷设计是问卷调查过程中十分关键的一环，它的重要作用主要体现在以下两个方面。

（一）问卷设计直接影响调查结果的准确性和问卷回收率

由于在问卷调查中，调查者进行分析所用的资料，基本上都是由调查对象提供的，所以，问卷调查成功与否，在很大程度上依赖于调查对象同调查者的合作程度和合作效果。如果设计问卷时不考虑如何调动调查对象的积极性、责任感，不考虑调查对象的各种心理反应，不考虑调查对象的各种能力和现实生活背景，那么，在实际调查中必然会出现各种不符合调研目的和要求的结果，必然会出现许多投其所好的倾向性、敷衍搪塞的回答等。这样，调查者所得到的资料的真实性就难以得到保障，其洞察结论也必然与实际情况相差甚远。这种由于问卷设计得不恰当而影响调查质量的例子，在实际调查中应尽力规避。例如，如果需要对全国城乡居民的生活状况进行调查，那么问卷设计时，就必须考虑城市和农村居民生活背景的差异，使用不同的设问方式甚至题目内容。否则，便会导致问卷填答失真、填答难、不理解题目、问题不适用等诸多问题。这既会给调查执行带来困难，也会降低问卷的回收率，从而影响调研结果的准确性与可靠性。我课题组所做的青年婚恋课题，在调研时采用了1+N的问卷形式，在统一设计公共问题的基础上，充分考虑了未婚没有恋爱对象、未婚有恋爱对象、已婚有配偶、离婚未再婚等四种人群的不同情况，分别制定不同的问卷。

（二）问卷设计直接影响调查结果的有效性

调查中，我们收集资料的目的，是为了分析和解释各种社会现象。调查问卷中问题的结构既反映调查者的理论命题，也反映调查者对人们行为的因果解释。因此，对于某个特定的研究课题来说，往往既不能缺少某些必要的资料，也不必过多收集与研究无关的资料。缺少必要的资料，则无法进行分析工作，从而难以得出结论；但如果与研究课题无关的资料太多，则既浪费了大量的人力、物力，也给资料的整理和分析带来许多不必要的麻烦。此外，调查问卷的设计还反映着研究中对统计分析方法的运用，反映出调查所得的资料描述总体特征、推论总体状况的能力。因此，如何根据调查的目标、围绕调查的内容、有针对性地设计出恰当的问卷，是调查者设计问卷时必须考虑的另一个重要方面。

二、问卷设计的基本步骤

问卷设计是由一系列工作组成的，它需要经过前期探索、初步设计、试用和修改等几个步骤，最后才能形成正式问卷。

(一) 前期准备工作

编写问题并不是问卷设计工作的第一步,在这之前,调查者必须围绕研究目的和所要研究的问题进行一些必要的准备工作,这才是问卷设计的第一步。所以说,问卷设计前的准备工作是整个问卷设计的基础,是问卷是否有效的重要前提。

前期准备是基础性的工作,调查者必须围绕所研究的问题搜集大量的资料,并对这些资料进行梳理,进而提出该问题的研究假设。然而,研究假设的验证需要采用可操作性的方式。最常见的方式就是调查者围绕所要研究的问题进行座谈或访谈,座谈或访谈的对象包括各种类型调查对象的典型代表,座谈的内容是向各类调查对象就研究设想、封面信和指导语的设计、问题的表达、问题的数量与次序、问题及答案的适当形式,以及如何减少拒答率等方面征询意见,了解他们对问卷中所提问题和答案的建议与反应,修改问卷中出现的含义模糊的问题,以及不符合客观实际的答案。由于设计者对所研究的问题较为熟悉,因此在问卷设计过程中,有时很难站在不同层次、不同水平调查对象的角度考虑问题,难免会出现含义模糊且不符合客观实际的问题和答案。前期的初步研究工作对于防止这种情况的出现和完善设计问题的合理性有着极大的帮助。也就是说,在座谈过程中,如果我们提出的问题是含糊的或抽象的,调查对象就会提出进一步解释的诉求,或者干脆给出文不对题的回答。遇到这样的情况,调查者就应该引起注意,重新对问题和答案的表达进行分析,并加以修改和完善。

前期的座谈或访谈还有另外一个重要作用,就是便于调查者把自由回答的开放式问题转变成多项选择的结构式问题。在设计结构式问题时,调查者常常很难把所有可能的答案想尽、想全,所以需要对各类调查对象的典型代表进行访谈。通过询问和交谈,可以得到更多可能的答案。这样,调查者就可以将这几种主要的答案作为该问题中可供选择的答案,再加上一个"其他"类,就构成了问卷中的一个结构式问题。

(二)问卷初稿的设计

在准备工作的基础上,调查者可以根据收集到的资料,按照一定的原则设计问卷初稿。初步设计工作主要包括形式和内容两个方面:在形式方面,应在综合考虑研究目的、被试特点和结果分析处理等因素的基础上,确定问卷的结构,并设计出标题、前言和指导语等;在内容方面,要将所提问题和相应答案确定下来,这是设计问卷中最重要的工作。确定设问和答案选项,主要包括题量、问题的类别、问题的表达方式、排列方式的设计,以及回答方式的设计等几项内容。这些工作完成后,一份问卷的初稿便形成了。

具体来看,问卷设计的实操步骤如下。

第一步,根据研究假设和所需资料的逻辑结构,画出整个问卷的各个部分及前后顺序的结构框架图。

第二步,从调查对象回答是否方便,是否会形成心理压力,问题的前后内容是否符合逻辑等方面,反复考虑这些部分的前后顺序。

第三步,具体地写出每一部分的问题及答案,并安排好它们在该部分的顺序和形式。

第四步,也是最后一步,从总体上修订和调整全部问题的形式、前后顺序等格式,形成问卷初稿。

(三)问卷的试测和修改

问卷初步设计出来以后,不宜直接使用,必须经过试测,弄清楚问卷初稿存在的问题并进行修改后,才能用于正式的调查。这一步之所以在问卷设计中如此重要,是因为问卷发放的过程不可逆,大量调查问卷一旦发出,一切潜在的缺陷和错误都将无法弥补与纠正,将直接影响调查资料的准确性和有效性。所以,问卷设计中的任何一点不足,都将在最终的调研报告中留下印记,造成难以弥补的损失。正是在这种意义上,我们强调问卷试测在问卷设计中是不可省略的重要步骤。

一般来说，问卷试测对象应当与调查对象是同质的，试测的目的在于检查问卷的质量。问卷初稿是十分必要的，这不仅能够检验出措辞不当、意义不明确、指导语不当等问题，而且能检验一个问题是否具有区分度、敏感性等。经过试测和修改，一份正式的调查问卷就形成了。

试测一般有两种方法，第一种方法可被称为客观检验法。它是将初步设计出的问卷打印几十份，然后在正式调查的总体中抽取一个小样本（一般为30—50人）来试测。这样，正式调查时将要遇到的问题，通常会在试测中出现。因此，这种方法实际上是对问卷进行了客观检验。通过试测，可以检验和分析以下几个方面。

第一，有效回收率。在某种程度上，有效回收率可以看作对问卷设计的总体评价。有效回收率，即除掉各种废卷后的回收率，它比一般的回收率更能反映出问卷本身的质量。如果某一问卷的回收率较高，如80%，但其中一半没填，明显乱填乱写，或者个人背景资料都未填的问卷占了30%，说明问卷设计中存在较大问题。

第二，填答是否完整。如果问卷中有几个问题普遍未被填答，那么就要仔细检查这几个问题，分析出调查对象未填答的原因。如果是从某一问题开始，后面部分的问题都未填答，那么，极有可能是前半部分的问题太难回答，或太花费时间，导致调查对象不愿继续填写下去；也有可能是中断部分前后几个问题难以回答，使调查对象"卡壳"，从而放弃继续填写。因此，一定要找出中断的原因，从而修改问卷结构或内容。

第三，填答是否正确和准确。如果填答内容错误多，答非所问，就要仔细检查问题的措辞是否准确、清晰，含义是否明确、具体；如果填答方式错误较多，就要检查问题的形式是否过于复杂或指导语是否明确。

另外，如果是具有复杂指标体系的问卷，还可以利用统计软件进行分析，检验其信度和效度，从而进行必要的修改。

第二种方法是主观评价法。就是将设计好的问卷初稿分别送给该领域的专家、研究人员以及典型的调查对象,请他们分析问卷,根据他们的经验和认识指出问卷中存在的问题,并提出修改意见,然后根据他们的意见进行必要的修改。

在实际的研究中,除了一些专业领域的小规模调查采用主观评价法外,大部分问卷调查往往采用客观检验法。诚然,还有一些规模较大的项目,为了追求调研的严谨性,会同时采用这两种方法。

第三节 问卷的结构及问题的编制

一、问卷的一般结构

一般来说,一份问卷通常包括以下几个部分:封面信、指导语、问题与回答方式、编码和其他资料。

(一)封面信

封面信是问卷调查单位或个人致调查对象的一封短信。封面信一般放在问卷第一页的上面,也可单独作为一封信放在问卷的前面。其作用是向调查对象介绍并说明调查者的身份,调查的目的、意义和方法等,尽量消除调查对象的顾虑,说服每一位调查对象参加到调查中来,并能准确、如实地填写问卷。因此,封面信的语气要谦虚、诚恳、平易近人,文字要简明、通俗、可读性强。只有这样,才能引起调查对象的重视和兴趣,争取他们的合作和支持。一般而言,问卷的封面信应包括下列内容。

第一,调查单位或个人的身份。这种身份介绍既可以直接在封面信中说明,比如"我们是××××大学课题组的成员,我们正在进行一项大学毕业生状况的调查"。也可以通过落款来说明,比如落款为"××××大学"。注意:落款一定要注明具体的单位,而不能只写"大学毕业生现状调查组""婚姻家庭问题调查组"这类的署名。因为人们即使看到这样的署名,仍搞不清楚调查者是哪里的、是干什么的,从而会对调查产生很多疑虑。如果能附上调查单位的地址、电话号码、联系人姓名、微信、邮箱等就更好了,就更能体现调查者的诚意,体现调查的正式性和有组织性,从而有利于得到调查对象的信任和配合。

第二,调查内容和范围。在封面信中,应尽可能用概括的语言明确说明调查的实际内容,既不要含糊其词甚至欺骗调查对象,又不要冗长地说明调查的内容,通常用一句话指出调查内容的范围就行了。比如"我们正在进行社会组织发展现状的调查"或"我们这次调查主要是想了解民众对政府环境治理工作的看法"等。

第三,调查目的和意义。这是封面信中一项十分重要的内容。要尽可能对这次调查的目的和意义做出恰当的、合理的论述,以调动调查对象的积极性和责任心。比如"此次调查的目的,是要通过了解海归青年对中国现状的看法和认识,从而为服务这一群体更好地制定政策。"总之,目的叙述要得当。

第四,调查对象的选取方法和对调查对象有关信息保密的承诺。在实际调查中,经常会听到调查对象这样的疑问,"这么多人,怎么会偏偏调查我呢?我的回答是不是正确呢?我的回答是否会对我产生不利影响?"等。因此,在封面信中还应简短地说明调查对象是依据科学抽样方法选取的,问题的回答没有正确与错误之分,以及调查采取匿名措施,不会对调查对象产生任何影响等。这些说明都有利于消除调查对象心理上的压力和顾虑。

除以上内容外,有些问卷的封面信还包括填答问卷的方法、要求,回收问卷的方式和时间等内容。最后,在信的结尾处一定要真诚地对调查对象表示感谢。封面信的文笔要简明、亲切,切忌啰嗦、生硬、官气十足。

如何有效开展调查研究

下面是某青年群体调查问卷封面信的示例。

> 您好！
>
> 我是××××大学派出的调查员。本次调查是为了解大学毕业生的生活和工作情况，为制定相关社会政策提供参考。经过科学抽样，我们选中您作为调查对象。<u>问卷中所有问题的回答，没有对错之分</u>，只要表达您的真实情况和想法即可。对于您的回答，我们将按照《统计法》的规定，严格保密，请不要有任何顾虑，谢谢您的合作！
>
> ××××大学
2019年6月

> ……
>
> 如您愿意参与此次调查，我们保证对调查中了解到的关于您的所有信息保密。本次调查数据仅用于政策制定，保证除有关人员外，任何人不能使用这些数据。用于政策制定的数据信息绝对不会包括您的姓名、地址和联系方式。
>
> 如果您还有什么疑问，可向调查员询问或联系课题组（电话：××××）。衷心感谢！

（二）指导语

指导语，是用来指导调查员如何正确使用问卷并完成调查工作，或调查对象如何正确填答问卷的一份使用说明书。指导语对于问卷的作用就相当于一部新机器的使用说明书。根据指导语出现的地方不同，可分为卷首指导语、卷中指导语和卷外指导语。

卷首指导语一般以"填表说明"的形式出现在封面信之后、正式调查问题之前，其作用是对填表的要求、方法、注意事项等作总体说明。

填表说明

1. 每个问题如无特殊说明，均为单选题，请在所选答案的代码下打"〇"；

2. 除问卷要求跳答的问题外，不要漏掉任何问题，否则整个问卷无效；

3. 有些选项如无列出，请在"其他（请注明）_____"中写清；

4. 本问卷作答时，应当凭自己的直觉反应进行回答，不要迟疑不决、拖延时间；

5. 有些题目你可能从未思考过，或者感到不容易回答，对这样的题目，同样要求你做出倾向性的选择；

6. 答题过程中切忌与他人商量，或者干预他人答题。

卷中指导语一般是针对某些较特殊的问题所做出的特别说明。比如"可多选""请直接填写数字""请按重要程度排列"；"若选择'不是'请跳过第10—14题，直接从第15题开始答起"；"家庭人均收入即全家人的总收入除以全家的人数"等。

总之，问卷中每一个有可能使调查对象不清楚、不明白、难理解的地方，都有可能成为调查对象填答问卷的障碍，都需要给予解释和说明，因此编写的指导语要做到简明易懂。

在一些访谈问卷或涉及比较复杂概念的问卷中，也可以另外编写指导语，不与问卷主体装订在一起，不呈现给调查对象，仅供调查员培训和实际调查中使用。

（三）问题与答案

问题与答案是问卷的主体，是问卷设计的主要内容。可以说，调查对象的各种情况正是通过问题和答案来收集的。问卷中的问题及回答在形式上，可以分为开放式、封闭式及半封闭半开放混合式三类。在内容上又可分为有关事实的、有关态度的和有关个人背景资料的三大类问题。有关问题与答案的分类、表述及排列方式等内容，在之后有详细的论述。

（四）问卷编码

问卷编码是非常重要的信息，直接对调查结果的分析产生重大影响。每份问卷只能有一个唯一编码，问卷编码一般在问卷的最开始。

编码 [___|___|___|___|___|___]　　　填答日期：[___] 月 [___] 日

××市××区街道环境整治调查问卷

如需开展面向北京市志愿者群体调查，那么其问卷编码方案可参考如下设计。

问卷编码一共六位。

第一位是单位性质代码：1 为政府机关；2 为国有和集体企业；3 为事业单位；4 为外资和合资企业；5 为私民营企业。

第二位是单位类别编码：编号从 1 至 9。

第三、四位是抽中单位代码：根据分配填写下辖实际情况分配，编号从 01、02、03 开始，最高到 50。

第五、六位是调查对象顺序代码：填答员根据每次集体填答的人数规模，分别从 01 编到 99，要求同一次集体填答的问卷编号连在一起。

编码规范：

（一）政府机关类

1. 中央机关单位：1101××——1109××

2. 北京市级机关单位：1201××——1217××

3. 北京区级机关单位：1301××——1319××

4. 街道、乡、镇机关单位：1401××——1405××

（二）国有和集体企业

1. 第二产业单位：21yy××

（1）大型企业 2101××——2102××

（2）中型企业 2103××——2104××

（3）小型企业 2105××——2108××

2. 第三产业单位：22yy××

（1）大型：2201××——2202××

（2）中型：2203××——2204××

（3）小型：2205××——2208××

（三）事业单位

1. 行政类 3101××——3118××

2. 公益类 3201××——3216××

3. 经营类 3301××——3316××

（四）外资和合资企业

1. 第二产业单位：41yy××

（1）大型：4101××——4106××

> （2）中型：4107×× —— 4112××
>
> （3）小型：4113×× —— 4118××
>
> 2. 第三产业单位：42yy××
>
> （1）大型：4201×× —— 4210××
>
> （2）中型：4211×× —— 4220××
>
> （3）小型：4221×× —— 4230××
>
> **（五）民营企业**
>
> 1. 第二产业单位：51yy××
>
> （1）大型：5101×× —— 5104××
>
> （2）中型：5105×× —— 5110××
>
> （3）小型：5110×× —— 5114××
>
> 2. 第三产业单位：52yy××
>
> （1）大型：5201×× —— 5112××
>
> （2）中型：5213×× —— 5224××
>
> （3）小型：5225×× —— 5236××

（五）其他资料

除上述内容以外，问卷还包括其他一些内容，如问卷的名称、问卷的发放及回收日期，调查员的姓名等有关资料。

二、问题的编制

调查问题的编制，是设计问卷的重要步骤。要设计一份科学有效的调查问卷，必须弄清楚类型、问题的数量、排列顺序，以及表述问题时应该注意的一些事项等。

(一) 问题的种类

根据问题的性质，可以分为以下三种类型。

第一，背景性问题，主要是调查对象个人的基本情况，如性别、年龄、民族、文化程度、婚姻状况、职业、职务或职称、收入、宗教信仰、所属党派团体等。有时还包括调查对象家庭的某些基本情况，如家庭人口、家庭类型、家庭收入等。这些问题是对问卷进行分析研究的重要依据。

第二，客观性问题，是指已经发生或正在发生的各种事实和行为。如"您近三个月的月均收入大约是多少""您去年的家庭月支出大约是多少"等，都是事实方面的问题。又如"您参加的社团组织有哪些""您业余时间主要参加哪些活动"等问题，都是行为方面的问题。

第三，主观性问题，是指人们的思想、感情、态度、愿望等主观方面的问题。如"您对当前社会公平的整体感受是什么""您对医疗体制改革有何看法""您预计今后一两年，您的收入会如何变化"等。

以上三类问题中，背景性问题是任何问卷中必不可少的，因为背景情况是对调查对象分类和对不同类型调查对象进行对比研究的重要依据。其他两类问题，则根据调查目的和内容而定。例如，人口调查主要涉及客观性问题，民意测验主要涉及主观性问题。

(二) 问题的形式

在问卷调查中，问题的形式可分为开放式、封闭式和半封闭半开放式三种类型。

第一，开放式问题，是指对问题的回答不提供任何具体的答案，而由调查对象自由回答的问题。

A1. 请问您如何看待"门当户对"的择偶观？

A2. 您希望学校在就业培训、职业发展方面为您提供哪些帮助？

开放式问题的优点在于允许调查对象充分发挥自身的主动性和创新性，自由表达自己的意见和观点，因此，所得资料往往比封闭式问题丰富生动，尤其在问卷设计者难以知晓会有哪些回答的种类时，特别适合采用这种问题方式。但它的缺点也很明显：首先，要求调查对象有一定的阅读能力与文字表达能力，这样就对调查范围与调查对象有所限制；其次，开放式问题要花费调查对象较多的时间与精力来思考和填写问卷，这就有可能降低问卷的回收率和有效率；再次，开放式问题可能会收集到大量不准确的，甚至答非所问的、无价值的信息资料，这就为调查者的辨别检验工作带来很多麻烦；最后，也是最重要的，开放式问题所得资料很难进行定量处理与分析，因为对于同一问题的回答可能千差万别，要对它们进行分类和编码比较困难，容易受主观影响；另外，统计分析也比较烦琐。

第二，封闭式问题，是指在提出问题后，给出若干个可能的答案，供调查对象从中选择最适合本人情况答案的问题。

A1. 您的婚姻状况是_____？

1. 未婚，没有男/女朋友　2. 未婚，有男/女朋友

3. 已婚　　4. 离异未再婚　　5. 丧偶

A2. 您的出生地为_____？（根据"从小"原则，选择最小的一个）

1. 乡镇　2. 县城及县级市区　3. 地级市区　4. 省会城区　5. 直辖市区

A3. 您现在的户籍状况是_____？

1. 本地城市户口　　2. 本地农村户口

3. 外地城市户口　　4. 外地农村户口

A4. 过去一年，您读了大概多少本书？

1. 没有读过　2.10 本及 10 本以下　3.11—20 本

4.21—50 本　5.51 本以上

封闭式问题的优、缺点同开放式问题正好相反。由于封闭式问题已为调查对象提供了可选择的答案，所以，它实际上也就限制了调查对象的回答范围和回答方式。因此，封闭式问题所得的资料往往失去了开放式问题所得资料表现出来的自发性和表现力，这是封闭式问题的主要缺点。另一缺点是回答中的偏误难以发现。由于在封闭式问题中，调查对象所做的事情只是在某个答案上打记号，比如画圈或打钩等，所以那些由于笔误画错或由于心理压力而故意选错的，甚至由于不明题意而胡乱打的记号往往难以发觉，从而影响调查结果的准确性和真实性。封闭式问题的主要优点是调查对象填写问卷十分方便，对文字表达能力也无特殊要求。所以，调查对象完成问卷十分容易，所需的时间和精力也要少得多。另外，封闭式问题所得的资料十分集中，便于进行统计处理和定量分析。

第三，半封闭半开放型问题，其特点是把前两种问题混合在一起，问题的前半部分是封闭式的选项，后半部分又设计了一个开放式的"其他"选项。这样就可以在某种程度上克服前两类问题的缺点，有利于获得更多的信息。因此，这种问题目前使用较多。

A1. 您目前在北京居住的房屋类型属于哪类？

1. 员工宿舍　　2. 平房独租　　3. 平房合租　　4. 楼房独租

5. 楼房合租　　6. 租住地下室　7. 借住他人房屋

8. 自购商品房　9. 自购经济适用房　10. 其他（请注明）_____

A2. 您在最近三个月内采取过以下哪种方式寻找工作？【可多选】

1. 在职业介绍机构登记求职　　2. 委托亲友找工作

3. 利用网络及其他媒体求职　　4. 参加招聘会为自己经营做准备

5. 未找过工作　　　　　　　　6. 其他（请注明）_____

> **A3. 您所在公司是否提供以下员工福利?【可多选】**
>
> 1. 员工宿舍　　2. 餐补　　3. 交通补助　　4. 养老保险
> 5. 医疗保险　　6. 失业保险　　7. 工伤保险　　8. 生育保险
> 9. 住房公积金　10. 意外险　　11. 重大疾病险　12. 节假日补助
> 13. 高温补助　 14. 带薪休假　15. 高温送清凉 / 冬日送温暖
> 16. 生日福利　 17. 住房补贴　18. 其他 (请注明) _____
> 19. 以上都没有

总之,在实际的问卷设计中,问题方式的采用,应根据不同的研究目的、研究内容和调查对象而定。一般来讲,开放式问题多用于对某一问题的探索性研究,对调查对象的受教育程度要求较高,且多在无结构问卷中使用;而封闭式问题多用于描述性和解释性研究,对调查对象的受教育程度要求较低,在自填问卷中使用广泛。但也有些问卷同时包括了开放式问题和封闭式问题,多采用半封闭半开放的混合式结构。

(三)问题的数量和排列

问卷的数量和排列顺序是决定问卷结构的重要因素。一份调查问卷,到底应包含多少问题、问卷的长短如何确定,并没有统一的标准。一般来说,问卷的长短与问题的多少,要根据研究的目的,研究的内容,样本的性质,分析的方法,拥有的人力、财力、时间等多种因素而定。根据大多数研究人员的实践经验,一份问卷中包含的问题数目,应尽量限制在 30 分钟以内顺利完成为宜。问卷太长,容易引起调查对象的厌烦情绪,从而影响填答质量和回收率。

同样,问卷设计中问题的排列顺序是否恰当,不仅会影响问卷的填答质量,还影响问卷的回收率。为了便于调查对象回答,同时也为了便于调查者对调查资料进行整理和分析,问题一般可采取以下四种排列方式。

第一，按问题的性质和类别排列。把同类性质的问题排列在一起，而不是把它们混杂在一起，这样有利于调查对象的思考。如，把背景方面的问题放在问卷的前面或后面，把经济方面的问题、生活方面的问题、家庭方面的问题等都相对集中地放在一起。这样，就便于调查对象按照问题的性质先回答完一类问题，再回答另一类问题，而不至于使他们回答问题时，思路经常被中断或来回跳跃。

第二，按问题的复杂程度和困难程度排列。一般来说，应该先易后难，由浅入深；先提出客观事实方面的问题，然后再问主观态度观念方面的问题；先是封闭式问题，后是开放式问题；先是一般性质的问题，后是特殊性质的问题。如果是敏感性强、威胁性大的问题，应安排在问卷的后面。这样，有利于增强调查对象回答问题的信心，有利于把回答逐步引向深入，而不至于在开始就把他们难住了，从而打击其积极性。

第三，按问题的时间顺序排列。一般来说，应该根据调查事物的过去、现在、将来的历史顺序来排列问题。当然，也可以反过来，先问当前的有关问题，然后再由近及远追溯过去的情况。但是，无论是由远及近还是由近及远，问题的排列在时间顺序上都应该有连续性、渐进性。

第四，互相检验的问题必须分隔开，不能连在一起，否则就起不到互相检验和互相印证的作用。如，在问卷中先问"您今年多少岁？"，再问"您哪年结婚的，当时多少岁？"。又如，先问收入，再问支出等。这类问题，一般安排在问卷的不同位置，通过互相检验来判断回答的真实性和准确性。当然，随着中国社会的快速变化发展，有时出现按照传统观念不能理解的现象，这并不能证明填答者出现错误填答。比如前面填写了收入，后面填写的支出远远高于收入，这可能是由于透支信用卡、"啃老"或常年借款造成的。再比如前面婚恋状况填写了未婚，后面子女情况却填写有孩子等。面对这些和通常认识有出入的问题，如果是代填问卷，需要向调查对象进行确认，确认无误后，可以如实填写。

总之，问题的排列要有逻辑性。但是，在特殊情况下，也不排除对某些问题做非逻辑性的安排。例如，许多人在回答同样性质的问题时，容易有思维定式，都回答同意或不同意。为避免这种情况，就可以把这些问题分散开，把它们与其他性质的问题混在一起来问。

（四）问题的表述

问卷调查一般是自填式的书面调查，调查对象只能根据书面问卷来理解和回答问题。所以，问题的表述就应当具体、通俗、准确、简明和客观，避免使用抽象、笼统、晦涩难懂、模棱两可、含混不清、冗长的语言，避免使用有诱导性或倾向性的语言，避免使用否定句或歧义句表达问题等。

A1. 您认为您所在的社会阶层近五年来的权利意识是否有所提升？

1. 有很大提升　2. 有提升　3. 没有提升　4. 不清楚

这道题中出现了两个专业术语：社会阶层和权利意识。前者属于社会学中的专有名词，后者属于比较抽象的概念，对于没有相关知识的调查对象而言，理解它们的含义是比较困难的，填答时就可能无从下手。

A1. 醉酒驾驶给社会和当事人造成了很大危险，您同意将这种行为列入刑事犯罪吗？

1. 很同意　2. 比较同意　3. 不太同意　4. 完全不同意　5. 不好说

这道题前面的陈述指出了醉酒驾驶的危害性，在和后面问题进行关联时，会诱导调查对象选择包含"同意"的答案。

> **A1. 您对当前的生活和工作满意吗？**
> 1. 非常满意　2. 比较满意　3. 不太满意　4. 很不满意　5. 不好说
>
> 这道题实际上是既问了"对生活是否满意"，又问了"对工作是否满意"，两个问题，调查对象对工作和生活的感受和评价未必是相同的，因此选择时就会陷入矛盾。

此外，由于用否定形式提问容易产生误解，因此问卷设计中要尽量避免用否定形式的提问。比如，当提出"您并不认为在行人和机动车发生交通事故时应增加机动车一方的责任吧？"这样的问题，调查对象在阅读时往往容易漏掉"不"字，并在这种理解的基础上来选择回答，结果是许多人会做出和自己意愿相反的答案，而且这种提问方式也不符合人们的问答习惯，理解起来有一定的困难。

（五）敏感性问题的提问

有一些问题属于敏感性强、威胁性大的问题，同时又是必须设计的问题，在表达方式上就应该更加艺术，做些减轻敏感程度或威胁程度的特殊处理，以便调查对象易于面对这些问题，并敢于坦率地做出真实回答。主要有以下四种处理方法。

第一，释疑法，即在问题前面写一段消除疑虑的文字。

> **A1. 宪法规定"中华人民共和国公民对于任何国家机关和国家工作人员，有提出批评和建议的权力"，您对您所在地方政府机关主要负责人的工作态度看法是？**
> 1. 工作非常负责　2. 工作比较负责　3. 工作不太负责
> 4. 工作非常不负责　5. 不清楚

> A2. 对同一问题有不同看法是一种正常现象。您是否赞同"夫妻有婚外情是可以理解的"这一观点?
>
> 1. 非常认可 2. 比较认可 3. 不太认可 4. 非常不认可 5. 不好说

第二，假定法，即用一个假定判断作为问题的前提，然后再询问调查对象的看法。

> A1. 如果对生育不加任何限制，您希望生几个孩子?
>
> 1. 1个 2. 2个 3. 3个 4. 4个及以上 5. 不生育 6. 没想好
>
> A2. 假如允许在职工作人员自由流动，您是否还愿意留在原单位工作?
>
> 1. 愿意 2. 不愿意 3. 没想好

第三，转移法，即把问题转移到别人身上，然后再请调查对象对别人的回答做出评价。比如要询问调查对象家庭关系问题的时候，直接问可能过于敏感，难以回答，可以把这种问题转化为调查对象对社会上其他家庭中的关系问题进行询问，这样，既能取得他们对家庭关系的真实看法，又避免了直接询问对调查对象造成的尴尬情绪。

> A1. 有人说：在我国基层政府机构和政治运作中，超越规章制度的"潜规则"比较普遍。您对这种说法认可吗?
>
> 1. 非常认可 2. 比较认可 3. 不太认可 4. 非常不认可 5. 说不清

> **A2. "即使可以选择,我也更愿意做中华人民共和国公民。"您认同这种观点吗?**
>
> 1. 很同意 2. 比较同意 3. 不太同意 4. 完全不同意 5. 说不清

第四,变换法,即对某些敏感问题设计出一些委婉的说法,以便调查对象做出真实的回答。

> **A1. 在《中华人民共和国宪法》规定的部分公民权利中,您认为下列哪项最需要加强?**
>
> 1. 选举权和被选举权
>
> 2. 言论、出版、集会、结社、游行、示威的自由
>
> 3. 宗教信仰自由
>
> 4. 人身自由不受侵犯、人格尊严不受侵犯、住宅不受侵犯的权利
>
> 5. 通信自由和通信秘密受法律保护的权利
>
> 6. 有对任何国家机关和国家工作人员提出批评和建议,并对他们的违法失职行为有向国家机关提出申诉、控告或者检举的权利
>
> 7. 在年老、疾病或者丧失劳动能力情况下有从国家和社会获得物质帮助的权利
>
> 在这道题中,我们不说哪项权利调查对象感觉缺失或不足,这样会引起调查对象的警惕,我们用"哪项需要加强"这样的说法,得到的回答更接近调查对象的真实想法。

总之，问题的表达是问卷设计中一个非常重要而难度很大的问题。问卷设计的质量及问卷调查的效果，在很大程度上取决于问题的表述。因此，在设计问卷时，对问题的表述应该狠下功夫，认真琢磨，反复推敲。

三、答案的设计

（一）答案的形式与种类

根据问题的形式，答案的形式主要有以下五种常见形式。

第一，两项式（又称是否式），即只有肯定和否定两种回答方式，调查对象根据自己的情况选择其一。这种形式在民意测验的问卷中用得最多。特点是回答简单明确，划分界限分明，调查对象可以被严格地"一分为二"，即分成两类不同的群体。这种形式的弱点是得到的信息量太少，类别太粗，不能了解和分析调查对象中客观存在的不同层次。

> A1. 您的性别？　　1. 男（　）　　2. 女（　）
> A2. 您是否爱好体育运动？　　1. 是（　）　　2. 否（　）

第二，多项式，即可供选择的答案在两个以上，调查对象或只选填其中一个答案，或可以选填其中几个答案。

> A1. 您的最高学历是？（单选）
> 1. 小学　2. 初中　3. 高中（含职高中专技校）　4. 大专（含高职）
> 5. 本科（含成人高考和双学位）　6. 研究生（含博士）

> **A2. 您认为当前社会存在哪些不公平现象？（最多选三项）**
>
> 1. 因职业导致的不公平　　2. 因行业导致的不公平
>
> 3. 因权力导致的不公平　　4. 因家庭出身导致的不公平
>
> 5. 因阶级阶层导致的不公平　6. 因所有制导致的不公平
>
> 7. 因户籍导致的不公平　　8. 其他（请注明 ＿＿＿＿＿＿）

第三，顺序填写式或等级式，即列出多种答案，要求调查对象填写答案时列出先后顺序或不同等级。

> **A1. 您目前购置房产时最关心如下哪些要素？请勾选三项，并按重要性从大到小排序 [＿＿]>[＿＿]>[＿＿]**
>
> 1. 交通便利　2. 屋内结构、户型　3. 价格　4. 周边治安
>
> 5. 社区整体质量（绿化、居民素质等）
>
> 6. 周边商业配套（超市、购物中心等）
>
> 7. 周边基础设施建设（医院、学校、银行等）
>
> 8. 其他（请注明）＿＿＿＿

第四，矩阵式或表格式，就是将同一类型的若干问题集中在一起，共用一组答案，从而构成一个系列的表达方式。

A1. 当遇到下列信息时，您最相信谁提供的信息？（每列限选一项）

信息类型 \ 信息来源	父母亲戚	同事朋友	领导长辈	专家学者	政府部门	媒体从业者	公众人物	网友	境外信息	其他（请填写）
经济状况	1	2	3	4	5	6	7	8	9	
股市波动	1	2	3	4	5	6	7	8	9	
反腐动态	1	2	3	4	5	6	7	8	9	
房价走势	1	2	3	4	5	6	7	8	9	
群体性事件	1	2	3	4	5	6	7	8	9	
军事外交	1	2	3	4	5	6	7	8	9	
环境问题	1	2	3	4	5	6	7	8	9	
事故灾难	1	2	3	4	5	6	7	8	9	
维权事件	1	2	3	4	5	6	7	8	9	
干部任免	1	2	3	4	5	6	7	8	9	

这种形式的优点是节省空间，问卷显得紧凑。同时，由于同类问题集中在一起，回答方式也相同，节省了调查对象阅读和填答的时间，但也容易使人产生呆板、单调的感觉。另外，这种形式虽可节省版面空间，但并不减少问题的数目和内容。比如上题 A1，表面上只是 1 个问题，而实际上是 10 个问题。只不过，它们是以同一种提问方式和同样的回答类型被提出的。

第五，后续性回答，也称相倚性或过滤性问题。在问卷设计中，经常会遇到有些问题只适用于样本中的一部分而不是全部。为了防止出现一个问题仅有一小部分样本回答，而大部分人都回答"不知道"或"不适于本人"的情况，设计了后续性问题回答方式。这样的问题又被称为过滤性问题、相倚性问题或列联问题，它指的是前后两个问题或多个相连的问题中，调查对象是否应回答一个或几个问题，要由他对前一个问题的填答来决定。

A1. 您未来是否会离开北京？

1. 是　　　2. 否【跳至 B 部分】　　　3. 不好说【跳至 B 部分】

A2. 如果您未来会离开北京，那您预计多久后会离开？

1. 3 个月内　　2. 3—6 个月　　3. 6 个月—1 年

4. 1—2 年　　　5. 2—3 年　　　6. 3—5 年

7. 5—10 年　　 8. 10 年及以上　 9. 不确定

A3. 您可能会在什么样情况下离开？【最多选三项】

1. 经济状况长期得不到改善　　2. 看不到职业发展前景

3. 找不到结婚对象　　　　　　4. 给父母养老压力大

5. 无法置办房产　　　　　　　6. 工作压力过大

7. 北京生活成本过高　　　　　8. 子女回老家上学

9. 长期两地分居　　　　　　 10. 其他（请注明）_____

（二）设计答案时应注意的问题

问卷答案的设计须遵循如下五项基本要求。

第一，答案的设计应符合实际情况。如欲了解某一线城市某群体的收入状况，如果将答案设计成：（1）1000 元以下；（2）1000—2000 元；（3）2000—3000 元；（4）3000 元以上，那么，回答就可能大部分集中在第四项。这种调查结果就没有分析的价值了。因此，在为需要分段的变量设立答案时，必须充分了解实际情况，并且与研究假设和研究内容相结合。如果不太清楚实际情况，或不能确定如何分段更合理时，就可以采取直接让调查对象填写的方式，如"你每月的平均收入是____元？（直接填写数字）"

第二，答案要具有穷尽性和互斥性。所谓"穷尽性"是指答案包括了所有可能的情况，不能有遗漏。例如下面这一问题的答案就不是穷尽的："您喜欢看哪一类电影（请选一项打√）？ 1.故事片__；2.爱情片__；3.武打片__；4.儿童片__。"这里所列出的四种答案并不是电影的全部种类。如果有的调查对象对上述四种类型的电影都没兴趣，而唯独爱看科教片或者纪录片，那么就无法在这四种答案中填答了。解决这类问题的办法是，在该问题所有答案的最后列出一项"其他（请注明）__"。这样，调查对象就可以将问卷中未尽的项目填上。

所谓"互斥性"，是指答案相互之间不能相互重叠或相互包含，即对于每个调查对象来说，最多只能有一个答案适合他的情况。假如一个调查对象对某一个问题的回答，可同时选择两个或更多的答案，那么这一问题的答案就不具有互斥性。

A1. 您的职业是什么？
1. 工人 2. 农民 3. 干部 4. 商业人员 5. 医生 6. 售货员
7. 教师 8. 农民工 9. 个体户 10. 其他（请注明）____

这是一个典型的"互斥性"问题。在答案中"农民"与"农民工""商业人员"与"售货员"都不具有互斥性，而是相互包含的关系，调查对象填答起来就会发生困难。

第三，答案要避免太过抽象。在问卷设计时，调查者往往基于自己的专业背景提出问题，导致在设计问卷时，仍然把一些比较专业或抽象的词

语保留在了问卷中,增加了调查对象填答的难度。

> **A1.** 您的家庭是_____?
> 1. 单身家庭 2. 核心家庭 3. 主干家庭
> 4. 联合家庭 5. 其他(请注明)____
>
> **A2.** 您认为目前经济发展中我国面临的首要问题是什么?
> 1. 贸易问题 2. 消费问题 3. 投资问题
> 4. 就业问题 5. 其他(请注明)____

A1 举出的几种家庭形式,属于社会学、人口学中的专业术语,对一般人而言,显得过于抽象,很难明确分清,那么在填答时就会无从下手。如果直接问"您家中几代人生活在一起",调查对象就会轻松填出答案。因此,这个问题反映出问卷设计中没有把抽象概念转化为可以具体测量的变量。A2 中的答案也属于此类情况。本来经济发展就是一个很不好界定的抽象概念,加上后面的答案项,没有经济学常识的调查对象很难把握这些概念的具体含义,填答起来就较为困难。我课题组在做快递从业人员调查时,问他们每天上班的通勤时间是多少,很多调查对象不明白"通勤时间"的含义。其实将问题转化为"每天上班单程花费的时间是多少"就可以了。因此,在对概念进行操作化时,要尽可能地把抽象的概念转化为普通人可以理解的、易于测量的变量。

第四,答案只能按一个标准分类。例如,将问题"父母对子女的要求"的答案设计成"要求严格、要求一致、要求不一致、没有什么要求"四类。这样的分类就涉及"要求严格不严格""要求一致不一致""有没有要求"这三个分类标准,因此,调查对象回答起来就相当困难。

第五,程度式答案应按一定顺序排列,前后须对称。许多涉及调查对

如何有效开展调查研究

象态度的答案是具有程度上的意义的，这类程度式答案应按一定顺序排列，并且前后应对称。如"很愿意，比较愿意，不太愿意，很不愿意，说不清""很满意，比较满意，不太满意，很不满意，无所谓"等。如果将答案设计成"很愿意，比较愿意，很不愿意，不很愿意，不好说"或者"很满意，很不满意，不太满意，比较满意，无所谓"等，就会由于答案不周全或者答案次序凌乱而造成填答困难，甚至产生填答偏差。

第四节　问卷设计中应考虑的因素

一份调查问卷看起来是由一组问题和答案构成的调查表，但作为在社会调查中用来搜集资料的工具，问卷的设计需要考虑的因素非常多，必须与社会调查所涉及的各个环节、各种因素和整个过程相结合、相一致。所以，在设计问卷的过程中，我们的头脑里一定要有一种整体观，从不同的角度进行考虑。概括起来，主要体现在以下七个方面。

一、调查目的

调查目的是问卷设计的灵魂，它决定着问卷的内容和形式。如果调查者的研究目的是从总体上了解和描述研究对象某些方面的现状与特征，这需要调查者在设计问卷时，尽可能全面详细地编制有关研究对象方面的问题。如果调查者进行调查的目的不是一般地描述现象或特征，而是要对某些社会现象做出解释，即探讨社会现象之间的相关性或因果关系，那么，这就要求调查者所搜集的资料必须是验证某种理论或假设的经验事实。在设计问卷时，考虑的方面和问题就要更加严格，问题的提出、表达以及问题的排列都将受到理论假设和研究变量的约束。因此，整个问卷的编制工作，都要紧紧地围绕理论假设和研究变量来进行。

二、调查内容

调查内容与问卷设计工作的关系更加密切，它直接影响问卷设计的形式、原则、难易程度等各个方面。比如，调查内容是否是调查对象熟悉的、是否是调查对象感兴趣的、是否包含敏感性的问题等。所有这些方面都将对问卷调查的效果产生影响。这就要求调查者充分认识上述这些问题，在具体设计时要考虑全面和仔细。对有利的因素，要尽可能利用，对不利的因素则要采取各种办法加以弥补。一般说来，调查对象面对比较熟悉的调查内容，回答起来没有什么心理压力，容易产生兴趣。因此，问卷就可以设计得相对详细一些、深入一些，问题也可以提得直接一些，数量可以稍多一些，问卷的封面信和指导语也可以相对简单一点。但如果调查的内容是调查对象不太熟悉的，难以引起他们的兴趣，或者内容涉及比较敏感的问题时，调查者就要多动脑筋、多想办法，问卷的封面信和指导语就要十分详细，措辞也要更加小心。问卷中的问题应相对浅显一些、间接一些，问题的数量也要少一些。

总之，由于调查内容的不同，调查对象对调查的重视程度、敏感程度、熟悉程度等都存在差异，有的调查相对容易展开，而另一些则相对困难。所以，问卷设计者要对这些情况有明确、清晰的认识，并根据不同情况采取不同的设计方式。

三、调查样本的性质

调查样本的性质，即所抽取调查对象的性质，对问卷设计的影响也是十分明显的。这里所说的"调查样本的性质"指的是调查样本的构成情况，即调查对象是一些什么样的人，比如职业、文化程度、年龄、信仰等。不同的人有不同的社会背景和生活方式,他们对同一事件的反应也不同。因此,在设计问卷前,必须对调查样本有一个清楚的认识,只有这样才能设计出合适的问卷。

如果样本只涉及某个特定群体,比如农民工,那么,整个问卷的设计工作都要以农民工群体所具有的特征为依据,即按农民工群体的文化程度、生活方式、心理状态等特点去设计。然而,当样本包含多种成分的人时,问卷的设计工作就更为复杂,因为这时调查对象在各方面的特征都是难以统一的,而设计的问卷又都必须以同样的"面孔"去面对不同的对象。这就要求调查者充分考虑各种身份、各种群体的人各种可能的心理反应,谨慎地安排好每一个问题,写好每一句话。

四、处理和分析资料的方法

不同的资料处理和分析的方法,对问卷设计者有着不同的要求。如果问卷由调查者采取纸质的方式进行发放和整理,那么,除了调查样本要小外,通常问卷的内容也非常简单,因为假如问卷的内容太多,手工统计和处理是无法完成的。如果用电脑发放、统计、分析、处理问卷,样本就可以很大,问卷的内容也可以多一些。另外,如果调查者对资料主要采用定性分析的方法,问题的形式就必须以开放式问题为主;而当主要采用定量分析时,问题的形式就必须以封闭式问题为主了。

五、问卷的使用方式

问卷的使用方式包括问卷的填写方式和回收方式。由调查对象亲自填写的问卷,即自填问卷;由访问者根据调查对象的回答填写的问卷,即访问问卷。它们之间存在着较大的不同。自填问卷要求设计尽可能简单、明了、便于填写;而访问问卷则可以相对复杂一点,但要明确区分调查员的指导语和对调查对象的提问。从发送及回收的方式上看,用于集中分发、当场填答并收回的问卷，封面信的设计就可以十分简单，因为调查者可以在分发问卷前作统一的解释和说明，以代替封面信的解释和说明。但用于网络（邮件、微信等）发放的调查问卷，则要对封面信倍加注意，因为调查对象在接到一份由陌生的调查单位或个人发来的问卷时所产生的一切疑问，都必须由封面信解释清楚。此外，由于这种方式中调查者与调查对象完全不见面，所以一切事情都得通过书面语言来解释，这也给问卷调查的整个设计工作提出了特殊要求。比如问卷最后的礼物赠送，往往是填答完问卷后，平台推送给调查对象微信红包或一定金额的奖励。

集体填答（简称填答）的调查方式在实施过程中有一定的要求，主要有以下四方面。

（一）基本要求

1.填答规模。填答过程中现场调查员不得少于四名。如果可调配的调查员数量足够，也可以进行一对一的填答，即一个调查员负责一个调查对象的调查。

2.填答环境。调查正式开始之前，要请与集体填答实施无关的其他人员避开调查现场。如无法做到，则要向调查实施无关人员声明，请勿在访问时插话或影响调查对象；避免噪音或其他事物分散调查对象的注意力。

3.填答时间。根据问卷试测情况，每份问卷平均完成时间在30分钟左右，因此集体填答时间控制在30分钟为最佳；调查员需保证调查对象在填答结束之前不要擅离现场，在集体填答期间，调查员不得离开填答现场。

4.填答记录单。调查员在集体填答中要填写填答记录单，并保证记录单的质量，随调查问卷一起按时上交上级负责人。

（二）填答前期准备

1.确定地点时间。有两种方式进行集体填答，一种是将调查对象召集到某一地点进行填答，另一种是调查员携带问卷、礼品等到调查对象工作单位进行填答。填答时间与调查对象及其单位协商后确定。

2. 召集调查对象。确定时间地点后，召集调查对象到填答地点，并尽量保障填答环境符合要求。

3. 资料准备。调查问卷、记录单、礼品、圆珠笔或钢笔等要准备充分，相机、录音笔等尽量配备，以便留存影音资料。

（三）正式填答

1. 确定调查对象。为保证调查结果不出偏差，调查员要严格按照事先选定的样本进行，并确认调查对象是符合本项目要求的合格调查对象。

2. 发放问卷。将未编号的问卷逐一发放给调查对象，并要求调查对象在调查员指导后开始填答。

3. 宣读指导语。根据问卷首页卷首语，解释本次调查的目的，告知调查对象填答要求和填答中需要注意的事项。在宣读或指导时，调查员语气要平和中正，不得采用表示希望、肯/否定、试探、启发、赞叹、不耐烦等情绪化的语调。调查员在宣读时不得插入自己的语言（解释题目意义时除外），并要求调查对象在有疑问时举手示意。

4. 现场解答。当调查对象举手时，调查员要对其所提出的问题进行解答，声音要低，不要影响到其他人的填答。要特别注意以下事项：不流露出对调查对象的回答赞成或不赞成的态度；不要妄自揣度调查对象的"真实"想法，而改变调查对象填写的答案；只按照"问卷说明"和培训口径来解释问卷中的问题；对于上下有关联、有逻辑关系的题目，调查员要提醒调查对象；填答结束之前，不和调查对象探讨问卷中的问题；调查对象发表和题目有关的详细看法时，调查员视时间酌情在填答记录单上做笔录。

5. 记录。填答过程中，在记录单上记录本次集体填答基本信息，填答状况，并在集体填答现场拍照、收集保存资料。

6. 审卷核查。问卷全部回答完后，调查员要当场逐一对问卷填答情况加以核查，核查完毕问卷无错误后，方可允许调查对象离开。核查内容包括：

（1）是否有遗漏、拒答或不清楚的答案。

（2）是否有逻辑关系的错误。

（3）是否有废卷，有则在该问卷上写上"废"字。废卷的判断标准，主要有三条：一是未答题数量达到一定数量（题目总数×5%），二是连续8个题目均选择为同一选项，如从B1至B6都选择"1"，三是出生年月、性别、家乡、户籍、教育程度等客观指标中的任何一项没有填答。

（4）如果发现上述问题，找到相应调查者进行再次确认，并在真实可能的情况下对问题进行修改和调整。

7. 收卷送礼物。调查员审核调查对象的问卷并确认无错误后，向调查对象发放填答礼物并进行感谢。

（四）上交材料

1. 集体填答问卷。调查员将完成的问卷，集体交给调查负责人，并汇报有效回收情况。调查负责人要详细核查问卷，确定问卷质量、数量无误后，在问卷基本信息的"核查人"栏目签名，签收问卷。

2. 对将要进行集体填答的问卷进行编号，以及填答该部分问卷中部分基本信息。

3. 填答记录单。每场的填答记录单要完整真实、有效。

六、问卷的信度和效度

信度和效度是评价测量工具的两个主要方面。如果对测量工具的信度和效度一无所知，则无法判断其获得的资料的可信性与有效程度。"工欲善其事，必先利其器"，在调查中要认真检查所使用的测量工具，评估其信度和效度，这样才能期望获得可靠且正确的资料。

（一）信度的概念及评定

信度主要是针对测量结果的稳定性而言的。测量工具可信，我们可以对使用它而得出的结果有着相对稳定的预期。就像用一把尺子测量一张纸的长度,如果尺子是有信度的,则我们可以预期,无论何时何地用它去测量这张纸,结果都应该是一致的。在结构化、标准化程度较高的测量中,信度主要受系统误差的影响,系统误差越大,信度越低。系统误差的来源主要有:调查对象、调查者、调查内容、调查环境和时间等。如,调查对象是否耐心、认真,是否受情绪波动影响;调查者是否按规定程序和标准调查,是否有意或无意地对调查对象施加影响,是否认真记录;调查内容的语言是否清晰、通俗、准确、易理解,各个题目的内部一致性如何;调查环境是否有利于调查对象作答,是否有来自外界的干扰,两次调查的时间间隔是否太长等。在非结构式和非标准化的调查中,除这些因素外,信度还受调查者主观因素的影响,如个人偏见、思维定式、观察角度,以及世界观、价值观等。

(二)效度的概念及评定

效度是指正确性程度,即测量工具的确能测出所要测量的特质的程度。效度越高,测量结果越能显示所要测量的对象的真正特征。效度是任何科学的测量工具所必须具备的条件。比如,要测量一片碎纸屑的长度,如果用上面那把尺子来测量,虽然测量工具是可信的,但不是测量碎纸屑的有效测量工具,因为尺子的刻度值太大,无法明确反映碎纸屑的长度。这样的测量工具对测量对象而言就是不恰当的,而可信的游标卡尺可能是较好的选择。对效度的检验,可以保证不同研究人员对某一研究变量的意义和内涵有一致的理解。尽管每种测量工具都有其适用范围和局限性,不存在对所有现象都有效的测量工具,但是一种有效的测量工具可以使不同的研究人员测量同一现象或同一概念,并保证他们所测量的内容是一致的和可比的。因此,在设计问卷时,首先要考虑其效度。也就是说,要考虑"测量出来的东西是否真的是调查者想要得到的东西","测得的结果是否能正确、有效地说明所要研究的现象"。而测量的效度在很大程度上取决于试题的效度,因此,在设计问卷时要审慎地考虑调查的项目和内容,并对概念的定义和试题的内容效度进行检查。

对于问卷而言,一般是评估每个问题或每组问题的可信度和有效度,而不是把问卷作为整体来评估的。因为一份问卷一般由多个内容框架组成,而每个内容框架均包含大量的测量问题,如了解"生活情况"的问卷可能涉及婚姻、职业、生活质量等方面。为保证问卷调查设计的科学性,也可从多方面来增强问卷的信度和效度。最通常的做法包括:借助座谈和访谈法验证;对问题本身进行信度和效度考察;加大样本数量;编写测谎题等。

七、调查员的职责

调查员,是问卷填答的实际操作者,负责填答的现场组织、问卷发放、情况介绍、现场解答等事宜。在填答期间,调查员的态度、责任心、执行力是非常重要的,这就要求调查员要做到以下六点。

1. 每一位调查员都应当努力去争取调查的成功,全程参与集体填答,并在填答过程中坚守工作岗位。

2. 调查员需认真参与事前培训,学习了解问卷内容和调研技巧等内容。如果有事不能按时参加培训和实地填答,必须事先向调查负责人说明情况或请假。

3. 为了做好调查,时间和日程安排是非常严格的,所以调查员必须按照调查负责人的进度安排准时执行调查任务。

4. 调查员必须严格执行每项调查的技术规范,不得擅自更改,为达到这一目标,调查负责人将随机抽选部分样本,进行复查。

5. 调查员必须对调查对象在调查中提供的资料严格保密,不应与任何人讨论,包括其他调查员。

6. 调查员必须保证所收集数据资料的精确和完整,不修改调查对象的答案,严禁代报代写行为的发生。

调查负责人,是指集体填答实施的组织者,负责与上级机构的联络,组织培训调查员，分配填答样本等工作。具体包括以下六项工作。

1. 分配填答样本，组织培训调查员。

2. 尽可能多地实际参与现场填答，为调查员提供建议和指导，保证填答的程序更合理、更规范，对问卷中问题的解释更准确。

3. 如有必要，针对填答中失败的案例，如调查对象拒绝、没有完成问卷，对调查员集中进行再培训。

4. 对调查员交回的每一份问卷进行初步检查，筛检废卷，确保已按要求全部完成，没有遗漏。

5. 与调查员共同讨论工作分配和时间安排。

6. 帮助调查员解决遇到的各种问题，如解释问卷中概念，应对难以合作的调查对象等。

第五章　深度访谈

深度访谈，又称访谈法，是调查研究中一种常用的收集资料的方法，一般是访谈员向被访者做面对面的直接调查，通过口头交流的方式了解情况，获取信息。定性研究主要依靠访谈法来完成。

深度访谈是由访谈员根据调查研究所确定的要求和目的，按照访谈提纲，通过个别访问的方式，系统而有计划地收集资料的一种方法。深度访谈如果能够置于一定的场景中（某个社区、人群等），与本书前面所提到的其他方法一起使用，效果会更好。我们在这里谈到的深度访谈，特别指代的是无结构式访谈，即没有统一问卷，只有一个访谈大纲，由访谈员和被访者在大纲范围内自由交谈，具体问题可在访谈过程中边谈边形成边提出。该方法的主要优点有三点。

首先，目的性强。访谈区别于日常聊天之处在于它的目的性，它是"有目的的对话"，是作为"言语事件"的谈话，是访谈员根据自己的研究设计发起的对话。

其次，深入性强。由于访谈时访谈员和被访者单独接触，促膝交谈，因此不仅可以了解到"是什么"，而且可以进一步了解到"为什么"。通过反复交流，访谈可以不断深入，从而发现社会现象之间的因果联系和内在本质，达到深刻认识研究问题的目的。

再次，灵活性强。由于访谈法是一种直接接触和面对面的交谈，所以

如何有效开展调查研究

可以根据不同的访问对象、调查环境、调查内容和访谈过程中的不同情况，随时调整调查方式，控制调查进程，因地制宜，有针对性地开展调查工作，从而更好地达到调查目的。

但是，这种方法也有明显的局限性，主要表现在以下四点。

第一，与其他调查方法相比，深度访谈要付出更多的时间、人力和物力。因为访谈要一对一进行，所以一个访谈员一天只能深访一个或两个被访者，而且调查中数访不遇和被拒访是常有的事，这就使调查的费用和时间大大增加。另外，如果要扩大访谈规模，增加样本的代表性，常常需要训练一批访谈员，然后奔赴各处访问，这又会增加费用的支出。

第二，易受访谈员的主观影响。由于访谈是双方的直接接触，所以访谈员的性别、年龄、容貌、衣着以及态度、语气、口音等都可能引起被访者的心理反应，从而影响回答内容的客观性，尤其是第一次两个陌生人的交谈，被访者容易产生种种猜测，持有不信任感，导致偏差出现。

第三，回答问题的标准性较差。深度访谈灵活性的负面就是其随意性，被访者对问题的回答往往受到时间、地点和情景的影响，没有统一的模式和标准，这就为结果的记录和整理增加了难度，可能导致访谈员回答的内容与观点前后不一致甚至矛盾的情况发生，影响结论的判断。

第四，整理记录较难。访谈员在访谈过程中要投入的时间精力较多，谈话的内容丰富、结构较差，加之访谈的流程又长，要将访谈内容完整记录下来相当困难。尤其是在被访者拒绝录音或在没有现场录音的情况下，用纸笔记录较难进行，追记和补记又往往会遗漏很多信息。

虽然深度访谈有这样或那样的缺憾，但是我们仍然要重视这种质性研究方法的重要性。调查研究很多时候都是通过实证数据剖析与解读社会现象，除了运用实证数据外，调研还要主动走入田野、走到现场、走近一线，与调查对象进行面对面的深度交流，站在"主位"的视角上去体验他们的生活，聆听他们的故事。社会除了具有理性客观的一面外，更多还是一个"讲求情感体验""重视主观因素"的场域。调查研究不能过分希求社会中存在所谓完全客观的规律,特别是在中国这样一个"人情社会"之中,西方社会科学所认定的理论规律或研究方法,在中国并不见得适用。正如有些学者所倡导的那样,我们在一个以主观性溶解客观性的社会中单纯寻求外在客观性是不合时宜的,不可希求超越特殊性的普遍性,要重视特殊性,重视情感体验在研究中的作用。在我课题组以往的研究中,就是试图通过一次次深度访谈,尽力再现每一个个体的生活工作经历与情感体验,用有温度的文字记录社会运行中那些有温度的故事和人物。此外,在每次调查中,我课题组都会要求课题组的所有成员到实地调研的一线和被访者直接接触,获得数据之外的感性认识,增强文章的鲜活性和生动性,使之更接"地气"。

当然,有人曾批评我们的这种形式类似于"报告文学"和"调研报告"的结合体,缺少学术意蕴和学术规范。对于这种观点,我们不敢苟同。调查研究,不仅包括问卷调查和数据分析,深度访谈、焦点组讨论和场景考察等也是调查研究的重要方法。深度访谈在我课题组所有的调查中占有相当大的比重,我们甚至单独设立了一个"深访组"来负责此项工作,其意义丝毫不亚于定量分析。我们原来作品中的深访案例全部根据被访者的真实经历撰写,特别是"蚁族"调查,为了与调查对象做到"共情、共景、共融",我们团队中的所有成员在调研时均住在聚居村,做"蚁族"的邻居和伙伴,很多访谈都是在与他们"吃烤串""挤公交""喝啤酒"的过程中完成的。我们并不猎奇和杜撰任何细节,只是带着理论工具、问题意识及人文关怀进入"田野",搜集研究所需的经验材料,记录数据所无法反映的情感体验与个性逻辑。这根本不是写小说或是报告文学,而是扎扎实实的人类学田野调查,是访谈员主观世界对研究对象的客观存在的规律性反映。可能在某些学者眼中,深度访谈没有所谓的"学术味道",可在深度访谈文字的背后,是我们建立的相比于此几十倍的庞大深度访谈资料库和场景考察报告。我们虽未对其进行庖丁解牛式的剖析,但细心的读者可以发现,这些访谈的内容、逻辑和要点均在实证文章中得到了不同程度的体现。在一定程度上，正是这些看似"情感故事"的深访报告形塑了我们整个研究的逻辑与观点。此外，深访报告的撰写、收录与排序也是精心设计的结果，并非是原始访谈笔记不加思考地罗列。我们试图令每篇收录的访谈文章都能反映出所研究社会现象或群体的一个侧面，在兼具可读性与启发性的基础上，尽可能全面地建构出丰满的社会现实，而不单单地依靠数据呈现干瘪的社会。

我们在以往的成果中公布相对原始的定性访谈资料，在某种程度上看，正是出于一种"留白"的考虑。十余年来，课题组数十人的智慧和能力毕竟有限，从中提炼出的观点与逻辑也难免片面，我们非常乐意将这些源自社会现实的高度抽象的感性材料与学界和社会分享，以求激发其他访谈员的思考与灵感，共同深化对所研究问题的理解认识。

总的来看，我们恰恰就是通过这种所谓的"调研报告与报告文学结合体"的方式在探索严谨的学术研究和丰满的社会现实之间的平衡。当然，我们还在探索的道路上，还有很多工作需要开展，很多方法需要完善，实证分析与质性研究的结合之路漫长而修远。我们愿在其中艰难探索，让丰满的社会现实化为"规律"，使严谨的学术研究具有"温度"。下面，我们还是以自己的研究经历为例，展现、分析和反思深度访谈这种方法在调查研究领域的运用。

第一节 深度访谈前期准备

调查者在决定采用深度访谈的方法之前，首先要考虑的是，对于调研主题和内容来说，深度访谈的方法是不是理想的方式。尽管调查研究的内容都会涉及社会中人们的行为和态度，但是不同的社会行为和社会态度所具有的特征不同,特别是敏感程度有所不同。因此,有些方面的调查内容相对容易通过问卷的方式、文献的方式或者座谈的方式获得,有些内容更适合或者只适合通过深度访谈或场景考察的方式获得。比如调查者希望研究的主题和内容是有关农村基层选举的,那么,通过到农村基层场景考察,亲身参与和体验现实社会中农村基本居民和村干部在民主选举中的各种行为表现,就比仅仅通过问卷调查的方法来进行研究更能深入了解和切实把握真实情况,也能更加准确地分析和阐释人们行为逻辑的深层次原因。

调查者还要考虑的是,对于自己的研究环境来说,深度访谈是不是合适的方式。开展深访的前提之一是访谈员要进入现场,与被访者进行面对面的交流互动。因此,入场的实地环境和调研的合适性同样至关重要。在进行研究设计时,访谈员应该考虑现场可能接触的各种外部环境,特别是作为外来者,要努力使自己的角色、自己的出现、自己与被访者的互动等与现场环境相适应、相协调、相符合,尽可能少地干扰、刺激、影响被访者的正常生活和工作。这些方面考虑清楚了,再着手准备深访的衣着、设备等,就会有的放矢,胸有成竹得多。

具体到深度访谈前期需要准备的内容,有以下五个要点需要注意。

一、衣着

衣着的选择既要舒适,也要符合礼仪规范,以此显示出对被访者的尊重。但是,应该注意的是,基层的调研,衣着的选择应该避免凸显访谈员和被访者的身份差异,使访谈还未开始便已经出现隔阂。

衣着的基本要求有以下四个基本方面,一是衣服要朴素,二是鞋要合脚,三是建议不佩戴挂件、饰品,四是不携带贵重物品、易遗失物品。

二、设备

携带纸笔以方便访谈记录;尽可能携带录音笔,在征求被访者同意的情况下，可以对谈话内容进行录音，以便于日后的资料分析与整理；携带相机，以便合影和对其工作环境等进行图像记录，拍照涉及个人形象时也要征得对方同意；携带礼金或礼物，以回报被访者。除了检查电池和录音设备内存容量之外，对于重要的、不可重复的访谈，最好同时启用多个录音设备，以防发生意外。

三、环境的选择

当确定好被访者后，要约定时间和地点，保证访谈的连续性。访谈时间尽量以方便被访者为主，且在被访者感到心情愉悦的时候，如下班和休息时间；访谈地点尽量保障被访者感到安全和舒适，可以较为自由地表现自己，因此，选择被访者熟悉的环境为佳；最后，访谈环境不应过于嘈杂，避免影响交谈的效果。

> 美联社记者休·马利根认为："假如让你选择访问的场所，要设法做到在后台约见演员，在车站约见侦探，在会议室约见法官，在室外竞选讲台约见政治家，在栏圈约见野牛骑士。这样，如果没有恰当的话可供引用的话，你至少也可以从他所在的自然环境中找到主题。首要的是，要避免在旅馆的房间里约见被访问的人。"

四、资料准备

这是访谈前期准备的重中之重。关于深度访谈的前期资料准备的重要性，这里有两个著名案例。

> 尤金·莱昂斯是美联社经验丰富的记者。他曾经对斯大林进行过一次深访。事先约定只能深访两分钟。两分钟以后，斯大林并没有结束谈话的意思，而他当场却提不出更多有准备的问题。莱昂斯事后说："我在斯大林的办公室尽管待了近两个小时，但使我一辈子后悔的是，当时没有趁机提出富有意义的问题来。"
>
> 另一次，莱昂斯深访伊朗前国王巴列维，约定只能谈五个书面提出的问题，几分钟就谈完了。而此时巴列维兴致正浓，等待继续提问，莱昂斯也没有准备更多的问题。
>
> 事后，莱昂斯懊恼地说："我当时就在国王的办公室发下庄严的誓愿，今后哪怕约定我只有几分钟的深访，我若不事先准备好供一两个小时谈话的问题，便决不再来到世界伟人的面前。"

另一个作为对比的例子是美国报刊评论员利布林的故事。

> 有一次，利布林去访问一位著名的赛马骑师。此人一向不愿同记者交谈。许多记者都认为，让这位骑师开口，比让哑巴说话还难。但是，利布林却让这位骑师滔滔不绝地同他谈了一个小时，而这位记者在谈话间只插了十几个字。
>
> 利布林使了什么"招"，让这位"哑巴"骑师说话呢？
>
> 见到骑师，利布林劈头提出的一个问题是："您赛马时左蹬皮带比右蹬皮带多放几个眼？"骑师一听这个问题很内行，就兴高采烈地从马镫谈起他的驭马术。最后，他还对利布林说，"我看得出来，你同骑师们一定混得很熟。"

其实，这位记者并不精通骑术，对骑师这一行也很少打交道。他只是在访谈前做了比较充分的准备，请教了一些行家，知道赛马的骑手在跑马场风驰电掣般策马飞奔时，为了克服在圆形跑道上产生的离心力，两个脚蹬的皮带不能一样长，必须使左蹬皮带比右蹬皮带长一些，以便使身体重心稍稍内侧。对于这个细节，一般人不注意，而行家必定了解。利布林第一个问题就从这里开始，使那位骑手既惊讶又高兴，谈话的兴趣也就激发起来了。

访谈资料的准备原则是，韩信用兵，多多益善。可以充分利用已有新闻报道、研究报告、专业书籍，还可以提前请教相关专家和从业人员。

大致来讲，访谈资料的前期准备可从以下三个方面着手：微观层面，即被访者的个体信息、家庭信息等微观信息；中观层面，即被访者所处的群体、地域、行业等中观层面信息；宏观层面，即与访谈问题相关的宏观政策、全局状况、趋势变化。

访谈资料的准备有四个作用：一来可以减少访谈中的无效问题。访谈常常时间有限，如何在有限的时间获得最大量的信息，充分占有已有信息是关键；二来可以避免调研中被误导；三来可以深入地发现问题，理解问题；四来可以提高提问的专业性，提高被访者的兴趣和接受度。

在社会群体等调研时一定要考虑调研的具体性，尤其要重视宏观层面前期资料的准备。宏观政策是调研观察、分析、判断具体事物的武器。缺乏对宏观政策的了解，无法对具体被访者有正确的分析判断，也无法对现行政策的利弊有明确认知。

调查研究的对象往往是具体的问题或事物，但其目的则在于由点及面，从具体到一般，从特殊性到普遍性。这就要求，在对被访者有所了解的基础上，具备将其置于全局之中做出准确分析和恰当评估的本领。如果缺乏宏观信息的准备，就会无所适从。

五、深访提纲的准备

前期资料是为了准备深访提纲。一个好的深访提纲，可以大大提高深访的效果。

美国哥伦比亚广播公司 60 分钟节目主持人华莱士曾给自己定了一个规矩，至少在准备好 30 到 40 个扎扎实实的问题以后才去深访。

一个优秀的深访提纲，是宏观调研目标、具体研究方向和微观调查技巧的结合。总的来说，因为被访者和调研问题的不同，深访提纲的准备并无定式，必须根据具体问题具体分析。不过，在新闻深访中也有现成的应急深访 GOSS 公式可资借鉴。

GOSS 深访公式是由美国内华达大学新闻学教授拉鲁·吉勒兰创立的，可为设计深访提纲提出一个粗略的指导框架。这其中，G 代表目标（Goal），O 代表障碍（Obstacle），第一个 S 代表解决方法（Solution），第二个 S 代表开端（Start）。

每一个调查研究，均应有一个调研目的，或者研究一个现象，或者解决一个问题。在这一宏观目的的指导下，具体拆解实现这一目的的具体路径。下一步，则是通过这一路径的困难，或是具体的、个体的、偶然的因素，或是普遍的、体制性、机制性、结构性因素，针对不同的归因，提出不同的建议。

和新闻深访一样，调查研究同样讲究目的，专业术语叫作研究假设。在调查研究之前，需要提出有意义的研究假设，然后通过调查研究求证这一假设成立与否。社会学家潘绥铭教授的经历颇有说服力。

> 提到调查，潘教授最爱讲的，是他开始时做的那三次失败的调查，"缺乏理论，提不出好的假设，根本说不清自己想调查什么。"

如何有效开展调查研究

> 他第一次做调查是在1986年,调查对象603人,只得出了一些百分比,如有多少人看过色情录像,有多少人用过后进位的性交姿势等,但他却不知道该怎样解释这些数字。而且,他调查的对象是听他讲课的各类学员,他们代表不了全中国人,也说不清他们能代表哪一类人。可惜,现在仍然有不少人在重复着这类错误,所以潘教授说:"目前中国的性学研究虽然也很缺乏调查,尤其是缺乏可信的调查,但最缺乏的是研究假设。"

而在目标确定后,深访提纲如何展开,更是需要花费大量的事先功课。

以我课题组所做的北京市新生代农民工的访谈提纲为例。在结合调查问卷的基础上,被访者安排和深访提纲如下。

行业	职业	人数(55人)	
		男	女
住宿、餐饮业(饭店、旅馆、餐饮服务)	服务员、厨师、清洁工、文职人员等	5	5
居民服务、修理和其他服务业(家庭服务、洗染、理发及美容、洗浴、保健等服务,各种家电、汽车、日用电器修理,以及清洁服务)	家政工、理发与美容店的员工、修理工、清洁工等	7	7
制造业	普工、技术工人、基层管理人员等	4	4
批发零售业(农林牧产品、食品饮料及烟草制品、纺织服装及文化体育等产品的批发和零售)	售货员、搬运工、送货员、个体户等	3	3
建筑业(土木工程、建筑安装以及装饰)	建筑工人、装修工人、安装工人等	4	0

续表

行业	职业	人数（55人）	
		男	女
房地产业（物业管理、中介服务、房产开发经营）	社区保安、中介经纪人、物业服务员等	5	5
其他		3	
合计		55	

提要		主要问题	追问的信息	结合问卷	备注
基本信息与经济融入						
经济融入	工作情况	您现在的工作怎么样？	工资、工时、强度、具体工作内容、工作环境等	B10、B11、B18题	在听其描述之余，要在合适的时间追问原因。
		你对现在这份工作满意吗？喜欢这份工作吗？为什么呢？工作中有没有和当地人或老板发生过冲突？具体讲讲可以吗？			一定要向其追问原因
		从你出来打工到现在，你都做过哪些工作/能聊聊出来打工的经历吗？比如你的第一份工作是做什么的呢，在哪个城市？后来又到了哪里？		B7、B1题	
		你哪年从老家出来工作？当时你怎么想着要出来打工的？			

续表

提要		主要问题	追问的信息	结合问卷	备注
基本信息与经济融入					
经济融入	工作情况	你的工作一般是通过什么渠道找到的？（灵活机动，与上一题结合）			
		你换工作一般是怎么考虑的？		B8、B9题	
		你觉得什么样的工作比较吸引你？		结合B6题	
	劳动权益	你在北京跟老板发生过劳务纠纷吗？如果有，请举一个例子。	劳动合同、保险、工资发放、节假日、加班费等	E1至E7题	
		如果你的劳动权益受损，你会怎么解决？如果遇到不公正待遇，你会怎么解决。如有发生，请举例说明。	解决途径、权利意识	E8至E10题	
	收入与消费	目前的收入情况怎么样呢？			
		每月挣的钱怎么花？遇到经济困难的情况多吗？一般会向谁求助？	具体寄回去的钱的用途？以后希望能挣多少钱？	B18、B19、B20、B21题	

续表

提要		主要问题	追问的信息	结合问卷	备注
基本信息与经济融入					
家庭与生活	家庭状况	你们家人都在哪？在做什么？ 你觉得你跟你的父母那一辈有什么区别？	有没有住在一起？联系的频率如何？想家吗？	A6、A7题	
		你已经结婚（有男女朋友）了，你们是通过什么方式认识的？ 或者你还没有谈对象，你打算找一个什么样的？	是否住在一起，小孩个数、大小、读书情况。	结合A11、A12、A13题	
	居住状况	你住在哪里？ 条件怎么样？ 居住地社区的状况如何？ 居住困难吗？	是宿舍还是合租、租金、大小、卫生条件、设施、安全、保暖性、离工作地远近等	B15、B16、B17题	
	未来打算	未来有什么打算呢？	打算留在北京吗？还是到别的城市？或是返回家乡？为什么呢？可以具体聊聊吗？	C4题	回家还是留下？职业规划、打算的原因，此题重在追问原因

续表

提要		主要问题	追问的信息	结合问卷	备注
心理融入与社会认同					
心理状况	情绪	感觉在北京生活得适应吗？觉得压抑吗？你每天心情怎么样？会不会经常想家？每天担心最多的事儿是什么？发愁的和快乐的事情是什么？	睡眠质量、孤独状况、心情不好的时候都是因为什么？		
身份认同	北京印象	你看到的北京是什么样的？你喜欢北京哪方面，不喜欢北京哪方面？	发展空间、环境、交通、子女教育、政府管理、社区服务等方面	B2、B25、D1至D11	
		您眼中的北京人是什么样的？您认为什么样的人算是北京人？您觉得您平时接触的北京人多吗？和他们的关系怎么样？北京对外地人排外吗？您觉得他们是怎么看外来务工人员的？您又是怎么看他们的？	能否举一些具体的您和北京人的交往经历（积极的、消极的都可谈谈）？	C5、C6、C7、C8	
		在北京有家的感觉吗？你离开北京会留恋吗？			
	身份认同	您怎么看待媒体和社会上常出现的"农民工"这样的词语？有的人不喜欢这种说法，您怎么看？	觉得这种称呼恰当吗？不喜欢它的话，喜欢一种怎样的称谓呢？		

续表

提要		主要问题	追问的信息	结合问卷	备注
心理融入与社会认同					
身份认同	身份认同	您觉得在这个城市中,您扮演了怎样的一个角色?			
		和还在家乡的同辈人比,您觉得自己会不一样吗?能具体聊聊吗?			
社会交往与社会参与情况					
社会交往	社会交往现状及其原因	在北京这边经常和哪些人来往?其中有北京当地人吗?跟同事的关系如何?	重在追问在北京参加社交活动的状况,交往圈子都有哪些人	C9、C10	重点关注社会资本
		在北京这边,生活中遇到困难和心烦的事情一般会向谁求助?			
		感觉交到朋友或者进入当地人的生活圈子难吗?为什么会这样?	重点关注社会交往障碍的原因		
社会参与	社会参与	您在北京业余时间参加过什么样的集体活动呢?	是哪些地方组织的呢?		
		您加入过什么社团或组织吗?如果有,当初是怎么加入的,如果没有,为什么没有参与呢?	重点追问进入社会组织的途径或瓶颈		
	共青团活动	您参加过共青团组织的活动吗?听说过社区青年汇,或者驻外团工委吗?您希望共青团组织给大家怎样的帮助和支持?			

续表

提要		主要问题	追问的信息	结合问卷	备注
	其他				
文化融入	日常休闲	每天下班后的时间一般怎么安排？休息日怎么安排？有什么兴趣爱好？	去过北京哪些景点？企业组织活动的情况如何？	C12、C13、C14、C15、E6题	
	信息获取	你一般会关注哪方面的信息？你通过哪些途径获取外在的信息？	关注信息的途径如新闻、看书、听收音机等，关注的原因，关注的动力，关注的频率等		
	网络行为	上网会做些什么？什么时候开始上网的，每周大概上网多长时间？主要通过什么途径来上网？网费贵吗？喜欢上网吗？为什么呢？上网后的生活和上网前会有什么不一样吗？可否具体说说？	用QQ或者微信的行为，上网与谁联系，上网关注的网站、内容的类型	E11至E14	重点关注网络行为现状及对其生活的影响
精神需求	梦想与价值观	你有什么样的梦想？你认为什么样的生活是美好的？你认为一个人怎么样才算成功？			

这份结合了调查问卷的深访提纲可谓事无巨细，但是在实际深访中，我们会有所取舍。根据不同被访者的特征，我们会选取不同的领域进行更深入的深访。但是，如何选择重点领域切入，前提是要对基础情况有所了解。因此，在深访提纲中，我们既列出了具体的问题，也假设了可能深入访问的方向。

需要注意的是，深访提纲只是深访现场的重要参考，具体访问时，还应该针对现场的具体情况随机应变，随即追问。这就要求从实际出发，实事求是，按照新情况加以调整、补充、修改。

六、访谈的顺序

需要注意的是，如果被访者比较多的话，在拟定深访提纲时就应该考虑深访顺序。深访顺序的安排，会影响调研深度的挖掘。一般深访顺序应遵循由浅入深、先易后难，最为重要的被访者，应在有最为充分的调研后进行深访。先对调研非核心对象进行调研，由此对调研核心问题有更为深刻的认识，才能更好地与核心对象进行对话。此外，一些核心被访者的时间可能有限。因此，对于这些对象的深访，应侧重非他们不能回答的事情进行提问。

普利策新闻奖得主杰奎琳·巴那金斯的深访技巧之一便是"别急着走进核心，先建构人物圆环"。她把需要深访的人物分成四个层次，处于圆环中心的是核心人物，在核心人物之外，是被影响最大的人，再往外一层是对事情有所了解但是并不受其影响的人，最外层则是所有其他可能受到影响的人。

杰奎琳·巴那金斯的经验是：多数访谈员都急于进入人物圆环的核心层，然后就跳不出来了。这样做的原因往往是觉得没有在核心层获得一个满意的答案就不能挖到好故事，而这时恰恰就需要访谈员跳出这个核心层才能找到故事点。

如何有效开展调查研究

尤其需要提及的是,难以对一些核心人物进行深访的情况在现实中经常发生,这时候,更要利用好周边人物的深访,通过他们,完全可以还原出核心人物的信息。

以《工蜂——大学青年教师生存实录》一书的一篇文章为例。这篇文章的主人公是一位大学教师,他拒绝了我课题组的深访请求,但是,通过对周边学生的深访,我课题组仍然还原出了这位老师的真实形象——一位希望努力传授中国传统文化的教师。

2009年秋,余磬音接替他的导师,出任"中国文学理论批评史"的授课教师。

这是他第一次讲授"古文论",对自己的期许和要求非常高。他的两篇散文分别如此记录了他的授课随感:"要讲出自己的新意,格调高远,有物有序,不是讲知识,要讲出有血有肉的人生,讲出身临其境的文情和文境来,着实是累得慌。""余自识字以来,惟此半年最累人。盖学之不厚,养之不深,以授全世界中文最优异之学生,悚恐万分,愧恧之甚也。"

每堂课之前,余磬音都会花大量的时间备课。他并不打算按照已有的教材授课,而是根据自己对这门课程的认识与思考专门编选和撰写了阅读材料及讲义,并自费将阅读材料打印出来分发给每名修课的学生。每次上课,余磬音都提前来到教室,他并不使用PPT,而是于课前在黑板上用粉笔写下满满一板竖排繁体的授课提纲。

然而,讲台下的学生却似乎并没有与讲台上的余磬音产生他所期望的共鸣。

"我翘了好几次课。余老师有比较重的口音，听不懂。而且板书又是竖排繁体的草书，跟不太上。"一名中文系 2007 级的学生说。"刚开始的时候，到了教室坐前排，很想认真地听。但往往是听到一半就听不下去了，中途走掉或是干其他事情。"她在 A 大的一个学生组织里担任要职，每次上课都会带着自己的笔记本电脑，以便在无心听讲的时候打开电脑，忙别的事情。在"古文论"的课堂上，这样的学生不在少数。

另一位从未翘课的学生则表示，她虽然尽力听讲，但还是很容易走神，因为不知道余老师在讲什么。"我永远都不知道他说话的重点，他就像活在他自己的世界里，经常扯到我根本不知道的人和事上。可能是他的思维很快，语言跟不上思维；也可能是我们自己的学问太不好了，缺乏理解他的知识背景。"

在"古文论"的最后一节课上，余磬音把每个学生的名字都点了一遍，他说这并不是要查考勤，只是为了认一认大家的脸。他向在座的学生们坦承，自己是第一年带课，"不熟"，但真的已经很努力地想要把课教好。

他请大家提建议，与大家商量了期末考试的题型，并告诉大家在考试之前还会在一间小教室里进行一次答疑，同学们如果在复习过程中有什么疑问可以到时候再咨询他。

由于上课认真记笔记的学生不多，能克服板书和口音的双重困难而留下一份完整翔实的课堂笔记的更是少之又少，余老师又没有提供 PPT 课件以供下载，不少手头"只有"余老师课上分发的那些阅读材料的学生陷入了不知如何复习的焦虑中，其中一些人在 A 大 BBS 的中文系版上发了几张抱怨的帖子。

几天后，中文系版上出现了一张带有附件《古文论讲义》的帖子，是余磬音精心编写、发帖上传的，这份word文档共有103页，16万字。

考前答疑那天，修课的六十多名学生来了近五十人，将那间小教室挤得水泄不通。然而，到场的学生中没有一人当众向余老师提出学术方面的问题，提问的焦点全都集中在"考试范围"上。在大多数学生们看来，那份讲义的内容实在太多太难，如果不进一步"缩小范围""明确重点"，完全复习不过来。

面对学生们的要求，余磬音回应道："这些都是很基本的，都是你们应该要掌握的。"

这时，一位人高马大的男生站起来说道："我们都知道老师很努力地想要教给我们很多东西，但是也请老师您为我们考虑一下。这只是大三的一门专业课，除此之外，我们还有三四门其他专业课，我们还有好几门选修课，算下来一个学期要写十几篇论文，准备好多场考试！如果每门课都像老师您这么高要求的话，我们根本没法完成学业！"

这位男生比矮小清瘦的余磬音要高出一个头，也许是被他的气势给震慑住了，余磬音在沉默了一会儿之后，做出了"妥协"。

给出了讲义，也划出了范围，然而学生们的答卷依然不佳。全班有二十多人不及格，最高分也才70多分。得知这种情况后，A大中文系的教务向余磬音施加了压力。经协调，每名学生的卷面分数都补加了20分，再综合打分宽松的课程作业，得出了总评成绩。

"当时完全就是一片茫然硬着头皮上啊……讲义又多又难，越看越眼瞎啊……"一位考生这样回忆他的"古文论"考试经历。那个学期，他一直都在忙实习，一次课也没去过，那场考试是他第一次也是最后一次见到余老师。他考卷答得很差，论文也写得相当"水"，但依然获得了81分这个完全可以接受的成绩。凭借丰富的实习经历，他在他的理想行业签到了一份令自己满意的好工作。

而那位多次翘课的女生则通过认真撰写论文和期末那段时间的熬夜备考获得了91分的高分。她在大四申请到了国外一所知名大学研究生院的录取通知书加全额奖学金，即将出国深造。

A大中文系2007级的毕业生，有的去做媒体，有的投身出版行业，有的进了银行，有的从事咨询服务，有的加入国企，有的要考公务员，对于这些人来说，"古文论"只是他们获取学位所要通过的一门课程。就算本科毕业后攻读研究生，多数也是为了在日后求职时有一个更高的文凭，真正要留在象牙塔里做学术的，只是少数。

2010年秋季学期，第二次教授"古文论"的余磬音，对2008级的学生降低了考核要求。

2007级的课程作业是撰写学术论文，而2008级的学生则可以在论文、背诵经典篇目和抄写《文心雕龙》三种形式中任选一种。只有不到十人选择了写论文。

在最后一节课上，余磬音给学生们划了复习范围。在那篇《(烦转中文)无语的基础课&悲催的考试》帖子引发热议之后，他又在"考前答疑"时进一步缩小了复习范围。

期末考卷的命题与批改也比前一年更为简单和宽松了。这回，中文系的教务没有再麻烦余磬音对修课学生的考试分数加以上调。

仅在这一部分，作者就深访了数位选了中国文学理论批评史这门课的学生，掌握了A大中文系2007级毕业生去向的人，还有2008级的学生。

通过他们，这名教师遇到的困扰，以及由此反映出的当下大学教育的困窘跃然纸上。

第二节 深度访谈实施过程

深度访谈实施时首先要入场。被访者的戒备心理和行为，多出于自我防卫的安全意识。被访者的安全意识在不同的情况下会表现出显著的差别。例如，晚间造访比白天造访更容易造成住户的戒备，男性造访比女性造访有更大的拒访率等。此外，被访者的戒备心理也会因地域的不同而表现出很大的差异，大城市的被访者往往会比中小城市的被访者表现出更强的戒备心理；城市的被访者也会比农村的被访者更加谨慎和设防。面对被访者的戒备心理和戒备行为，访谈员应该予以充分理解，并应该做好充分的思想准备。为了化解入场的信任障碍，可采取如下两种方法。

第一种方法是事前沟通方法，即在访谈之前与被访者进行沟通，让其了解访谈目的、访谈员及其所属组织，并做出入场时间的约定。进行沟通的方式多种多样，其一是电话或微信沟通，这种沟通方式得以实现的前提条件是确知被访者的电话号码或微信，获得被访者的电话号码或微信等基本途径是前期的问卷或调研资料。其二是组织沟通，这种沟通方式是与被访者的单位，或者居住所在地的街道居委会（乡镇村委会）协商，让他们通知被访者。

访谈员与被访者进行事前沟通，势必增加了深度访谈的工作量和费用。但是，由于有了事前沟通，反而会减少或消除被访者对访谈员的信任障碍，有助于提高访谈质量。

第二种方法是引导沟通方法，即在入场前，在被访者熟悉的圈层内找一个"引路人"。这个关键人物的条件是熟悉或可接近被访者。深访入场中最核心的技巧就是找到社区内或群体内的关键人物，他们对于访谈员与被访者关系的建立与发展至关重要。在美国社会学家怀特对《街角社会》的研究中，多克这个人物就起到了很重要的作用。怀特当时是哈佛大学的学生，通过同样是中产阶级背景的、在当地社区工作的社工的介绍，认识了多克这一重要人物，多克把怀特介绍到俱乐部，帮他建立了人际关系和信任关系。

对"蚁族"研究而言，当我们刚进入聚居村时，一头雾水，难以深入。这时，我们有意识地主动去寻找聚居村中"蚁族"的领袖人物，重点和他们建立起较为密切的关系，有这样的人物带领，我们的调查就会顺利开展。

此外，访谈员一定要具有抓住任何机会的敏感性与相应的能力。比如上街的时候，如果碰到一个眼熟但是没有交谈过的"蚁族"，可以上去主动搭讪"上街啊！"，对方就会有回应。一些客套话也应该加以利用，比如第一次某人说"有空一起吃饭啊"，就一定是客套，这个时候就得马上说好，然后不久就去拜访，这些都是机会，不能轻易错过。

此外，作为折中的与可行的选择，有时我们可以选择请有关部门出具"介绍信"的形式，"介绍信"主要是表明身份、详细介绍访谈员的身份，调查的题目、目的和意义。

入场顺利，正式开始访谈后，有以下三点需要注意。

如何有效开展调查研究

一、语言选择

> 据 2015 年 8 月 5 日出版的《新京报》报道：近日，东部某省一名厅长深入基层调研，在与当地群众交流时，这位领导在问了"家里几口人""收入怎么样""有没有什么困难"等几个简单问题后，竟不知如何继续交流下去。"说实话，在机关待得久了，跟群众打交道确实少了。"他私下向记者坦承，有时见到群众，除了寒暄，真不知该聊些什么。

正如前文所述，这个事件直接反映了这位厅长调研的前期准备不足。除此之外，还反映了一个问题，就是他没有注意采用被访者习惯的语言进行沟通。

这里的语言习惯包括两个层面。一方面，是指狭义的语言。从这一层面，调研要注意语汇词句的选择。

一个典型的案例是电视台的一则报道。

> 2012 年国庆假期期间，某电视台推出走基层国庆教育调查——你幸福吗？这个系列节目被访者多达几千人。
>
> 在一期节目中，当记者问一位务工人员"你幸福吗"，这位务工人员回答："我姓曾。"这一对话随即引发网友热议和持续调侃，不少人表示，找到一个路人就问"你幸福吗"，总觉得有点怪异。

作为一个形式上有所创新的节目，这个有趣的对话反映出缺乏语境的情况下，选择错误的语言习惯会造成滑稽结果。对于一名务工人员来说，

"幸福"一词恐怕并不在他的日常词汇之中。

从第二个层面讲,语言并非只是简单的语汇使用习惯,还包括话语背后的思维方式。

成功的调研,应该多多进行换位思考。一方面,要多使用被访者的词汇。在基层调研中,尤其要多观察多学习基层群众的用语习惯,避免"幸福"式的错误。

我们多年研究青年问题,青年就是一个话语特色极为鲜明的群体。相比其他群体,青年人,尤其是当下的青年人,自我中心特征更为突出。在对一群"90后"优秀职场人士进行的调研中,当问到"如果你的上级能够做出一项可以让你士气更高的改变,你希望是什么?"时,他们的回答是"领导应该更关注我"。这就要求在对这一群体调研时,尽可能使用他们的语言,这样会使得调研事半功倍。

这一点,从一个案例便可见一斑。

习近平总书记在2015年的新年贺词中,用了"蛮拼的""点赞"等青年熟知的网络"热词",在青年群体中引起强烈反响。事实上,由于大众一般存在的偏见,只需在语言风格上稍加调整,引入个别潮词,便能拉近和青年人的距离。

还需强调的是,应多了解被访者的心理和思维习惯,这不仅是调查研究的工作需要,也是调查研究的目的所在。就如媒体对于"三问"厅长的评论,主席台上作报告口若悬河,下基层跟百姓交流不过三句。一些官员有这样的尴尬一点都不奇怪,因为他们跟基层民众打交道太少了。

二、开场预热

接触被访者之初,进行适当的深访预热十分重要。预热包含三部分内容:一是对被访者讲清楚深访的目的和主要内容,这一过程要简明扼要,抓住重点;二是培养双方的信任,消除猜忌,营造深访气氛;三是判断被访者的性格特点,进而制定相应的深访策略。

最好的深访是聊天。而好的深访预热,就是让人忘记这是深访,自然而然地进入聊天状态。

一个典型的例子是法拉奇深访邓小平。奥莉娅娜·法拉奇被称为"国际政治深访之母",她访谈过的国际政要数不胜数。外界对其个人访谈风格的描述是:这个闯进国际舞台中心的初生牛犊,从一开始就对外部世界采取了一种咄咄逼人的姿态,呈现了其文本的对抗性。她常常是以历史视角,审视各类重大新闻事件,并表现了一种唯其所有的犀利风格,她用语率直、尖锐、咄咄逼人、轰炸般的盘问,有时甚至显得有些"挑衅"。她曾使纵横世界政治舞台的外交家基辛格陷于尴尬,令卡扎菲愤怒失言。这样一位风格极为犀利的记者,在深访邓小平之前是这样开场的。

> 在把录音机放在茶几上之后,法拉奇对邓小平说:"明天是您的生日,我要祝贺您,祝您生日快乐!"
>
> 邓小平幽默地说:"明天是我的生日?我从来不关心什么时候是我的生日。"
>
> 法拉奇说:"我是从您的传记中知道的。"
>
> 邓小平说:"就算是吧,也别祝贺我。我已经76岁了,到了衰退的年龄啦!"
>
> 法拉奇说:"我父亲也是76岁,我要这么对他说,他肯定会打我两巴掌的。"
>
> 邓小平说:"是呀,当然不能对你父亲这么说。"

预热的方式有很多种,需要根据具体的情况进行选择。预热成功的关键,一是深访资料的前期准备,通过前期准备深入了解被访者的兴趣爱好,个人成长经历，家庭情况等与其个人相关的、能调动其情感的问题；二是深访现场的观察，通过最初的接触迅速判断其性格，并采取能够让对方有发言欲望的深访策略。

有些深访的预热时间会更长，需要深入被访者的内心。仅仅是一两次对话，得到的可能只是覆盖着保护色的被访者的应景之言。

我们在深访"蚁族"时，曾经在唐家岭租房住了下来，一住就是两年，在过年期间，我们和"蚁族"一起过年，喝啤酒、吃烤串，由此，才让整日被工作掏空，每天挤公交、挤地铁、通勤几十公里的"蚁族"们接受了课题组成员每人长达几小时的深访。在这个越来越缺乏耐心、越来越缺乏信任的时代，访谈员付出多少时间，被访者才会付出多少时间。

三、提问方式

提问是深度访谈的核心。前文在提到深访提纲的准备时，对于问题设计已有部分阐述，在这个部分，我们将着重对提问的方式、技巧进行分析。

根据不同的分类标准，提问方式可以分为多种。深访中的问题，一般被分为开放式问题、闭合式问题、引导式问题、启发式问题等。

（一）开放式问题与闭合式问题

所谓开放式问题，就是问题提得比较宽泛。由于开放式问题具有无确定答案的特点，这种提问方式常用于对非具体事物的回答，比如个人的主观感受。这种提问方式的优点在于，给被访者以充分的自由发挥余地，比较宽松，没有压力。但是这种提问方式的缺点也非常明显，就是缺乏针对性，难以深挖。如果使用这种提问方式过多，深访难以获得有效信息，只会流于表面。

> 在现实生活中，这种深访的反面典型比比皆是。比如，在奥运会赛场上，记者在赛后经常提出糟糕问题，无法收到有效回答。
> "这场比赛打得怎么样？""还好吧。"
> "你觉得比赛获胜的原因是什么？""主要靠队友的支持。"
> "你有什么赛后感言？""感谢国家、体育局、主教练、队友。"
> 在开放式问题中，最为糟糕的提问莫过于，在没有任何铺垫信息的前提下，直接抛出"你有什么感想？"

所谓闭合式提问，就是问题提得比较具体，指向性明确，提出这种问题通常伴有诸多的前提限定。这种提问方式的优点是，有针对性，有利于对一个问题进行深度挖掘；缺点是，由于给对方自由发挥的余地小，所以这种提问方式不如开放式提问"友好"。尤其是在一些较为敏感的问题上，要十分注意对方的情绪，避免将对方置于被审问的境地。

开放式提问与闭合式提问各有优劣，好的提问，应该是二者的结合。可以以开放式问题开启话题，试探情况，在开放式问题的基础上，再以闭合式问题择机跟进，深入突破。

但无论是开放式问题还是闭合式问题，都应该避免诱导性。

调查研究的目的在于了解客观现实，所有的调研，都是为了获得真实的信息。因此，避免因为提问方式不当造成的信息扭曲，是调查研究过程中应当警惕的。

诱导性问题是指在提问中强烈暗示问题答案，因此极易造成信息失真。

> 同样是在体育报道中，我们时常会看到记者这样提问。"你是不是很感谢自己的教练？""你在落后的时候是不是没有放弃？""请问你得了冠军是不是特别高兴？""请问这枚金牌对你来说是不是意味着一个新的开始？""你的压力虽然很大，但你是不是没有受到任何影响？"

（二）追问是关键

深度访谈成功的关键在于追问。追问能力是访谈员综合能力的最佳体现。一个好的追问者，需要对深访问题有深入的了解，同时具备敏锐的洞察力和强大的逻辑。

好问题有严密的逻辑性。从深访的目的性出发及事物发展的逻辑性出发，访谈员提出的问题也要具有逻辑性，由表及里，层层推进。

其中一个案例是法拉奇访谈邓小平。

> 法拉奇：四个现代化将使外国资本进入中国，这样不可避免地引起私人投资问题。这是否会在中国形成资本主义？
>
> 邓小平：归根到底，我们的建设方针还是毛主席过去制定的自力更生为主、争取外援为辅的方针。不管怎样开放，不管外资进来多少，它占的份额还是很小的，影响不了我们社会主义的公有制。吸收外国资金、外国技术，甚至包括外国在中国建厂，可以作为我们发展社会主义社会生产力的补充。当然，会带来一些资本主义的腐朽的东西。我们意识到了这个问题，但这不可怕。
>
> 法拉奇：那么，你是否认为资本主义并不都是坏的？

> 邓小平：要弄清什么是资本主义。资本主义要比封建主义优越。有些东西并不能说是资本主义的。比如说，技术问题是科学，生产管理是科学，在任何社会，对任何国家都是有用的。我们学习先进的技术、先进的科学、先进的管理来为社会主义服务，而这些东西本身并没有阶级性。
>
> 法拉奇：我记得几年前，你谈到农村自留地时说过，人是需要一些个人利益来从事生产的，这是否意味着共产主义本身也要讨论呢？
>
> 邓小平：按照马克思说的，社会主义是共产主义第一阶段，这是一个很长的历史阶段，必须实行按劳分配，必须把国家、集体和个人利益结合起来，才能调动积极性，才能发展社会主义的生产。共产主义的高级阶段，生产力高度发达，实行各尽所能，按需分配，将更多地承认个人利益、满足个人需要。

（三）对不同被访者采取不同深访策略

深度访谈的困难之处在于，由于陌生人之间缺乏信任感，所以要获得真实的情况，需要时刻注意察言观色。而调查研究的魅力也在于，如何从陌生人那里获得真实的看法和客观的信息。尤其是针对不同的被访者，随时调整深度访谈的方式、方法、策略，这也是一个优秀访谈员必备的素质。

开放的被访者往往是访谈员的福音。这些被访者有的心理防线较低，有的受访经验丰富，自认为对于深访有较强的掌控能力。对于这两种被访者，访谈员也应有不同的策略。第一种被访者是访谈员最喜闻乐见的对象，对他们的深访往往比较轻松。而对于第二种所谓开放的被访者，则应该打醒十二分精神。这种被访者可能会反客为主，将访谈员纳入自己的轨道。尤其是一些滔滔不绝者，会把深访带离主题。访谈员需视情况进行调整，如果时间有限，应该选取时机及时打断对方，把深访拉回正轨。如果时间宽裕，可以给对方以时间，当对方"发挥"完毕，再伺机从其发言内容选取合适的衔接点，将深访拉回正轨。

谨慎的或者内向的被访者是对访谈员的挑战。面对这种被访者，访谈员除了尽量做好深访准备，提问尽量专业之外，还需十分注重深访技巧。尤其是，在一些敏感问题上，需要转换提问方式，采取迂回策略。

例如，人们往往不愿意触及矛盾，因此在深访中直白地提出被访者所经历的矛盾和冲突，往往并不是一个好主意。但是，如果将话题转化为"如此大的矛盾和冲突你是怎么解决的"，则会让被访者的发言欲望大得多。而在其开口讲述自己解决问题的智慧和高明之后，再回溯矛盾和冲突的剧烈复杂，就容易得多了。

如果在深访过程中，发生了激烈的对话，不妨调整下深访的节奏。杰奎琳·巴那金斯的一个技巧是，必要时"低头看深访本"：虽然在深访过程中，眼神交流是非常重要的，但是尝试新的交流方式也是很有必要的。低头看深访本，虽然这个动作很细微，但不失为一种巧妙的交流技巧，尤其是在被访者出现情绪化或是深访陷入僵局的时候，这个动作实际上是在给被访者传达一种信号：你先冷静冷静，情绪稳定后我们再谈。

（四）艾丰深访六不要

《经济日报》原总编辑艾丰曾经提出深访的六个"不要提"，对以上所有问题都有提及，非常有针对性，可供访谈员借鉴。

一是不要提太大的问题。（不要企图"一口吃个大胖子"，要讲究逻辑，递进式提问。）

二是不要提过多的外行问题。（一点不提是难以做到的，但要争取少些。）

三是不要提暗示性的问题。（即不要强加于人，给人竖根"杆"，让对方"顺杆爬"。）

四是不要提过于轻率的问题。（毫无意义和目的地卖弄技巧，会导致提轻率的问题。)

五是不要提太"硬"的问题。(就一般情况、一般对象、一般记者而言,直率不等于生硬。)

六是不要提审问式的问题。(要善于引导,在交谈中发问,在发问中交谈。)

第三节　深度访谈策略技巧

相比较文献研究和问卷调查等方式,深度访谈有一个十分特殊的难点,就是它所面临的伦理问题往往会更多,也更复杂。这其中,有两个问题十分重要。一是身份问题,主要涉及访谈员使用真实身份还是虚假身份,以及进入现场是公开目的还是隐匿目的。在这个问题上,学术界尚无共识,但有一个底线是无伤害原则。无论访谈员采取真实身份还是虚假身份,无论向被访者告知的是真实目的还是虚假目的,一切都以不会对被访者造成伤害(包括身体上、心理上、名誉上、经济上等的任何伤害)为底线。二是保密问题,要保护被访者的隐私。这就涉及隐私权问题,不能有半点马虎。在访谈中,所有的观察记录或访谈笔记中的人名都应该以假名或代号表示,能让读者猜到被访者的信息,也要进行加工处理,在最终形成调研报告时也应该进行匿名化。

除了考虑对被访者的无伤害原则、保密原则外,还要坚持一条原则,就是保护好访谈员自己的人身安全。因为无论怎么提前设计、精心准备,访谈员进入的都不是控制好的人工实验室,而是一个真实世界、真实社会的生活场景。这种真实的社会生活场景中会有各种各样的突发情况。访谈员在这种场景中只是一个外来的普通人,他没有权力,也没有能力控制实际情景中的各种生活事件和人们的各种社会行为。因此,访谈员,特别是缺乏生活经验的青年学生,要有安全意识和防范意识,要对可能出现的不安全因素保持高度警惕,防止在深访过程中遭受伤害。

在保证上述三个原则的前提下,深度访谈中还有一些技巧可供使用,运用这些技巧,可以提高接访率并更容易让被访者说出自己的真实看法。

一、提问技巧

最好的访谈是在聊天中收集信息,深访首先要拉近双方距离。在访谈前,要通过微信、电话等方式先行沟通,然后再见面访谈。好的访谈,要引起被访者对于访谈话题的兴趣,一旦被访者自己想聊下去,那就是进入了状态。因此,在访谈中,可以选择安静的地方,点一些"喝的"或"零食"缓解一开始尴尬的氛围,访谈员在进入正题之前,可以从一些被访者容易聊、有兴趣聊的话题开始,唠唠家常,讲讲兴趣爱好,千万不要急于"进入正题"。比如,对于产业工人劳资关系的访谈,通常从他们的成长经历、流动经历、业余生活等开始。如果一上来就说劳资关系、群体性事件等,被访者就会心生警惕甚至是反感。

暖场之后,访谈员逐渐引导被访者进入访谈主题。提问的顺序要认真考虑,先聊什么,后聊什么,对整个深访的质量有很大影响。不同的提问顺序,所得到的被访者信息很可能是不同的。因为被访者之前可能没有深入思考过这些问题,在访谈的过程中,他逐渐形成了对这些问题的认识和看法,所以被访者的观点也在不断地变化。

究竟有没有最好的提问顺序呢?一般而言是先易后难,先"生活"后"思想",先"成长经历"后"认识形成",但这也不是绝对的。深访的魅力就在于回答的内容不可能完全依靠事先计划,而要看被访者的现场反应。因此,访谈员要具有较高的情商,会察言观色,会顺势而问。当然,这里说的察言观色，不是对被访者耍小聪明、逗小心眼，待人最重要的还是一个"诚"字。访谈员有没有诚意，谈话是不是真诚，被访者是会感受到的。

需要注意的是，如果在访谈中已经聊到了后面的问题，不要生硬地打断被访者，或者强行回到前面，可以顺其自然地聊下去。也就是说，在深访中，提纲只是一个提示，并不像问卷调查那样，必须严格按照题目顺序作答。当然，有两种情况除外：一是访谈员想故意重复，以考察不同场景下得到的回答是否相同；二是把后面的话题放在前面提问，影响后面的访谈信息获得。下面我们简单介绍几种技巧性的提问方式。

（一）随机反应提问

随机反应提问，主要是看被访者的第一反应或随机反应是什么，以此判断他的态度。比如"关于你的工作，你觉得我们可以讨论什么内容？""你怎么描述北京人？"等，被访者看到这些问题，首先会奇怪："这是问题吗？这怎么回答？"因为这些问题在被访者看来，可能都不是"问题"，所以他们的第一反应很可能是"愣住"或者"惊愕"。这不是说被访者会拒绝回答，他们往往是思考一下，然后再说出自己的看法和理解。访谈员要做的，主要是用这样的提问方式引发被访者思考，让他们的大脑充分调动各种记忆，自由地发挥。

如果被访者真的一点都说不出来，访谈员也不要着急，可以慢慢加以引导。比如对于刚才提到的问题"你怎么描述北京人"，如果被访者真不知道该怎么说，可以尝试这样的引导方式："你会用包容、亲切、谦虚、排外、自大、虚荣等词来描述北京人吗？为什么？"当然，这种引导式的提问方式跟没有引导的效果就不太一样了。

（二）虚拟场景提问

有时候被访者对访谈员的问题无感，或者不知道从何答起，是因为访谈员清楚调研的背景、意义，但是被访者并不清楚提问的用意是什么，所以很多问题对于他来说是抽象的、陌生的。这时，就要"降维"，把抽象的问题具体化为场景,让被访者在具体的场景中给出自己的答案。这种答案,往往更加真实,更加具体,更加符合被访者的想法。

> 我们在青年住房研究中曾经这样启发对方:"网上有评论说,现在中国社会只有两个阶级,有房的阶级和无房的阶级。你怎么看这种说法?"我们之所以提出这个具体的情境,并不是真的要看对方回答"同意"还是"不同意",更不是要对其加以引导,而是要通过对方对于这些网络说法的评价,折射式地分析他们对于买房的看法。

随机反应提问与虚拟场景提问一个抽象一个具体,在同一个访谈中,最好将这两种提问方式都包括在内。这样两者可以有个比较,看看在不同的语境中被访者表达的意思有什么差异。一般而言,对于同一个主题,访谈顺序是先问随机反应问题,再问虚拟场景问题。比如,要了解产业工人对于罢工的理解,随机反应提问是:"你怎么看待罢工?你会参与罢工吗?"虚拟场景提问是设想几个引发罢工的原因或罢工的具体场景,看看他们的评价和说法。这两种提问可以紧挨着进行,也可以隔开进行。

(三)转移主体提问

在访谈中,对比较敏感的问题可以采用转移主体提问的方式。当提出的问题会让被访者尴尬,或者引起他的警惕时,建议采取这种方式。比如直接提问"你怎么评价现任领导"就比较唐突,如果转移主体提问"你认为别人是怎么评价你的领导的",就委婉多了。直接提问是"你怎么评价你的单位",转移主体提问就是"你认为别人怎么看待你的单位"。在具体访谈中,还可以自我主体提问和转移主体提问交替使用,以观察被访者的态度。比如先有一个自我主体提问"你怎么看自己的社会经济地位",再问一个转移主体提问"你觉得别人怎么看你的社会经济地位"。对于这些对冲表达的分析，可以使我们更深入地了解一个人的深层次想法。

（四）交换比较提问

为了减少和避免认识客观事物的片面性，陈云同志提出了"交换、比较、反复"三种方法。[①] 这其实就是调查研究的思维。在深访中，可以有意设置一些比较式的冲突场景，从而深入地了解被访者的想法。比如在横向维度比较上，可以这样问："你说……可是我听别人说是……"这样的提问方式，能够启发被访者，让他们从更多的角度思考问题。在纵向维度比较上，可以问"你刚才说……现在为什么认为……"或者"你刚才说……现在的意思是……为什么？"这样可以不断地刺激被访者深入剖析自己。

（五）提问之忌讳

深访过程中，要避免让被访者感到尴尬或无法回答的问题，比如"你为什么要做'蚁族'？""你都这么大年龄了，为什么还不结婚？"一些具有明显诱导倾向性的问题也不合适，比如"现在咱们国家对大学毕业生就业问题越来越重视，你怎么看这个问题？"如果访谈员这样提问，被访者恐怕也只能想："国家都重视了，我还敢说不重要？"

此外，还要避免使用被访者不熟悉的专业术语，比如"你对文化资本在阶层晋升中的作用有什么看法？"这对被访者来说简直是天书奇谈。访谈中也不能出现歧视性的、不尊重被访者的话语，比如贪图享乐、自暴自弃等明显含有贬义色彩的词语。即使被访者自己使用这样的词语，访谈员也不能使用。同一个话语，自己说和别人说，含义是完全不同的。

二、追问技巧

在访谈中，追问是比提问更重要的环节。尽管很多书列出了一系列的追问方法和惯用技巧，但是以我们的经验来看，追问更多的要看现场随机

[①] 金冲及. 为党和人民事业学哲学用哲学 [N]. 人民日报, 2015-6-15(7).

应变和临时反映。我们在第二章中曾经谈到，定性方法用于增加信息的丰富性，而不是在给定信息总量的前提下去探究，这正是深访的开放性所在，追问正是体现定性研究价值的地方。因此，没有追问，就不是深度访谈，也不是定性调查。试想一下，访谈员拿着确定的题目依次去问被访者，这和让被访者填答问卷又有什么区别？

既然是定性调查，就要遵循"信息饱和"原则。访谈员应先列出大致的深访提纲，然后按照这个方向，请被访者说出自己的想法或情况；在被访者回答的过程中，访谈员应抓住其谈话的要点加以追问；如此反复，直至信息饱和。在这个过程中要注意，尽管我们追求的是信息饱和，但要考虑被访者的现场情绪和即时状态。由于是追问，所以访谈员和被访者都是随机的，我们不能对被访者有过多的苛求。访谈过程中，访谈员应注意观察被访者的神情态度，如果被访者没有流露出反感的情绪，就能延续深访主题聊下去。对于被访者而言，有些问题可能是他从未思考过的，一旦被追问多了，或被追问得急了，他也会产生厌烦情绪和焦躁情感。

社会学家潘绥铭教授认为，追问的实质是：根据被访者的表述（而不是访谈员自己的假设），沿着被访者的思维逻辑，不断提出各式各样的猜测，这既可以请被访者验证，又可以时刻启发他们。

追问还有提醒被访者"言归正传"的作用。有时候被访者的思维一马狂奔，离题千里。如果访谈员直接打断被访者的话有失礼貌，这就需要抓住时机，然后不露声色地通过追问转换话题。比如在"洄游"青年调研中，我们经常碰见一些"会绕弯子的"被访者，一说起对大学生返乡的看法就滔滔不绝，从过去的上山下乡说到现在的大众创业万众创新，再大谈其他国家的城市青年回乡计划。这时候就需要访谈员提一个温和的承上启下的追问："是啊，您说得很有意思。不过我还是不明白，……（转向访谈主题）"。不过，依照一些访谈员的经验来看，如果连续两次都无法扭转话题，那么访谈员就只好乖乖地听下去。这样做一是出于对被访者的尊重，二是也可能在被访者的离题神侃中发现新信息。

三、行为技巧

在访谈中，访谈员可以通过自己的一定行为影响被访者，从而控制访谈过程。

礼貌、谦虚、诚恳、耐心是访谈员自始至终都必须具备的最重要的表现。例如无论被访者的回答怎样跑题或啰唆，访谈员都不能表现出丝毫的厌烦，只能用前述引导的方法改变局面。这种表现可以获得被访者的好感，对于访谈的顺利进行意义重大。

访谈员要善于运用表情和动作控制访谈进程。被访者如果看到的是一张毫无表情的脸，就会认为自己的话不被访谈员重视，从而失去谈话的兴趣。表情过于严肃，也会使被访者产生紧张感，从而影响对问题的回答。因此，访谈员的表情一定要生动，能够根据被访者所谈情境而变化。例如谈到被访者的挫折、不幸时，要有同情和惋惜的表情；谈到被访者遭遇的不平之事时，要有义愤的表情；谈到被访者一些难于启齿的隐私时，要有理解的表情；谈到被访者的成绩或得意之事时，要有高兴的表情等。访谈员还要注意一些动作细节对被访者的影响。例如，访谈员提问后一直目不转睛盯着对方，往往会使被访者局促不安，张不开嘴；而如果提问后目光转向自己的笔记本，做出一副准备记录的样子，则会令被访者从容许多。相反，在被访者侃侃而谈时，不看着对方，只盯着自己的笔记本，会让对方误以为他的谈话令人厌倦，从而中止陈述；而如果目光专注于被访者，他就会感到认同，从而滔滔不绝。再如，访谈员在被访者陈述时连连点头，这些动作可以鼓励对方谈下去；如果被访者的回答离题太远，则可以停止记录，这会起到制止作用；如果在被访者回答后感到内容不完全，可以停止发问，用期待的表情示意对方继续说下去，等等。

一般访谈的时间不宜过长，以三个小时以内为宜，最好不要超过四个小时。访谈员在访谈中，应集中精力、安排紧凑。一旦基本达到访谈目的，要平缓终止访谈，千万不要等到双方都感到非常疲惫、谈话难于继续进行时才结束。如果访谈目的虽已达到，但被访者谈兴仍浓，那么也不要硬性打断对方，可以适当延长访谈时间，待话题告一段落时，访谈员再借机插话，结束访谈。结束语通常是客气的问话，例如"今天的谈话非常愉快，您看还有什么要说的？"最后要礼貌地和被访者告别，向他表示衷心的感谢。

访谈员一定要重视结束访谈和告别，争取给被访者留下一个关于访谈整体的美好回忆。这不仅是对访谈员职业道德和素质的要求，而且对于调查研究工作具有直接的意义。因为尽管我们希望访谈一次完成，但事实上经常需要再次访谈补充某些资料，如果上一次访谈在告别时没有给被访者留下好印象，就没有二次登门的可能了。

附录：××市新生代农民工调研深度访谈注意事项

在访谈的整个过程中，访谈员需要做好充分准备，保障访谈的顺畅进行，具体来说有以下四个主要环节。

一、访谈流程
（一）寻找被访者

本次调研发放8000份调查问卷，现已经全部回收。根据问卷填答后留下的联系方式，课题组整理出284个潜在受访者，包括其问卷编号、姓名、联系方式。

每位访谈员随机分配20个潜在被访者，每位访谈员要发挥主观能动性，从这20个潜在被访者中确定接受访谈的被访者。根据潜在被访者所留下的信息，有以下几种操作模式。

潜在被访者联系方式	步骤1	步骤2	步骤3	步骤4
手机号码与微信	微信联络/聊天	电话联络	见面访谈	电话或微信补充完善
手机号码与微信	电话联络	微信联络/聊天	见面访谈	电话或微信补充完善
手机号码	电话联络	要微信/见面访谈		电话或微信补充完善
微信	微信联络/聊天	要电话/见面访谈		电话或微信补充完善

访谈员也可以采用滚雪球的方法确定被访者，如访谈员A在访谈新生代农民工B时，B又推荐了符合访谈的C（C是新生代农民工），此时也可以对C进行访谈。以此滚雪球的办法，也可以从C到D，但有一个原则，为了保障样本的代表性，同一个单位的被访者人数不能超过2个。

（二）约定时间地点

当确定好被访者后，要约定时间和地点，保证访谈的连续性。

1. 访谈时间：尽量以方便被访者为主，且在被访者感到心情愉悦的时候，如下班和休息日。

2. 访谈地点：使被访者感到安全和舒适，可以较为自由地表现自己的地方。

（三）实施访谈

此过程中要做以下五个方面的工作：一是进行访谈记录，为撰写访谈报告做基础；二是要注意观察被访者的工作环境和基本生活状态；三是要注意尊重、引导和扣题等访谈技巧；四是访谈结束时要给被访者礼物；五是访谈工作结束后要填写访谈记录单，并尽可能向指定邮箱发送两张及以上的访谈照片（包括访谈后与被访者的合影、访谈环境等），所发送访谈照片命名为"访谈员姓名+时间+访谈地点"（访谈地点精确到街道）。

（四）访谈准备

1. 问卷和记录单准备：本次被访者是从问卷填答者当中挑选出来的，因此首先需要对被访者的回答有基本的把握，并从中发现值得深入发掘的问题。如果被访者事先没有填答过问卷，则可以根据问卷的内容和访谈提纲对被访者做全方位的访谈。同时，携带访谈记录单。

2. 工具准备：携带纸笔以方便访谈记录；尽可能携带录音笔，在征求被访者认可的情况下，可以对谈话内容进行录音，以便于日后的资料分析与整理；携带相机，以便合影和对其工作单位等进行图像记录；携带礼物，以回报被访者。

3.形象准备：访谈的衣着装扮应得体，不宜与所访谈群体脱离太远，以免造成不利的首因效应和距离感，难以打开访谈局面。

二、访谈记录

1.现场记录：简要地记录下被访者的内容和要点，整理时可作为线索。

2.事后补记：在没有录音访谈的情况下，应及时以事后回忆的方法将被访者的情况尽量补充完整。在补记过程中，不要以自己的主观想象代替对方的思路，要尽量记录原话，少作概括性的记录，以免掺入主观成分。

3.录音整理：有录音的访谈，则需要边听录音边整理出访谈员与被访者所讲的内容，其原则也是尽量将我们可能分析的细节，以及那些重要信息的原话完完整整地记录下来，并将其感叹词、其他的情绪（如笑和哭、困惑的表情）和一些重要的身体姿势也记录下来。

三、访谈技巧

本次深度访谈是半结构式访谈，访谈提纲将研究的主要内容列出，主要内容是方向性的，比较宽泛，是鼓励被访者说出他们的经历与观点，为我们提供一个没有被过滤的、他们自己理解事情的方式，以便我们在接下来的访谈中进行追问。具体的深度、生动而细节的信息需要通过访谈员的追问和探测得来，访谈提纲中会将追问的关键点列出，具体如何问，应根据被访者具体的回答而定。

1.与被访者建立信任关系。向被访者说明访谈的目的和调查内容，争取对方的认同与支持，与其建立起一种相互信任与相互理解的关系。同时，访谈员应该向受访者做出明确的保密承诺，保证对方提供的信息不外露，如果报告中需要引用受访者提供的资料，访谈员要隐匿所有的人名和地名。访谈员应尽量做到真诚坦率，以消除对方的疑虑。

2.访谈前，需对被访者和访谈环境进行观察，根据对方特征寻找其可能感兴趣的话题。访谈可以从闲聊开始，避免以敏感性和隐私性的话题开始。

3.录音和照相要征得被访者同意。

4.闲聊之后，进入访谈的主题。可以按照访谈提纲的顺序进行，也可以随着被访者的回答随机应变，更改提问的顺序。

5.要有礼貌地耐心听，不时地使用"嗯""对""明白"等语言信息或者用点头、目光、表情和手势等非语言信息鼓励对方继续谈下去。

6.保持客观、中立的态度，不应有倾向性或诱导性的任何表示。对于被访者的回答，不宜做出肯定或否定的评价，更不应去迎合或企图说服对方，而只能做出一些中性的反应。

7.避免使用专业术语，应该将其转化为被访者比较容易回答的语言。

8.避免使用只能回答"是""否"的问题，如"你觉得你的同事喜欢你吗"，更好的表述是"你能描述一下你在这儿工作时与同事的关系吗"。这样则可以获得更加丰富的答案。

9.要进行追问。根据被访者的表述，沿着被访者的逻辑，不断提出各种问题，直至信息饱和。追问还应避免被访者的跑题，将之拉回到访谈的正轨上来。

四、基本要求

1.每位访谈员从提供的潜在被访者中确定4名进行访谈，在完成2名提供被访者的基础上，鼓励访谈员根据实际情况，采用滚雪球的方法，联系新的被访对象，进行深度访谈。自主联络的被访者不宜超过2人。

2.在课题组提供的访谈提纲基础上，每位访谈员完成4场个案访谈，并撰写访谈报告。

3.每场个案访谈尽量控制在3个小时之内，每个个案访谈撰写一篇访谈报告，每篇访谈报告在6000字以上。

  4.时间要求。7月1日—8月31日，60天时间内，每位访谈员根据实际需要自行安排访谈，自行控制进度，在8月31日晚12点前将访谈稿和录音提交到邮箱，访谈稿和录音文件命名为"访谈员姓名＋时间＋访谈地点"（访谈地点精确到街道）。

第六章　焦点团体座谈

焦点团体座谈（Focus Group）也称为焦点小组座谈或焦点小组访谈，是调查者或访谈人围绕某一焦点，基于结构化、半结构化或非结构化的座谈提纲系统地访谈一群参与者，并组织这群参与者就这一焦点进行讨论的定性方法。焦点团体座谈和深度访谈是质性研究中较为常见的两种访谈方式，相比于深度访谈，焦点团体座谈具备成本低、表面效度高、弹性大等优势，在社会科学研究领域和商业领域有着广泛的应用。

第一节　焦点团体座谈概述

一、焦点团体座谈的由来

在 20 世纪 20 年代美国学者保加杜斯（Bogardus E.S.）曾首度描述过团体访谈法（Group Interview），认为该方法是一个或多个调查者同时与两个及以上的被访者进行访谈的情景，用于了解人们对各类社会问题（如种族关系、对某一电影的看法等）的态度和观点。1946 年美国社会学家罗伯特·K.默顿（Robert K. Merton）和帕特里夏·L.肯德尔（Patricia L. Kendall）

在《美国社会学期刊》（American Journal of Sociology）发表了《焦点团体座谈》（The Focused Interview）一文，1956年两位学者又与学者菲克斯（Fiske）共同出版了关于焦点团体座谈的理论性专著《焦点团体座谈：问题和程序手册》一书，对焦点团体座谈法的开创和运用做出了重大贡献。默顿及其同事提出的焦点团体座谈法与团体访谈法的区别是前者会预先设计好主要的研究问题，调查者在研究问题的指导下组织座谈者在访谈中表达自己的观点。到了20世纪80年代，该方法得到了极其广泛的运用，应用人口学家将焦点团体访谈法引入人类避孕节育方法的使用知识、态度及实践研究中，同时传播学家也开始使用该方法去分析受众对媒体信息的解析，一些研究者还运用焦点团体座谈法研究一些特殊群体（如同性恋群体），出版物也逐渐增多，焦点团体座谈法逐渐成为定性研究中较为出名的资料收集方法。

团体访谈法和焦点团体座谈法既可通用又存在一定差异。一些调查者习惯于把较为正式、突出主持人作用、座谈者规模有标准限制、有集中主题的团体访谈称为焦点团体座谈，其余的则为非焦点团体访谈，可见在这类调查者的概念中团体访谈法和焦点团体座谈是包含和被包含的关系。但另一些人则认为两者不存在严格区分，可视情况将其区分为标准化的焦点团体座谈和特殊的焦点团体座谈。本章采用后一种观点，把焦点团体访谈在广义上进行定义，而不细分团体访谈和焦点团体座谈的区别。正如一些调查者所述，在实际的操作过程中，焦点团体座谈会根据环境、研究目的灵活变通，正是这种弹性使得焦点团体座谈的使用日益广泛。

二、焦点团体座谈与传统座谈会的区别

国内对座谈会并不陌生，从学生到工作者再到退休人员，或多或少都参与过各种各样的座谈会，如学习座谈会、工作座谈会等，那么焦点团体座谈与这些传统座谈会的区别是什么呢？一般认为，主要存在以下三方面

的差异。

首先，传统座谈会存在核心人物，一般为主持人或会议中心人物，但焦点团体座谈会中的主持人一般充当协调人的角色。

其次，传统座谈会中的参会者一般为熟人且具有可识别的地位标志，同时要求与会者进行事前准备。焦点团体座谈中的参与者一般为陌生人，参与者之间的地位平等，焦点团体访谈更重视现场的互动，不需要座谈者进行事前准备。

再次，传统座谈会在会议内容、会场环境、进行方式等方面有明显的倾向性或与某些利益机构、某一立场相关联，具备一定的程式。但焦点团体座谈则更倾向中立的主持人、会场环境及会议内容，更看重沟通技巧，会议进程较为紧凑，会议氛围更为活跃。

总之传统座谈会和焦点团体座谈是两类不同的座谈方式，所具备的功能和目的也存在差异。在日常的调研活动中，也可以灵活采用焦点团体座谈的方式进行。

三、焦点团体座谈类型

在进行焦点团体访谈的过程中，调查者一般会根据参与者数量、研究目的、座谈时间和座谈形式等对焦点团体座谈进行分类。1998年托马斯·L.格林鲍姆（Thomas L. Greenbaum）在《焦点团体座谈手册》（The Handbook for Focus Group Research）一书中指出，一般将焦点团体座谈分为完全团体座谈（Full Groups）、迷你团体座谈（Mini Groups）和电话团体座谈（Telephone Groups）三大类型，这三者既存在共同之处也有一定的差异。

首先完全团体座谈一般包括1名有经验的主持人，8—10位根据讨论主题筛选出的座谈者，座谈时间为120分钟至180分钟不等。迷你团体座谈除了座谈者数量为4—6人外，其他要素基本与完全团体座谈相同。电话团体座谈则是有经验的主持人通过电话对座谈者进行30分钟至90分钟团体访谈的形式,可根据研究目的选择与完全团体座谈或迷你团体座谈类似的参与者规模。以上三种焦点团体座谈主要存在三点共性:一是有经验的主持人在所有焦点团体座谈中都十分重要,主持人根据座谈提纲或座谈主题引导整个座谈,但需要尽量不要参与讨论,同时鼓励参与者围绕座谈焦点尽量多地表达观点;二是参与者的选择需要根据研究目的保持一定的同质性,使参与者能在座谈过程中提供高质量的讨论,如进行"职业女性工作家庭平衡状况"这一主题的团体座谈,应选择各个行业的在职女性作为参与者,如选择从未进入过职场的全职妈妈或在读的女大学生进行座谈则可能会存在研究偏差;三是三类座谈在进行过程中需要进行录音记录,以保证后期的文字整理,但需要提前告知被访者并征得被访者同意。完全团体座谈和迷你团体座谈是面对面的实体场景座谈,电话团体座谈依靠电话这一虚拟场景进行,能给参与者更好的隐私保护,但参与者之间的互动性也会降低,因此电话团体座谈中的主持人更像一个对参与者进行逐一提问的调查者。完全团体座谈和迷你团体座谈比电话团体座谈更容易进行录像记录,给未参与座谈的其他研究者提供座谈过程的完整互动记录,电话团体座谈能进行录音记录,几乎不可能进行录像记录。但在参与者需要高度的隐私保护、参与者空间距离太远或成本有限的情况下,电话团体座谈比完全团体座谈或迷你团体座谈的适用性更高。

随着互联网技术的快速发展,一些调查者开始通过网络技术进行焦点团体座谈,以解决电话团体座谈的一些弊端。

四、焦点团体座谈的作用与使用

自 1926 年以来,焦点团体座谈作为一种理解人们对某一问题的态度和观点的研究策略在定性研究过程中发挥了重要作用,这种方法在访问过程中依靠参与者间的互动来生成数据,这种互动性构成了焦点团体座谈区别于深度访谈的优势所在。

焦点团体座谈的突出作用表现在参与者间的高度互动性使访谈本身可作为研究对象。调查者在座谈过程中可根据研究主题有目的性地提出问题，并观察参与者在讨论过程中的认知方式、看问题的角度、思维方式、非语言行为（表情等）等，甚至还可观测参与者之间的行为反应，如目光接触等。假设研究青年婚恋观念，组织10位处于不同婚恋状态的青年进行焦点团体座谈，在座谈过程中，若主持人提问"若你们处于未婚的状态，你们希望未来的配偶是一个什么类型的人"，以此分析参与者的择偶标准，可能会发现处于已婚状态的青年会对未婚特别是单身状态的青年所表达的一些择偶标准（如"我希望我未来的另一半是'985'高校毕业的"）表现出不屑的态度，观察这些态度可了解不同年龄的阅历对择偶标准的影响。参与者的互动不仅仅是在座谈这一特定情境下不同人群彼此间的态度和看法，也可透视出不同人群所处环境中宏观政治、社会、经济、文化等方面的权力关系。

焦点团体座谈的另一重要作用还体现在参与者对研究问题的集体讨论，这种集体性的讨论，通过参与者的相互补充和纠正，使讨论内容比深度访谈更具深度与广度，同时整个过程中参与者经常充当"信息提供者"这一重要角色，能让调查者对知识进行重新建构，激发其新的研究点。因此集体性的讨论使焦点团体座谈在不同研究阶段具备不同的功能。首先在调查者对某一研究问题了解较少时，焦点团体座谈可帮助调查者快速了解研究问题本身，并收集一些与研究主题相关的背景信息，形成理论假设，或为后续开展的问卷调查或其他研究方法提供资料，这也使焦点团体座谈与其他研究策略融合性较好。与深度访谈结合时，焦点团体座谈可帮助调查者熟悉研究主题，调查者可以通过参与座谈者的想法完善座谈提纲和研究设计，也可以通过座谈选取合适的深访对象。焦点团体座谈还可帮助场景考察选取合适的观察地点，了解研究环境，也有帮助社区实验设计有效的干预手段和选择合适的衡量效果尺度等作用。在定量调查中，焦点团体座谈与问卷调查的结合最主要的作用体现在测量工具的开发上，帮助调查者把

如何有效开展调查研究

握调查对象的整体思路,还可担当问卷试测的工具。

焦点团体座谈还可在研究进行过程中进行,帮助调查者补充资料,改进和完善一些定量研究方法。在研究后期阶段则可为研究进一步补充资料,帮助调查者更全面地解释定量研究结果。

第二节 焦点团体座谈准备

一场成功的焦点团体座谈需要调查者在座谈前、座谈中和座谈后都有精心的准备,下文将对这些流程要点进行逐一介绍。

一、设计座谈提纲

在座谈提纲设计前,调查者首先需要明确研究问题和细化研究问题,分析焦点团体座谈对研究问题的适用性。焦点团体座谈适用于敏感性和隐私性较低的问题讨论,若在座谈会中询问参与者对政治问题、性等敏感或隐私性高的问题则不合适;座谈的主题不应过于宏观和专业化,需要考虑焦点问题对参与者而言是否简明易懂,以防在座谈过程中参与者能谈论的内容过少。在明确这些原则后,调查者还应进一步对提纲内容、提问方式和问题排序进行设计。

(一)提纲内容

提纲问题的设计原则是具备开放性和可讨论性,问题的数量则可根据访谈时间的长短进行调整,但总体上问题不宜过多,一般在120分钟至180分钟的座谈内,主要问题可维持在12个左右(正负6个问题)。在实际操作时这些问题的数量并不需要恪守提纲要求,主持人可根据座谈现场情况临时追加一些能够促进参与者讨论的问题，或对参与者的回答进行追问。提纲的提问内容可包括暖场问题、介绍性问题、过渡性问题、核心问题、结束问题等。

暖场问题一般与开场白配合使用，开场白一般在暖场问题之前，用于主持人介绍自己、解释座谈目的、解除参与者顾虑和讲解会议规则。

> 大家好，感谢各位百忙之中参与我们的座谈。我叫××，是××机构（部门）的一名工作人员。今天我们召开这个座谈会是为了了解社会组织的登记注册和运营管理状况。这个座谈属于政府正在制定的政策的一部分。此政策由××机构（部门）组织起草，旨在真实反映当前我国社会组织的发展状况，为规范社会组织管理、发挥社会组织作用提供理论参考和政策依据。今天我们能有机会聚在一起十分难得，希望接下来大家能畅所欲言。为了完整地记录大家的讨论内容，我们在座谈过程中会录音。录音资料仅限于政策制定和学术研究使用，对大家的个人信息，我们会严格保密，请大家放心。我们最后形成的调研报告或政策建议，会包含大家的真知灼见，但是否出现个人姓名，会尊重每个人的意见。
>
> 交流的时候请大家尽量使用普通话发言。当某个人发言的时候，请其他人等待发言人结束后再进行发言；如果您对别人的发言有自己的看法，也可等对方说完后直接向他（她）提出问题或评论。我相信，接下来我们会度过一段愉快的时光，也希望从大家那里听到不少关于此问题有创见的看法。

暖场问题的目的是让每个参与者开口说话，因此不需要太多问题，且回答一般都较为简短。这些问题可能不会用于分析，但具备缩短参与者间的距离，降低参与者对主持人的防备，减少会场紧张感等作用，可用于暖场问题的话题包括个人爱好、当前的时事趣闻等，但尽量不要在该部分设计个人人口学背景问题（如年龄、户籍、党派、婚姻状态、教育程度等）。

暖场问题

您属于什么星座，您平时对星座有什么样的了解？（单身女性青年座谈会）

可不可以请您用两三句话概括一下自己的特点，并告诉我们您平时花费最多的一个爱好。（大学生消费座谈会）

最近北京又开始雾霾了，您觉得雾霾给您带来了哪些影响？（老年人健康座谈会）

介绍性问题的目的是把参与者引入会议焦点的讨论中，让大家注意讨论主题。介绍性问题可对某一概念的定义或解释进行讨论，参与者回答这类问题的难度低，若参与者在回答过程中提到了一些意料外的回答，可对这些回答进行进一步的深入讨论。在时间有限的情况下，也可合并暖场问题和介绍性问题。

介绍性问题

当您听到"婚姻"这个词，您首先会想到什么？（青年婚恋观念座谈会）

现在大学里的专业种类繁多，是什么因素让您决定选择目前就读的专业？（大学生就业座谈会）

您什么时候开始知道苹果这个手机品牌的？（手机用户座谈会）

过渡性问题作为核心问题的铺垫，比介绍性问题更为深入和具体，一般是对介绍性问题的进一步细化和深入。在时间有限的情况下，过渡性问题也可与介绍性问题合并。

> **过渡性问题**
>
> 现在大学里的专业种类繁多，是什么因素让您决定选择目前就读的专业？您所在专业提供了哪些方面的就业技能培训？（大学生就业座谈会）
>
> 您什么时候开始知道苹果这个手机品牌的？您觉得苹果手机与其他手机相比，优缺点在哪儿？（手机用户座谈会）

核心问题则是整个焦点团体座谈的主要内容，是调查者需要重点设计的内容。主持人也需要了解哪些问题为核心问题，并在组织讨论的过程中分配较多时间给参与者对核心内容进行充分讨论。

结束问题则用于整场焦点团体座谈的结尾。主持人可在听完了所有参与者的观点后，让参与者对自己的观点进行总结，如"请用一句话概括您对今天所讨论主题的看法"。也可以采用主持人进行总结后询问参与者的方式进行，如"我这样总结是不是准确概括了大家的意见？"或"听完我的总结后，大家还有什么需要补充的吗？"。最后为了保险起见，主持人还可再简要重申本场讨论焦点，并追问"大家觉得还有什么问题没有在我们今天讨论的内容里面吗？"。

（二）提问方式

焦点团体座谈的提问方式一般是在情境和回答上都没有任何暗示的非结构化开放式提问，使参与者能根据问题充分讨论，即主持人不能在询问过程中暗示答案,也不能进行过多提示。如"大家下班后一般会去做什么事情?"就是一个典型的开放式提问,这种提问方式使参与者根据研究主题而非主持人的暗示回答问题,结构化的提问方式则如"您下班后一般是去逛街还是和朋友聚会?"或"您下班后是不是经常去逛街?"。一般这种提问方式会导致参与者简单地结束回答,降低座谈的互动性。

在设计焦点团体座谈提纲时,还应避免直接使用"为什么"提问。"为什么"式提问存在一定的假定,即假设人们的行为是理性行为,先有意愿然后触发了行为,但事实上个人行为都具备一定的非理性。简单地提问"为什么"可能会过于尖锐而激发参与者的防御心理,特别是针对一些具有争议性的问题时,因此并不推荐这种提问方式。

另外提问的方式还需简明扼要,避免专业化和复杂化,太复杂的问题可能会使每个参与者所接收到的信息存在差异。在提问时应该清楚准确地传达单一问题,参与者回答后再进一步追问即可。主持人在询问过程中可能会涉及举例的情景,但不恰当的例子会限制参与者的思路。因此开始对某一问题进行讨论时可尽量不使用案例,但在参与者对该问题发表完看法后,若要对某一点进行深入讨论,可再采用举例的方式推进。

(三)问题排序

焦点团体座谈是参与者互动性较高的场景,参与者的观点发表会受到其他参与者的影响,因此座谈提纲中问题的排序对一场成功的焦点团体座谈十分重要。问题的安排有以下要点。

首先,在开场白部分需要向参与者提供清楚的背景信息,使参与者了解座谈会的目的、组织单位、隐私保护等,放下心防。在前文已对开场白进行了举例,根据不同研究主题和目的稍作修改即可。

其次,特殊性问题需要放在一般性问题之后。如要了解老年人对某一养老项目的印象,提纲开始的问题一般为参与座谈的老人印象最深的同类型养老项目,这些项目的特点、使用频率等,然后再把参与者引导到目标项目，对这一项目的内容、优缺点、执行效果等进行讨论。

最后，负面问题应放在正面问题之后。负面问题是较容易被参与者讨论的内容，在大量讨论了负面问题后，会存在正面问题探讨时间不足的可能。在进行政策实施效果调研座谈的时候尤为需要注意这一问题。

二、选择与获取参与者

（一）参与者的选择

由于参与者是焦点团体座谈的重要信息提供者，因此在选择参与者时需要限定一定条件，以保证在时间有限、参与人员有限的情况下获取更多的与研究内容相关的有用信息。

首先，需要根据研究主题，选择与讨论焦点最为相关的参与者，若讨论主题是课外辅导班对中小学生的影响，参与者可为中小学生、中小学老师和家长，把大学生或未生育的夫妻纳入参与者行列则不合适。一般焦点团体座谈会根据年龄、性别、收入情况、婚姻状况、受教育程度等人口学和社会经济特征把背景相似的参与者放入一组讨论，以促进大家的沟通。但也有一些座谈为了引发参与者之间的争论，或观测不同背景参与者对研究问题的看法及互动，把不同背景的参与者放入一组，且差异越大越好。比如研究主题是青年的婚恋观念，可把不同婚姻状况、不同性别、不同年龄的青年放入一组，以便更好地激发不同特征参与者的讨论，后期分析也能从中收集和比较来自不同人群的观念。

其次，参与者的构成一般遵循陌生人原则，参与者之间、参与者与主持人之间均为陌生人的关系，以降低参与者的顾虑，在座谈过程中畅所欲言。陌生人的环境在座谈开始时可能使参与者感到害怕不敢发言，这个时候需要主持人引导大家对自己的情况进行简要介绍，让参与者充分了解到彼此之间不是由于条件不同而对问题的看法不同，在了解其他参与者与自己在年龄、工作、家庭等方面相似时，参与者就会感到亲切而降低防备。

但也有一些特殊的焦点团体座谈基于熟人原则开展，如家庭焦点座谈（焦点为家庭成员全员参与或大部分参与的目标事务，如孩子的教育问题）、社交圈焦点团体座谈（朋友圈、俱乐部会员等小圈子座谈）、单位职员团体焦点座谈（焦点为单位文化、员工满意度等）、社区焦点团体座谈（焦点为社区某一特定问题，如社区环保问题）等。熟人原则开展的焦点团体座谈中主持人与参与者的关系也需尽量保持陌生人原则，以增加参与者的安全感。

最后，参与者中尽量避免"专家型"参与者的出现，这类参与者重则会把整场座谈会变成他（她）一个人的深度访谈，轻则也会在一定程度上压制其他参与者的观点表达，这是焦点团体座谈中最不期望看到的结果。

（二）参与者的获取

在市场调查中，调查者一般通过尽量多的推荐渠道、多出所需参与者数量的候选人、严格的筛选过滤程序这三个原则来保证焦点团体座谈参与者的合格性。首先可通过扩大调查员数量、组织推荐和街头拦截结合、入户、电话随机和网络招募参与者结合等方式扩大推荐渠道招募参与者。在招募时可根据研究主题让有意向者填写过滤问卷，获得多于座谈所需参与者数量的候选人库，过滤员再根据候选人库进行正式的过滤访问和口头邀请，获得最终的参与者名单。但在政府调研过程中，如此操作可能存在一定的困难，可根据实际情况灵活调整。

（三）座谈会数量与参与者数量

在座谈会数量的下限方面，为收集足够的资料信息，同一主题、同一人群至少需要组织两场焦点团体座谈。在座谈会数量的上限方面，则有经验规则认为3—5场的座谈会后，焦点团体座谈所能提供的信息就会达到饱和，即参与者很少再能提供新的观点。但在实际操作过程中也需根据情况进行调整，如某一地区人群心理、行为能力差异大或调查者对研究主题了解过少时，需要调整座谈会上限直至达到信息饱和。

参与者的数量对座谈会的质量也有重要影响，成员太多可能会分散话题，造成参与者无法充分参与讨论，成员增加会带来成本的增加但有效信息却并未随之增加，成员过少则会影响资料收集的广度和变异性，降低互动性。目前并未有关于焦点团体座谈参与者数量选择的科学依据，参与者的数量可为 8—10 人不等，大部分有实践经验的调查者会倾向选择 6—8 人。若焦点团体座谈注重讨论深度，选择 4—6 人的迷你团体座谈较为合适，这种座谈类型能给予每一参与者较多的发言时间，但迷你团体座谈也存在一定的缺陷，如小型座谈会的互动性不如大型座谈会，且容易被个别"专家型"参与者主导。

座谈会津贴或实物报偿是降低参与者缺席率的有效手段。焦点团体座谈一般会给参与者提供一定的会议津贴或实物报偿，津贴的金额或实物价值并无一定标准，可根据参与者情况和课题经费灵活调整。津贴发放一般在座谈会结束后，津贴应装在信封中并附上感谢卡片以示感谢和尊重。

三、选择和培训主持人

焦点团体座谈的主持人是组织整个座谈会的重要角色，保证整个座谈会始终围绕调查者所设计的研究主题进行讨论，并鼓励每一位参与者积极发言，使参与者提供的信息达到最大值。这就需要主持人具备良好的观察能力、交流技巧等。因此主持人的选择需具备三个主要原则：一是对焦点团体座谈调研具备一定的经验；二是对研究主题具备一定的专业知识，能快速熟悉和掌握讨论内容；三是与参与者保持陌生人关系，主持人与参与者为上下级关系是主持人选择的忌讳。

在选择合适的主持人后，调查者还需对主持人进行一定的培训，如技能培训或熟悉讨论研究主题。若调查者本身作为主持人，也需根据自身经验查漏补缺。

四、确定座谈时间与场所

焦点团体座谈的时间一般为 120 分钟至 180 分钟。时间过短会降低参与者的有效信息量，从而降低研究深度；时间过长也会造成参与者的不耐烦，部分参与者可能还会因为时间过长而流失。因此在座谈邀约时跟参与者确认座谈会时长也是重要的步骤，让参与者对时间有一定的把握。座谈会的时间可根据参与者和座谈地点进行适当的安排，如参与者多为在职人员，且座谈地点不是参与者的工作地点，需要把座谈会尽量安排在周末，另外还需尽量避开用餐时间、午休时间等。

会议场所一般是较为舒适的环境。现在有针对焦点团体座谈开发的标准会议间，如单面镜会议室、普通会议室+VCR 系统等。有部分焦点团体座谈为了参与者方便或成本控制，也会尽量选择参与者熟悉的环境或其他非正规场所，如社区活动室、一般会议室等。但在非正规场所中，工作人员也需尽量将讨论安排在较大的房间中进行，以圆桌形式或地位差异不明显的位置布置方式就座。

第三节　焦点团体座谈执行

一、主持人职责

主持人在焦点团体座谈中既是参与者也是观察者和引导者，需要眼观六路、耳听八方。具体而言，主持人在座谈进行过程中主要有以下四个职责。

1.主持人需要协调参与者积极参与讨论，防止出现个别参与者主导讨论、吵架、跑题等情况。当出现个别参与者发言过于踊跃而压制其他参与者的积极性时,主持人要及时通过引导、追问、单独向某人提问等方式来把控局面。

2. 主持人需要避免参与讨论,特别是加入参与者的争论。

3. 主持人需要营造利于讨论的氛围。通过活跃气氛等方式拉近参与者与主持人之间的心理距离,也要做好开场白,避免官场话,打消参与者的顾虑。

4. 主持人需要有一定的灵活性,具备根据不同参与者、不同讨论情境调整座谈问题顺序、适时追问等把控座谈节奏的能力。这一能力不仅需要主持人有丰富的焦点团体座谈经验,也需要其对研究主题有充分的了解。

二、座谈会不同阶段的主持要点

(一)座谈开场阶段

1. 主持人问候参与者并自我介绍。

2. 介绍会议规则、会议主办方、讨论主题、保密规则等。

3. 组织参与者进行自我介绍,并通过聊爱好、天气等暖场话题活跃气氛。

4. 通过参与者的自我介绍初步判断参与者的个性。座谈开始阶段可让较为活跃、爱表达的参与者多说,以打开局面。适时鼓励不爱说话的参与者进入话题讨论,即使较为简单的问题,也可采用递进式问法增加其说话的机会,当碰到"我没什么好说的"或"和其他人差不多"这类回答时,可变换问题的问法的策略。

5. 避免在座谈过程中点名,以防造成紧张气氛。

(二)座谈进行阶段

1. 不断对参与者的发言进行鼓励式总结,即使参与者说的观点与他人重复或较为简单,也需对其观点进行表扬并激励其进一步发言。如"这是一个非常有趣的观点,其他人怎么看?"或"非常好,虽然刚才有人提到了这一点,但其实它也有不一样的地方,张先生我理解得对吗?"。但鼓励并不意味着对参与者的观点进行实质性的评价,主持人应保持中立,避免对参与者的观点发表支持或反对的意见。

2. 不断使用"让我们看看还有什么……"和"让我们一起来……"促进参与者的互动与挖掘参与者发言的深度。

3. 要及时处理发言过于积极且对相关问题较为了解的"专家型"参与者,可采用"目光脱离"或"及时穿插"的方式降低其发言频率,但需要避免其抵触情绪的产生。在处理"专家型"参与者的同时,也需鼓励"冷漠"的参与者多参与讨论。

4. 讨论过程中可能会出现部分参与者"开小会"的情况,主持人可对小团体中的参与者点名回答来破解小团体。若出现参与者抢着发言的状况,主持人可采用鼓励性的打断方式,如"大家都积极发言,非常好!大家的信息对我都非常重要,我不想错过任何一个人的发言,因此请大家依次发言"。若参与者对某一观点存在争论,主持人也需要及时站出来打断争论,采取柔性抑制的方式平复大家的情绪,如"看来大家对这一问题都有自己独到的见解,让我们先来听听某某怎么说""接下来我们再请某某跟我们分享一下您的看法"。

5. 主持人还需在讨论进行过程中不断活跃气氛。特别是当参与者集体沉默时,主持人可用情景提示或专门与某一参与者互动的方法,使讨论得以继续。

6. 在座谈进行过程中,当参与者提出重要意见时,主持人可复述参与者的发言来确认信息的准确性,特别是当参与者数量较多,或使用方言发言、口齿不清的时候。

7. 适时提示参与者会议的进程,如"我们还剩下两个问题了",给参与者一定的时间预期,以降低参与者的不耐烦感。

（三）访谈收尾阶段

1. 进行简要的总结，追问大家是否还需要补充发言，然后使用启发性、总结性的问题，让参与者进行最后一次发言。

2. 告知参与者若有进一步的建议和意见，可在会后与课题组联系。

3. 对参与者表示感谢。

三、主持技术

随着焦点团体座谈不断地被应用和推广，许多主持人也在这一过程中积累了丰富的经验，进而发展成了一些可完善焦点团体座谈的主持技术。这些技术有投影技术（Projective Techniques）、探测技术（Probing Techniques）和控制技术（Control Techniques）等。

投影技术和探测技术都源于心理学中的投射法，这两者都是通过特定刺激唤起参与者表达个人观点和感受，即通过被测试对象对测试客体的反应来推断其对目标事物的反应。因为人们被直接问到某一问题时，个人的直接回答有时候可能较难反映出他（她）复杂的意念结构，需要从问题的侧面进行提问。但投影技术比探测技术抽象程度高，因此探测技术更容易运用到焦点团体座谈过程中。目前调查者已发展出很多具体的测探方法，主要分为语言测探和活动测探两大类，前者获取参与者信息的主要工具是语言，后者则通过游戏、绘画、影像等活动分析参与者的心理。

控制技术则是主持人通过控制情境，观察参与者在情境中的互动而获取信息的方法。但也有学者质疑参与者在主持人所创造的情境中的反应、表达是否真实。

第四节 焦点团体座谈资料整理与分析

一、座谈记录整理

座谈记录是焦点团体座谈的产出,是后期分析的主要参考资料,对这些资料进行整理和归档是座谈结束后必不可少的工作。

(一)座谈资料整理

座谈记录有音像记录和文字记录两种。正式焦点团体座谈一般会进行录音或录像,但需要在座谈开始前征得参与者同意。音像资料不仅给文字记录提供参考,也可给未参与座谈的其他研究者提供现场讨论体验。因此在座谈介绍后需要尽快对音像资料进行确认,并根据时间等分类标准整理归档。

焦点团体座谈会设置专门的记录员对讨论内容进行文字记录。除了专业的速记员能在座谈现场对讨论内容进行完整记录外,一般记录员只能记录部分座谈会要点,但后期整理时可根据音像资料进行补充。若参与者是特殊群体(如政府涉密部门工作人员),参与者同意录音或录像的可能性较低时,课题组需要在座谈会准备阶段提前联系好专业的速记人员,对座谈会内容进行完整记录,以免文字资料不完整且缺少音像资料补充,影响后期分析。

座谈会进行前课题组需要给记录员进行提纲内容、记录格式、记录原则等方面的培训。焦点团体座谈结束后记录员要尽快整理好文字记录,文字记录一般包括标题、地点、参与者人数、主持人姓名、时间、记录员姓名和完整的座谈对话等内容。焦点团体座谈文字记录格式如下。

×××××课题焦点团体座谈记录

地点：××市××楼××室

座谈者人数：10人

主持人：×××

记录员：×××

时间：2019年6月30日

发言人	内容	群体反应
主持人	大家对今天的讨论内容还有什么需要补充的吗？	A和D相互看了一眼，然后笑了。
B	我希望政府能够对信息安全提供一定的保障。	很多人点头表示同意。
C	对，我再也不想周六大早上睡着懒觉就被骚扰电话吵醒了。	大家发出了笑声。

（二）座谈资料编码

可对原始会议记录进行编码以方便后期研究查找资料，当使用定性分析软件对资料进行分析时编码尤其重要。可选择将部分重点内容进行录入编码，也可将全部资料编码后录入电脑。

编码方式可根据调查者需要进行选择，主要有以下两种编码方式。一个是根据研究要点进行编码，在编码前需要将全部文字记录按照研究要点分类，并注明组别、参与者个人信息等可识别性标记。这种编码方式对同类内容的汇总分析较为适用。另一个是根据同类表达进行编码，需要在编码前阅读记录原文，找出参与者表达内容或用词相同或相近的部分，编码为一个号码，如代码"A01010314"，"A"代表北京地区，第一个"01"代表第1组，第二个"01"代表男性，"03"代表老年，"14"代表环境干净，归入"环境干净"下同类型词汇包含"街道整洁""没有垃圾"等。也可用以上两种编码方式混合编码,调查者可根据需要灵活选择。

二、座谈会报告

焦点团体座谈的报告并无统一格式。一般探索性研究只需要简单的座谈报告,如为定量问卷设计服务的座谈报告多为备忘录性质的分类整理资料,但描述性和解释性调研的座谈报告则较为详细。完整的座谈报告一般包括:对于研究方法设计、实施过程的评价,主要背景情况简述,研究的主要发现。

座谈报告的行文用词需要简单明了,以免不同阅读者产生不同的理解,在表达观点时尽量引用参与者用语。座谈报告也应避免使用绝对化的用词,在列出参与者意见时限定参与者的组别。

第五节 焦点团体座谈的利弊

焦点团体座谈作为一种质性研究方法,在调研实践中被广泛使用。调查者除了需要扎实掌握其基本技法外,还需对其优缺点与适用性有充分的了解,以便在实际工作中做到灵活掌握,与其他调查方法交替配合使用。

一、优点

(一)信息搜集效率高

焦点团体座谈法的最大优点在于能够在短时间内完成多个参与者信息的同步收集,提升单位调研时间的信息搜集效率。这种效率的提升,集中在三个层面：一是人力成本的节约，由于形式上为一个主持人面对多个被访者，可以大大降低对研究团队中经验丰富访谈员数量的人力诉求；二是时间投入的压缩，由于能够在同一地点同时对多个参与者完成信息搜集，一方面节省了多地奔波的交通时长，另一方面也将本需要串联的深访时长并联压缩在一起，减少了调研的总时长；三是研究主题的聚焦，由于需要在单位时间内完成对多个参与者信息的搜集，因此设问会较一对一深访更为聚焦，往往是快速直入主题，并会及时打断与主题无关的讨论，力求做到在单位时间内最大程度上收集相关反馈，在信息搜索效率方面追求极致。

（二）相互激发灵感多

焦点团体座谈的第二个优点在于参与者间的反馈能够相互激发，从而会在讨论中增强表达欲，达到类似"头脑风暴"的效果。这种表达欲的激发通常会通过三种机制达成：一是情绪的感染，由于是短时间在封闭空间下的讨论，参与者彼此的情绪相对容易互相传染，热烈讨论的氛围一旦形成，积极兴奋的情绪往往会激发参与者有更强的表达欲；其二是对立观点的刺激，在讨论过程中，难免会出现对立观点的冲突，这种冲突往往也能够激发更多的表达欲，从而带出更多信息；其三是灵感的激发，由于每个参与者的观点都可以被彼此听到，这一机制下，参与者看待事物的观点容易被彼此个性化的视角所激发，从而融合生成新的观点和角度，达成灵感相互激发的效果。过往的调查实践表明，通过焦点团体座谈收集的信息复杂度与态度多样性往往会高于单纯的一对一深访。

（三）多元参与体感强

焦点团体座谈方法的第三个优势在于调研项目中的多种角色成员均可参与其中，能够将调研的一手资料最快同步至调研项目内的多种角色（如需求发起方、报告撰写团队、问卷设计团队等），增强整个调研团队对研究课题的现实体感。诚然，值得说明的是，除主持人与座谈参与者外，其他课题相关角色原则上应以旁听者身份参与，同时尽量避免参与讨论，以免

如何有效开展调查研究

打乱整体节奏,甚至产生诱导回答的现象。这一优势在项目实操中非常有利于课题执行方与需求发起方及时对焦研究进展,并根据既有调研信息灵活动态调整原研究假设与框架,从而保障整体研究思路能够在课题上下游不同角色间保持同步。

二、缺点

(一)信息纵深不足

焦点团体座谈方法的侧重点在于短时间内集中就某一项议题展开充分讨论,为了保障讨论的聚焦性,往往会打断一些看似无关的讨论分支。这一特点在保障信息搜集效率的同时,也降低了信息搜集的纵深感,容易忽略一些看似无关的信息。特别是在一个与个人经历密切相关的话题上,焦点团体座谈受限于众人面前的害羞心理和隐私保护原则,无法完整了解每个参与者的完整过往经历。因此,仅能了解其当下的态度观点,而无法获取更多纵深信息,难以了解来龙去脉与机制性原因。

(二)容易诱发引导

焦点团体座谈的本质是多人间的互动沟通,尽管可以通过主持人的专业训练与参与者样本结构的精确控制来尽力避免讨论中出现权威,但在实操中难免会出现参与者彼此间观点的相互影响乃至劝导辩论现象。如此一来,便难以避免信息失真,参与者的态度观点可能会因焦点团体座谈的情境而有所改变和扭曲,或是被讨论中形成的权威所引导,或是被不专业的主持人所诱导,这一现象需要在执行中极力规避。

(三)控场难与信息杂

焦点团体座谈的主持控场工作难度较大,一方面需要主持人有较为丰富的执行经验和亲和力,能够快速打开局面,激发讨论;另一方面也需要主持人能够对研究框架有着深入的理解,能够适时追问与打断,将讨论节奏始终控制在既定的研究提纲与框架内,避免出现跑题、权威形成与诱导回答等现象。此外，由于焦点团体座谈的参与者人数较多，信息反馈的节奏与顺序也较为杂乱，这会给后期录音整理与观点打标梳理工作带来不小的挑战。调查者需要事先做好充足的准备，例如事先打印参与者名牌座签以便主持人控场沟通，录音文件中备注发言顺序与声音特点等。

三、适用条件

在对焦点团体座谈的优缺点有了全面认知后，我们基本可以认识到焦点团体座谈方法并非适用于所有类型的研究项目。简单来看，需要满足三个重要条件。

（一）非敏感性话题

研究课题如果涉及个人隐私话题或敏感题材，例如家庭隐私、政治态度、收入来源、丧子经历等，则不适用焦点团体座谈方法，强制应用的话有可能会导致参与者不愿沟通，乃至虚假反馈的情况出现。

（二）样本结构可控

焦点团体座谈方法要求调查者在座谈开始前就对参与者的基本情况有基本了解，能够根据研究诉求对样本结构进行拆分控制，保障焦点团体座谈的参与者达成在研究语境下的相对同质。如果现实条件与研究所处阶段无法满足上述情况，例如对参与者情况不甚了解，再如研究尚处探索性阶段，无法判断邀请何种角色参与焦点团体座谈较为合适，那么应先选择其他类型研究方法进行铺垫，待时机成熟后再使用焦点团体座谈的方法。

（三）侧重观点态度

焦点团体座谈最适宜使用的场景为态度观点类研究项目，如对社会现象的态度认知、政策需求的挖掘讨论、城市印象的头脑风暴创想等，在这类项目中，焦点团体座谈的灵感激发优势能够得到充分发挥。

四、研究伦理

我们要在本章的结尾特别强调焦点团体座谈中的伦理问题。首先，要将知情同意落到实处，严格意义上来说，需要在座谈开始前，向参与者说明真实调研目的与录音录像（如有）提示，在其明确表示同意后，才可开始执行。其次，重视对参与者个人隐私的保护，确保研究资料与内容不会外泄；同时，也应在座谈会结束后，向参与者强调双向保密机制，提示参与者彼此也不应在焦点团体座谈结束后，对外泄露其他参与者的隐私。最后，在焦点团体座谈的执行沟通过程中，主持人应避免使用歧视性话语，特别是对一些弱势群体使用不当的描述词汇，例如"聋子、哑巴、妓女、瘸子"等；当参与者彼此间有不当的歧视言语或倾向时，主持人也应适时打断圆场，避免参与者在座谈会之中遭遇不应承受的言语伤害和歧视。

附录：××市快递从业青年座谈会方案

（快递站点站长专场）

一、背景及主旨

本课题是由××部门与××研究机构合作开展的快递从业青年调查。座谈会是调查的重要环节，目的是通过与本市不同年龄、界别的人群以及有关职能部门的对话，最大限度地搜集一手资料，全面动态地了解快递从业青年的发展现状，为开展后续研究、形成政策建议打下坚实基础。

二、参会人员

本场座谈会拟邀请10名快递站点站长参加。

三、座谈流程

（一）开场白：由主持人说明本次座谈会主题、目的及相关注意事项，鼓励各抒己见，畅所欲言。（拟用时5分钟）

（二）讨论与互动：由主持人抛出此次座谈会所有讨论主题，鼓励参会者综合所列主题，逐一对快递从业青年群体发表看法，每人陈述时间不超过10分钟。（拟用时120分钟）

（三）致谢：由主持人向各参会者表达谢意，但不做总结性发言和倾向性发言，保持研究的价值中立。（拟用时5分钟）

四、讨论主题

（一）首先请诸位做个自我介绍，谈谈平时具体从事的工作。

（二）从目前掌握的情况上看，站点的快递员可大致分为几类？他们的工作和生活状态如何？

（三）新人一般都是通过什么渠道招来的？站点是否能在招聘上把控快递员质量？如果可以的话，如何把控新招快递员的质量？新入职的快递员是否可以选择去哪个站点工作？

（四）站点会进行哪些新人培训让快递员熟悉业务？工作考核一般包括哪些内容？

（五）快递员一般在站点能工作多久？离职率为多少？一般为何离职？离职后的去向是哪里？

（六）从您的理解看，快递员在工作过程中是否有工作压力？如果有的话，这些压力来源于哪些方面？公司和站点是否有措施降低这些工作压力？

（七）在管理快递员方面遇到过哪些困难？最大的难处是什么？在处理快递业务时遇到过哪些突发事件？如何处理这些突发事件？

（八）目前快递员的需求和诉求体现在哪些方面？

（九）公司和站点在提高快递员工作积极性上做过哪些努力？

（十）如何实现追求效率和降低工作压力间的平衡？

五、注意事项

（一）座谈会以学术研究为目的，意在最大限度地获取参会者想法与意见，每位座谈会参与者的合作都对课题组了解有关信息和提供决策依据发挥着十分重要的作用，无对错优劣之分，欢迎发表不同意见。

（二）座谈会中发言不涉及是非对错，采取无记名的方式进行记录，对每位发言者的回答，课题组将按照《统计法》予以保密。同时，为了尊重他人和尊重自己，我们诚挚地希望每位参会者都能共同保守彼此在发言中或多或少提及的个人隐私。

（三）课题组鼓励参会者就不同的观点进行辩论，在适当时机，可以打断彼此发言，但发言听众应为在场所有人，参会者应避免在他人发言时，在一旁开少数人参与的小会。

第七章 调研报告的撰写

俗话说:"编筐编篓,全在收口。"撰写调研报告,就是调研全过程的最后总结环节,即经过实践对某一问题实际情况进行调查了解,揭示本质,寻找规律,总结经验,最后以书面形式陈述出来。调研报告是整个调查工作,包括计划、实施、收集、整理等一系列过程的总结,是调研人员劳动与智慧的结晶,也是委托方或立项单位需要的最重要的书面结果之一。作为反映调研过程和成果的书面报告,调研报告撰写得好坏,关系到实践成果质量的高低和社会作用的大小,同时也是调研成果交流、使用和保存的重要载体。调查者在数据分析和深度访谈等一系列工作完成后,就要投入全部精力撰写调研报告,根据不同的目标和要求,以合适的形式将调研成果最好地展现出来。

在撰写报告阶段,绝不能将已有的官方宣传、汇报或调研材料作为研究的直接依据,当然把这些材料作为研究的初始线索或重要参考是可以的。我们要牢记,任何研究结论都必须建立在艰苦调查的末尾,而不是开始或过程之中。

第一节 调研报告的特点和意义

调研报告又叫调查研究报告,应该说后者是它更准确的名称。因为它不仅是调查的产物，更是研究的产物。调查，即深入实际，准确地反映客观事实，不凭主观想象，按事物的本来面目予以呈现。研究，即在掌握客观事实的基础上，认真分析，透彻地揭示事物的本质。调研报告的主要功能是搜集情况，并通过对调研所得情况的深入研究，提出一定的见解。因此，调研报告是根据某一特定目的，运用学术方法和理论，深入、细致、周密地综合分析某一事物或某一问题后，将这些调查和分析的结果系统地、如实地整理成书面文字的一种文体，像考察报告、调研报告及××调查研究等都是常见的调研报告题材。

撰写调研报告的目的是告诉有关读者调查研究的过程，实践中遇到的问题是如何破解的，最终取得了哪些成果和结论，这些成果对于认识和解决这些情况、事件或问题有哪些理论意义和实际意义等。

一、调研报告的特点

调研报告作为调研成果的阐述和说明，主要具有以下五个特点。

第一，真实性。真实性也叫作客观性或者确实性，指所反映的内容是真实的、客观存在的，即调查中的时间、地点、人物、原因和经过都经得起核对，是调研报告中最基本的属性。因此，调研报告必须是调查者亲自调查了解到的情况，绝对不能是捏造、拼凑的虚假材料。

第二，针对性。针对性是指对调查对象采取具体的措施。调研报告的针对性体现在撰写目的上，必须有明确目的，做到有的放矢。这里有两层含义：首先，必须明确报告的读者对象，读者对象不同，调研报告的写作方法应有所差异；其次，必须明确要反映或解决何种问题，任何调研报告如果不是针对特定主题而写的，就丧失了实际意义。因此，调研报告要从实际出发，有针对性地进行调查研究，总结经验，解决现实生活中迫切需要解决的问题。

第三，时效性。调研报告的写作必须讲究时效。主要有两方面原因：

一是调查者应对自己开展的社会调研活动做及时的总结，如果错过了最佳时机，往往会因为材料散失或其他原因无法撰写报告；二是调研报告反映的是新颖的现实问题，委托方或者立项单位往往会要求调研结束后规定的时间内上交报告，及时掌握调研报告中提出的观点和意见。如果延时提交报告，其作用也会相应地减少甚至丧失。

第四，系统性。系统性是指由调查材料所得出的结论必须具有说服力，把调查对象的情况完整地、系统地交代清楚，不能只摆出结论，而疏于交代事实过程和必要环节。调研报告的系统性，并不是要求在调研报告的写作过程中事无巨细、面面俱到，而是抓住事物的本质和主要方面，写出结论的推理过程。

第五，规范性。调研报告的撰写并非随意而作，在行文思路、结构、格式等方面都有一定的要求和规范，在撰写时要注意报告的规范性。

调查研究是为了获得信息，尤其是第一手信息。任何一项决策，只要不是出自当事者完全的"独裁"，都要基于某些信息。在提倡决策科学化的当下，更是如此。当今世界是信息社会，信息的产生、传播、影响速度都很快。不论是在企业还是在政府，信息就意味着权力。这不是在夸大信息的重要性，当政府决策体系以信息为基础时，信息就是实实在在的权力。同时，调查研究工作一方面在"获得"信息，另一方面也在"制造"信息。调查研究的成果往往以信息的方式体现，各种调研报告就是信息的综合体。调查研究的价值之一就是影响决策，也就是说，要用信息争取决策者的注意力。本书前面的调研设计、问卷、座谈、访谈等内容主要解决的就是怎么获取信息的问题，这是调查研究的关键性和基础性工作，获取信息后，就进入了下一个阶段，如何归纳提炼所获取的信息，如何从纷繁复杂的信息中找到有用的信息，如何向不同读者呈现不同的信息，这就是调查研究中的"研究"二字，也就是信息的"输出"。

二、调研报告的意义

调研报告的意义体现在以下两点：一是调研报告是调查工作的最终成果，调查活动是一个有始有终的活动，它从制定调研方案、搜集资料、加工整理和分析研究，到撰写并提交调研报告，有一套完整的工作程序，调研报告是调研成果的集中体现；二是调研报告是感性认识飞跃到理性认识的反映，调研报告比起原始资料来，更便于阅读和理解，它能把"死"数字变成"活"情况，起到透过现象看本质的作用，更好地指导实践活动。

当然，要撰写好调研报告，必须了解调研报告的特点，掌握调研报告撰写的步骤，撰写报告的方法，使调研报告在实际工作和理论研究中发挥应有的作用，这其中需要把握三个环节。

一是详细占有素材后，要认真分析素材，找出其带有规律性的东西。调研报告不是材料的机械堆砌，而是对核实无误的数据和事实进行严密的逻辑论证，探明事物发展变化的原因，预测事物发展变化的趋势，提取本质性和规律性的东西，得出科学的结论。调研素材很重要，但是我们又不能简单地罗列素材，把调研报告变成流水账。素材背后还有更深层次的事物发展的理论，这就需要我们具有扎实的理论基础。因此，调查研究要具备一定的思维想象力。调查报告就像拔萝卜，调查者既要尽力揪住萝卜叶，又要想办法挖出萝卜根。拔萝卜的力度一定要控制好，既要拔出萝卜带出泥，又要小心不能把萝卜根扭断；不然，根是根，叶是叶，我们就得不到一个完完整整的萝卜了。

二是运用好调研材料，叙议结合。一方面，调研报告要准确地叙述客观事实；另一方面还需要把调研的东西加以分析综合，进而提炼出观点。对材料的研究，要在习近平新时代中国特色社会主义思想的指导下，用科学的方法经过去粗取精，去伪存真，由此及彼，由表及里的过程，从事物发展的不同阶段中，找出起支配作用的、本质的东西，把握事物内在规律，运用并合理安排最能说明问题的材料，做到既要弄清事实，又要说明观点。

如何有效开展调查研究

这就需要在对事实叙述的基础上进行恰当的议论，表达出论文的主题思想。

三是语言上力求表达准确，生动活泼，通俗易懂。调研报告是充足的材料加精辟的论证，不要求华丽浮夸的辞藻，不要求吹毛求疵的描述，只需要简明朴素的语言报告真实情况。同时，调研报告也涉及可读性问题，即易于读者理解和接受，因此调研报告的语言既要准确简洁，又要通俗生动，以增强说理的形象性。

第二节 调研报告的类型

不同的调研目的，可能会写出不同类型的调研报告。学术界和政府企业的调研报告虽然不尽相同，但可以按照类型进行划分。不少书籍和论文依据调研目的和调研报告的作用，将目前主流的调研报告归纳为五大类。

一是问题解决型调研报告。目的是解决某方面或某一个突出问题，如《机关干部扶贫工作状况的调查》。问题解决型调研报告，需要陈述问题的表现、影响以及解决问题的重要性，分析问题产生的原因，并有针对性地提出具有可操作性、可行性的对策建议。

二是政策研究型调研报告。目的是制定或完善政策，强调在政策层面上解决某方面的问题，如《当前北京市青年住房情况分析及政策建议》。政策研究型调研报告，需要陈述政策的现状、影响以及解决问题的重要性，在政策层面上分析产生的原因，并提出应对的政策建议。

三是决策反馈型调研报告。目的是掌握各种决策的具体成效，以加强或改进工作，如《部分地方免除城市义务教育阶段学杂费政策实施情况的调研报告》。决策反馈型调研报告，需要陈述决策的实际效果，对决策成效进行定性判断，并适当提出加强或改进工作的建议。

四是评估预测型调研报告。目的是对一些有阶段性指标要求的动态性工作进行趋势预测，便于有效控制实施，如《医药行业发展趋势、问题以及并购重组建议》。评估预测型调研报告，需要用实际数据说明主要情况，对当前形势做出评估，对发展趋势做出判断，并提出有效的调控建议。这种类型的调研报告主要用于经济形势、商业形势的分析和预测。

五是考察型调研报告。这种类型的调研报告也被称为考察报告。目的是学习其他地区、行业的先进经验、做法，促进本地区、本行业中某方面工作的开展，如《新加坡解决居民住房问题的主要做法及启示》《日本养老产业主要经验与价值》。考察型调研报告，需要陈述主要做法、成效和经验，并结合本地区、本行业某方面工作的实际情况提出具有借鉴性的建议。

本书采取新的标准对调研报告进行分类，主要类别有资料型报告（汇编报告）、分析型报告（调查报告）和研究型报告（调研报告）。分类的主要依据是资料提取程度和分析深度，对读者呈现的形式以及对研究方法的运用。这三个标准也是本书区别于以往研究对调研报告分类的主要特点。本书的这种分类，是从信息获取、提炼、呈现的视角进行的，是一种不考虑调研目的和调研主题的分类方法。

一、资料型报告（汇编报告）

资料型报告（汇编报告）主要是指通过问卷调查、深度访谈、焦点组座谈所收集到的原始资料，这类资料能最直接反应调研对象的情况，是真正的第一手信息，是最丰富的信息，不经过任何的加工和归纳分析，仅仅依据不同的内容进行排序，便于读者更好地了解原生态的调研素材。资料型报告是信息提取归纳度最低，但最客观的报告，是原汁原味呈现的报告，也是最能感受研究方法痕迹的报告。在实际工作中，资料型报告主要以汇编、附录等形式呈现。

资料型报告依据所用方法的不同可以分为两类。一是定量研究，主要是呈现不加任何分析和研究的数据结果，仅客观呈现，不对读者有任何的引导，主要目的是为读者提供资料参考，让读者从中按照认识规律和关注重点形成自己的分析观点，示例如下。

您的出生年月是 [＿｜＿｜＿｜＿] 年 [＿｜＿] 月。

（平均年龄 26.4 岁）

年龄	频数	百分比 (%)
24	142	14.14
26	130	12.95
25	114	11.35
27	101	10.06
23	94	9.36
28	79	7.87
30	62	6.18

在示例中，资料型报告要将所有年龄段的频数分布进行呈现，而不是仅仅呈现"平均年龄为 26.4 岁"。这种平均数算法会掩盖一些事实，比较抽象。这也正是资料型报告的优势所在，能让读者了解更多的信息。能明显看出，随着年龄的增加，人数在减少等，其中 24 岁的人数最多等分析判断。

资料型报告的第二类别是定性研究，呈现座谈会、深度访谈等所收集到的被访者信息,也是没有经过加工、直接呈现的,其丰富性更强,生活语言更突出,没有信息的过滤与衰减。座谈类定性研究资料型报告示例如下。

××医院座谈记录

一、感受

1. 就医环境改变了不少。

2. ××的管理理念很好,得到职工的认可。

3. 引进专家人才,起到了一定的作用,也加强了科室建设,主要的体现就是门诊量的上升。

4. 宣传工作和文化工作做得比较好。

二、主要问题

1. 院长更换频繁,法人院长换了3个,执行院长换了2个,导致医院缺乏长远的规划和打算,工作的延续性不强,也对医疗工作产生负面影响。

2. 人员梯度不合理,中间梯队人数少。医院年轻医务人员占比高,经验不足;中间层次人员少,专家带团队效率不高,作用难以发挥;加上临床压力多,专家也没有时间来培训人才。

三、担忧

1. 如果绩效考核以挣钱为导向,就会造成一些人为的负面影响,不利于医院公益性的发挥。医院的考核,尤其是二级中医医院的考核,是很难的,加上挣钱的因素,对绩效考核办法的合理性表示担忧。

2. 医患纠纷中经常是医生让步,长此下去会影响医生的情绪。

四、期望和建议

1. 改革磨合期，很多具体问题需要在执行中解决，所执行的政策还应该多沟通，让员工理解。

2. 法人、院长、副院长等管理层要注重稳定性，有任期，有考核，有指标。

从示例可以看出，座谈类定性研究资料型报告所呈现的观点都是单个观点，没有体系，没有逻辑，大致按照一般顺序分为几类，从中可以看到座谈者的态度、认识和其他情况。

在实际研究中，多数调查者会采用深度访谈，这种方法能够挖掘事件背后的深层次原因，这种方法的资料呈现状况如下。

"北京的金字塔太尖了"

一、基本情况

被访者：琚先生　　访谈人：李★

访谈地点：海淀区东升镇塔院村小月河南端的一家和合谷餐馆

访谈时间：2013年2月17日 18:00—21:00

二、正文

琚先生，1986年出生于河北某县城，2004年参加高考，排名位居县内前列，当年进入××大学录取分数最高的专业之一生物工程专业。

……

"专业名字太忽悠人"

……

"生物工程专业居然在食品学院！报道的时候我们跑到生物学院居然发现自己走错地方了！"他看起来有些愤愤不平，虽然时间已经过去了近9年。

"那您没有尝试过换专业？"

"我们学校有这样的政策，但是太麻烦，我这人不爱太烦琐的事情。"

一波三折的工作生涯

……

"你觉得创业过程中还发现了什么困难？"

"太多了，没有资金，没有技术，也没什么门路。"

杂记：指点江山，书生意气犹在

……

"任何社会都是一个金字塔，99%的人重复劳动为1%塔尖的人服务。但是北京的金字塔太尖了，底层人的上升渠道太少。在这个城市里，我没有存在感。"

"人的痛苦来自对比。我相信在一个封闭的小山村里，大家都一样，就不会觉得痛苦。"

二、分析型报告（调查报告）

分析型报告，也就是通常意义上的调查报告，这类报告在当前比较流行，很多大型调查公司所完成的多是这类调查报告，这种类型的报告主要包括定量分析报告（数据分析报告）和定性分析报告（文本分析报告）两类，是根据所运用资料获取方法的不同区分的。

分析型报告的撰写需要对基础材料进行分类，主要有三个方面：首先，检查资料、材料是否切合研究的需要；其次，鉴别事实材料的真实性，数据的准确性，保证材料的真实可靠，确实反映客观实际；最后，如有条件，尽量制作图表、数表，因其直观形象信息量大，能够帮助读者迅速理解调查内容。此外，还可以根据材料的性质进行分类，依研究目的，分为记录资料、文献资料、问卷资料、统计资料等。依研究性质，分为年龄资料、性别资料，职业资料等。也可分为背景材料、数据材料、典型（人物或事例）材料等。

定量分析报告，又称数据分析报告，是对社会现象或事物的规模、范围、程度、速度等方面数量关系的情况和变化，进行变量计算和考察分析，弄清其数量特征的方法。简言之，就是从事物数量方面入手进行分析研究。一般来说，数据分析报告就是对调查问卷结果的描述性和解释性分析，主要是呈现问卷调查的结果，这类报告是目前市场调查的主流，也被社会广泛熟知。

数据分析报告的分析手段是统计分析，即运用统计学的原理，对调查所得的数据资料进行综合处理，分析现象在一定时间、地点、条件下的数量关系，以揭示事物的性质、特点及其变化的过程和方法。统计分析法包括描述分析和统计推论两个部分。描述分析，是整理加工收集到的数据，找出其中的规律以及现象之间的关系，并用统计量对这些资料进行描述。它主要包括：编制次数分布表，绘制次数分布曲线，测绘现象的集中趋势、离散趋势以及现象之间的相关关系等。例如，研究城市居民近五年来生活水平提高的情况，根据调查所得的材料，把每户居民年收入划分为六个等级：20000元以上，17000—20000元，14000—17000元，11000—14000元，8000—11000元，8000元以下。然后计算每一个等级中有多少户居民，这就是事件次数分布统计;计算各等级居民在全体居民中所占的比重,就是比例分布统计;计算全体居民的平均收入,就是对这个数列的集中趋势的统计;计算全体居民平均相差多少钱,就是离散趋势的统计。一般而言,实践中多数是运用简单统计学方法,即百分比、柱状图、饼状图等来呈现结果。

北京"蚁族"群体发展状况调查

一、个人情况

此部分主要从性别、年龄、民族、籍贯、户口、政治面貌、宗教信仰、婚姻和教育等方面来考察该群体人口统计学情况。

就性别而言,本次调查该群体中男性略多于女性。如图1所示,男性占比为54.1%,女性占比为45.9%,男性高出女性9个百分点。

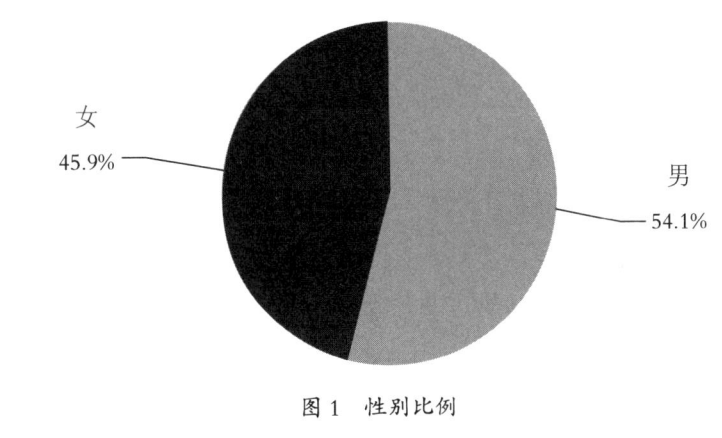

图1 性别比例

从年龄分布来看,该群体仍以80后为主,平均年龄为25.9岁,呈现出"两头小中间大"的正态分布。其中,人数最为集中的是23岁—30岁年龄段,占据整体的78.0%。从不同性别的年龄来看,男性的平均年龄为26.2岁,女性的平均年龄为25.6岁,男女年龄差距不大,男性年龄略大于女性。

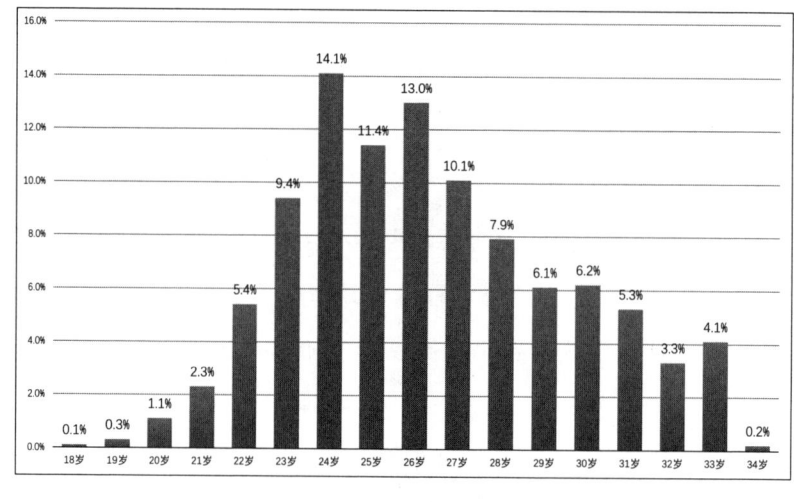

图2　年龄分布

数据分析报告主要包括两个部分:一是前言,二是主体内容。前言是对调查报告的总体概况,一般有三个内容:调查工作的缘由,调查工作的开展概况以及此项调查工作的意义。主体内容是根据调查问卷的框架结构进行的结构布局。在撰写数据分析报告的时候一定要把握真实性和严谨性。真实性是分析报告首要的、最大的特点。所谓真实性,就是尊重客观事实,靠事实说话。这一特点要求调研人员必须树立严谨的科学态度,秉承认真求实的精神,彻底抛弃"假大空"的虚伪作风,不仅报喜,还要报忧,不仅要充分肯定工作成绩,还要准确反映工作中存在的问题。严谨性要求撰写数据分析报告的时候，要坚持原封不动地进行数据分析，不对数据进行任何加工处理，能够经得起学术检验。同时，还要求数据分析呈现问卷的所有题目，而不是有选择地呈现、有倾向地分析。

调查报告中除了数据分析报告之外，还有定性分析报告，又称文本分析报告，是对座谈会文本、深度访谈文本的分析，主要的方法有内容分析、元分析等方法。内容分析是一种对于文本内容进行客观、系统和定量描述的研究方法，其实质是对文本内容所含信息量及其变化的分析，即由表征的有意义的词句推断出准确意义的过程。内容分析的过程是层层推理的过程。内容分析的种类可归纳为：实用语义分析、语义分析和符号载体分析。以内容分析为代表的文本分析报告，具有客观性，必须有非常明确、固定的客观规则，使同一素材在被不同的调查者分析时得出的结论相同；具有可验证性，有同样的取舍标准，以防调查者在选取材料时偏向于选择支持自己观点的材料。文本分析报告中比较有代表性的是词频分析。

> 本研究选取了北京地区的大学生48人，其中男生22人，女生26人。学生来自清华大学、北京师范大学、北京航空航天大学、北京理工大学、对外经济贸易大学、中国青年政治学院6所高校21个专业，被试者选取在宿舍随机抽取。向大学生阐明核心人格的界定与特征，然后让被试者依据本群体的心理特点写出一个核心人格特征。部分深度访谈对象未作答或描述不符合核心人格标准，如"找一份好工作"。收集大学生所写出的核心人格词汇共73个，将词汇进行整理，将同义词合并，将反义词归类，获得35个核心人格词汇，并统计出核心人格词汇的频率。然后，将核心人格进行归类分析，获得大学生核心人格结构。词汇收集与整理工作由三名心理学专业人员分别完成，并归纳出一致的核心人格结构。最后，依据所确定的核心人格结构再次分析大学生自我描述资料。

人格分类	频率	正性人格	频率	负性人格	频次
敢为性	131	积极进取	43	迷茫空虚	4
		自强自立	38	依赖	1
		自信	22		
		创新	14	保守	1
		竞争	8		
		拼搏勤奋	8		

可以看出，文本分析是对深度访谈报告进行词频分析，然后以此为基础进行归类分析，从而总结出了一些特征。总体来说，分析型报告（调查报告）是在资料型报告基础上，对相关内容进行了一些归纳分析，但还没有打破研究方法上的界限，是以不同研究方法为框架和基础进行的归纳总结，是一种中间状态的调研报告。

三、研究型报告（调研报告）

研究型报告是在政府机关、企事业单位中常见的调研报告，也是最通俗意义上的调研报告，这种报告不仅重视调查过程，而且更加关心研究分析，需要在研究上下功夫，这是对材料和资料分析最深，也是信息衰减最多的一种报告，这种类型的报告打破了研究方法的限制，不像调查报告依附于不同的研究方法，调研报告是在综合各种研究方法的基础上，按照一定的逻辑分析框架和一定的撰写体系书写的一种既有定量也有定性、论述充分、主题鲜明的报告。

首先，主题鲜明，针对性强。这是该类型报告所具有的显著特点，这是由具有很强的工作针对性所决定的。一般来说，一项调查研究工作，特别是大型调查研究,要花费较大的时间、人力和物力,不是随意组织进行的,要针对一些较为迫切的实际情况,解决某些实际问题。因此调查研究就具有很强的针对性,在调研报告的写作上,必须中心突出,明确提出所针对的问题,明确交代这一问题所获得的事实材料,分析问题的症结所在,提出具体可行的建议和对策。

其次,材料取舍是关键,具有典型性。典型性是指在调研报告的写作过程中所采用的事实材料具有代表性,以及所揭示的问题带有普遍性。这种典型特点在总结经验和反映典型事件的典型调研中表现得尤为突出。

再次,整体性和系统性较强。调研报告的系统性或完整性是指由研究材料所得出的结论,必须具有说服力,把被调研的情况完整地、系统地交代清楚。不能只摆出结论,而疏于交代事实过程和必需的环节。这里所说的系统性和完整性,并不是要求在调研报告的写作过程中,事无巨细,面面俱到,而是抓住事物的本质和主要方面,写出结论的推理过程。

总的来说,调研报告就是论证系统,逻辑严密,论据充分。本书中调研报告的撰写主要是指这类报告,也主要对这类报告进行分析和展示。如我课题组在北京"蚁族"数据分析报告基础上,综合文本分析报告形成的最终调研报告。

"蚁族"调研报告框架中,既有对数据分析的总结提炼和比较研究(八个变与八个不变),也有对这个群体发展的纵向认知(四个怎么看,"蚁族"群体的再认识),还有从这个问题引发的思考、启示和对策建议。这份调研报告的侧重点在研究上,六个一级标题中,仅有两个是对调查资料的直接运用,四个是研究分析。

北京"蚁族"群体发展新态势及若干思考

一、北京"蚁族"发展状况的八个变化

（一）规模在增大，增速在加快

（二）学历层次在提高

（三）居留模式在转变：由个体向家庭

（四）群体居住状态由主体聚居向散居、混居等多种状态并存转变

（五）定居北京意愿在减弱

（六）收入状况在改善

（七）劳动权益保障在提升

（八）失业率在下降

二、北京"蚁族"发展状况的八个不变

（一）住房条件仍然较差

（二）生活环境仍然存在隐患

（三）就业状况仍然以体制外为主

（四）对政府信任度仍然较低

（五）社会不公平感仍然较强

（六）自我期望仍然较高

（七）网络使用仍然频繁

（八）代际特征仍然明显

三、四个为什么："蚁族"产生的原因探析

（一）劳动力市场分割的因素

（二）大学毕业生供求结构失衡和错位的因素

（三）我国经济发展不均衡因素

（四）"蚁族"自身因素

四、四个怎么看："蚁族"群体的再认识

（一）人口城市化的先行军

（二）首都劳动力市场的供给者

（三）京津冀协同发展的纽带与载体

（四）首都公共服务和社会管理的重要对象

五、四个怎么办：管理服务"蚁族"群体的新路径

（一）强化社区服务功能，健全公共参与和权益表达渠道

（二）加强舆论正能量引导，提升网络舆情应对能力

（三）提高"蚁族"参与社会管理的科学化水平

（四）合理引导高校毕业生到二、三线城市就业

六、四个新思考："蚁族"给青年工作的启示

（一）从"蚁族"群体看青年社会化

（二）从"蚁族"群体看在职贫困

（三）从"蚁族"群体看社会网络

（四）从"蚁族"群体看合理预期

调研报告侧重比较分析，通过比较分析将一些规律和现象进行观点性总结。如在"蚁族"群体的调研报告中，对"就业状况仍然以体制外为主"这一结论就是通过对比分析得出来的。

2009年调查显示，"蚁族"工作单位性质以私/民营企业为主，占57.8%，在国有企事业单位、集体企事业单位中工作的比例分别为10.5%和3.4%。2010年调查显示，在私/民营企业工作的"蚁族"比

如何有效开展调查研究

> 例有所上升，占到63.6%，在国有企事业单位、集体企事业单位中工作的比例有所下降，分别占到9.2%和3.2%。在党政机关工作的比例也从0.2%降至0。而2013年调查也发现，"蚁族"仍然多在体制外就业，私/民营企业占63.2%，国有/集体企事业单位占14.3%，比例与往年基本一致。

调研报告另外一个特点就是突破方法限制，综合运用各种方法得到的结果进行相互印证。如"蚁族"群体调研报告中，从"蚁族"群体看在职贫困这一个观点的得出，就是综合数据分析和深度访谈所得出的结论。

> 该群体的月平均收入为4403.5元，其中，月收入处于3000—3999元的最多，占比为24.1%；其次是4000—4999元段，占比为17.9%；5000—5999元和6000—6999元也较多，比例分别为15.9%和15.0%；9000元以上和2000元以下的较少。
>
> 在聚集区调研中，课题组遇到一个在证券业工作的名牌大学毕业生，他月薪一万元，每月省吃俭用仅花费一千多元，丰裕的收入并没有给他带来生活上的安全感。"我一个月省下八千多元，什么时候才能买得起北京的一个厕所？"这是他对我们说的话。其实，我们都知道这样的事实，凡是大学刚毕业能买得起房的，首付都是父母提供的；而他只是一个农村的孩子，首付的几十万对他不啻天文数字。

四、调查报告（分析型报告）与调研报告（研究型报告）的差异

关于调研报告撰写，有不少书籍进行介绍和总结，我们特别要强调的是，调查报告和调研报告是两个不同层次的报告。调查报告是对某一情况、

某一事件调查后,将所得的材料和结论加以整理而写成的书面报告。调查报告的使用范围很广,制定方针政策,解决实际问题,弄清事件真相,扶植新生事物,推广典型经验,都离不开调查报告。调研报告反映具有重大意义或带有关键性问题的情况,内容比较复杂,深度广度的要求比较高。广义上说,所有的调查报告都或多或少带有某种研究性质,都是初级阶段的调研报告。

调查报告与一般的调研报告并不一样,主要原因在于调查报告与调研报告的侧重点不同。调查报告侧重数据呈现,而调研报告侧重分析研判,是以调查为前提,以研究为目的,研究始终处于主导的、能动的地位,它是调查思考的高度凝练,要充分反映调查的成果。调研报告的写作要抓好三个主要环节:调查、研究、报告。这三个环节中,调查是基础,研究是关键,报告的写作是把调查获得的材料所形成的观点,通过布局安排、语言调遣组织成文章。这里,调查与研究是辩证统一的关系。它们之间不仅相互作用,相辅相成,而且相互贯通。调查的目的,在于掌握大量真实全面的事实和数据,对基本情况有一个系统的了解;研究的目的是对已经获取的材料进行分析、研究,探索事物的本质和规律;报告则是在调查、研究的基础上,用书面形式说明结果。因此,可以说"调查"是"研究"的事实基础,"研究"是"报告"的理论依据,"报告"是调查、研究的具体体现形式。

当然,到底采用哪些报告形式,要根据调研的目标和读者的需求而定,如果是普通读者群体,呈现调查报告即可,如果是专业读者群体,需要呈现到调研报告的程度。当然也可以采用综合式,将几种报告分别呈现。

下面,我们着重介绍如何撰写调研报告。

第三节 调研报告的结构

从结构上来看,调研报告一般由标题、前言、正文、结尾、附件等几部分构成。

一、标题

一个好标题往往能起到"画龙点睛"的作用,因此有"题好一半文"之说。调研报告的标题应该简短、明确,能充分概括调研内容或核心观点。标题的字数一般不宜超过20个字。其特征有两个:必须准确揭示调研报告的主题思想,做到题文相符;高度概括,具有较强的吸引力。总的来讲,标题有以下五种形式。

第一,直叙式,即直接用调查对象或调研内容做标题。例如《北京市"蚁族"群体调研报告》《关于农村合作医疗的调研报告》等。这类标题,直接指明了调查对象,概括了报告主题,比较客观、简明,但显得呆板,缺乏吸引力。这种标题形式,多用于专题性较强的调研报告。

第二,判断式,即用调查者的判断或评价做标题。例如《农业产业化发展的一种好形式》《当代青年创业的新探索》等。这类标题,揭示了报告主题,表明了调查者态度,比较吸引人,但在标题中往往不易看出调查对象和报告的主要内容。这种形式的标题,多用于经验总结,研究政策,支持新生事物等类型的调研报告。

第三,提问式,即用提问方式做标题。例如《大学生毕业不就业到底纠结在哪》《如何破解快递小哥的职业发展瓶颈》《结婚是否一定要买房?》

等。这类标题,提出了问题,设置了悬念,是一种比较尖锐、鲜明的标题形式,有较强的吸引力,但标题中一般看不出调查结论,这种标题形式,多用于揭露、探讨问题的调研报告。

第四,抒情式,即用抒发调查者感情的方式作为标题。如《倾听流水线上的呼声》《草原传哀鸣》《古有鱼鳞册,今有民情图》等。这类标题,充分表达了调查者的感情,具有较强的感染力和吸引力,但仅仅从标题很难判断报告的内容。这种标题形式,一般用于表彰新生事物和鞭挞社会不良现象的调研报告。

第五,双标题,即用主标题和副标题。如《悬停城乡间的"蜂鸟"——大城市快递小哥生存状态调研报告》《发挥中介作用、搭建农民致富桥梁——北京卓越果品专业合作社调研报告》《医疗供给与需求调查研究——基于4619份问卷的实证分析》等。这种标题,比较复杂,但综合了多种标题的优点,因此是调查报告使用较多的一种形式。

标题的写法灵活多样,无论采取哪种标题形式,都力求概括、简明、对称、新颖。既不应"大头戴小帽",也不应"大帽盖小头"。

二、序言(前言)

序言的文字要简练,概括性要强。"万事开头难",一则成功的序言既可使调研报告顺利展开,又能吸引读者。序言和内容主要包括以下几方面。

第一,简要说明调研目的、意义以及原因背景,调研的委托方和承接方,调研的组织开展等。第二,简短扼要地介绍调查对象和调查内容,包括调研时间、地点、对象、范围、调研要点及所要解答的问题,要注意将这次调研的目的性、针对性和必要性交代清楚,使读者了解情况,初步掌握报告主旨,引起关注。第三,简短扼要地介绍调查研究的方法。有时还要在序言交代调查过程中使用的方法,这是为了让读者了解调查结论是用了什么方法,经过什么样的步骤获得的,从而使读者据此判断调查结果和结论的可信程度以及可适用范围。调研方法应体现课题研究过程的科学性、可靠性、合理性和逻辑性。第四，调研资料的处理。这一部分需要说明是根据内容按逻辑进行整理后加以描述，还是进行数量的统计处理；进行数量统计时，需要对哪些数据进行统计，是进行描述性统计还是推理性统计；具体的统计方法是什么。

调研报告序言写作类型有很多种，有的在开头提出问题或者直接将问题摆出来，有的则直接开门见山，有的承上启下，有的画龙点睛，没有固定形式。但一般要求紧扣主旨，为主体部分展开做准备。序言撰写的侧重点由调查者根据调研目的来确定，不必面面俱到。

序言开头的形式有四种。

第一，开门见山，揭示主题。报告开始先交代调研的目的或意义，揭示主题。例如我课题组完成的《北京市网络主播群体调研报告》。

> 网络直播作为新媒体技术革命浪潮的新发展，是网络、影视、演艺和主持等多媒介融合的新产物。近年来，随着移动互联网技术的逐步成熟、服务经济的兴起和产业资本的推动，网络直播产业规模迅速扩大、产值不断增加。据不完全统计，国内提供互联网直播服务的企业已超过300家，2016年产值达到100亿元。行业在快速发展的同时也存在一些负面信息，给青少年成长带来了一定影响。
>
> 北京地区聚集了全国40%左右的网络直播企业，有较大规模的网络主播群体，为清晰了解该群体的从业情况、生活状况以及思想动态，有针对性地做好这类群体的服务管理工作，受北京市有关部门委托，对外经济贸易大学廉思教授课题组开展了北京网络主播群体调查研究。

> 本次调研对象的界定按照国家网信办《互联网直播服务管理规定》(2016年11月4日)中的定义：互联网直播服务使用者，包括互联网直播发布者和用户。本调研报告中所指的网络主播群体是：在北京地区依托互联网直播平台每月提供4次及以上有效直播的互联网直播发布者。
>
> 本次调研的主要研究方法有文献分析法、问卷调查法、深度访谈法以及焦点小组座谈法。问卷调查运用专业化信息平台，联合42家网络直播公司及平台共同实施，调查时间从2016年12月到2017年2月，匿名发放电子问卷1900份，回收问卷1889份，有效回收率99.4%。依托一直播、小米直播、花椒直播等平台进行了半结构化的深度访谈。综合资料分析、问卷数据和深度访谈等形成了此报告。

第二，结论先行，逐步论证。先将调研结论写出来，然后再逐步论证，这种开头形式，观点明确，使人一目了然。例如，我课题组完成的《高校青年教师思想动态调研报告》。

> 作为青年中知识层次最高的群体，高校青年教师对社会思潮，尤其是青年学生的价值取向具有很强的引领作用。因此，高校青年教师的思想动态和政治倾向，事关党和国家人才培养工作的大局，对于保证国家和谐稳定和长治久安具有深远意义。
>
> 从整体来看，高校青年教师具有较高的科学文化水平，眼界开阔，思想活跃，勇于探索。他们关注当前的政治经济形势，关心国家的前途命运发展，具有较强的理性分析能力和民主参与意识，渴望自我价值的实现。他们中不乏素质全面、立场坚定、抱负远大的当代优

如何有效开展调查研究

秀青年知识分子。其中一些人近年来已陆续走上领导岗位，逐渐成为学校教学科研和行政管理队伍的主体。

但是，在经济全球化、政治多极化、利益多元化和价值取向多样化的大背景下，高校青年教师的思想状况也呈现出两重性：一方面对马克思主义基本认同，另一方面又对马克思主义意识形态的有效性表示担心；一方面对社会主义制度基本认同，另一方面又对中国特色社会主义的前途表示担心；一方面对社会主义初级阶段的基本路线表示赞同，另一方面又对改革开放过程中出现的问题表示担心；一方面对党的执政地位基本认同，另一方面又对党的执政地位的长期稳固表示担心。

为准确把握转型期高校青年教师的特点和发展状况，探索青年知识分子的成长规律，加强高校思想政治工作的针对性和时效性，对外经济贸易大学廉思教授课题组开展了全国范围高校青年教师生存状况和思想动态调查。

此次调查，课题组共在北京、上海、广州、武汉、西安五个高校大规模聚集的城市发放问卷5400份，其中15所"985工程"院校600份，25所"211工程"院校1000份，60所普通高校2400份，30所专科院校1200份，5所民办高校200份，共回收有效问卷5138份，回收率95.1%。此外，课题组还采取深度访谈、焦点小组座谈和研讨交流等社会群体研究方法，组织青年教师座谈会60余场，学生座谈会30余场，深度访谈500多人。最终形成了全国高校青年教师调查报告。

第三，问题式。问题式序言是在开头提出问题，引起读者对调查课题的关注，促使读者思考。这样的开头可以采用提问的方式引出问题，也可以直接将问题摆出来。例如我课题组完成的《"95后"大学生入党状况调研报告》。

> 当前，"95后"大学生已经成为我国大学生的主体。高校肩负着培养中国特色社会主义事业合格建设者和可靠接班人的历史使命。高校学生党员，是社会主义核心价值体系的重要传播者，是联系党组织和高校学生的桥梁纽带，也是未来社会各领域的党建主力军。近年来，高校每年发展大学生党员人数均超过全国发展党员总数的三分之一，成为我们党新鲜血液的重要来源。特别是"95后"学生步入高校后，成为现阶段高校学生党员的有生力量。"95后"大学生对党的感情和认知，关系着党的队伍能否始终保持生机和活力这一时代课题，对于确保党和国家事业后继有人、兴旺发达，具有深远意义。
>
> 近年来，各高校把"95后"大学生党员发展作为一项重要任务和战略工程来抓，取得了突出成效。但是，在部分高校中也出现了"95后"大学生入党动力不足、入党动机功利化等现象。因此，对"95后"大学生的入党情况进行深入细致的调查研究，对于把握"95后"大学生群体的思想动态，深入贯彻党中央关于党员队伍建设的新部署新要求，探析高校思想政治工作的整体情况，研判未来国家青年人才的政治取向和政治态度，都具有十分迫切的现实意义。
>
> 对外经济贸易大学廉思教授带领研究团队，通过高校共青团组织体系以及定向推送电子问卷相结合的方式，在北京、天津、上海、浙江、广东等32个省（自治区、直辖市）的157所高校进行抽样调查，共发放问卷10193份。此外，课题组还采取深度访谈、焦点组座谈等社会学研究方法，深度访谈123人，召开座谈会44场。最终形成了"95后大学生入党状况"调研报告，供领导同志参阅。

第四，交代情况，逐层分析。文章开头可先介绍背景，然后逐层分析。也可交代调查时间、地点、对象、范围等情况，然后分析。这样可使读者有一个感性认识，然后再深入分析研究。如我课题组完成的《珠三角新生代产业工人调研报告》。

> 改革开放以来，中国制造业依靠劳动力成本优势获得快速发展，中国也被称为"世界加工厂"。但是近年来，人口红利的式微，劳动力市场规范化程度的提升，以及社会保障制度的推行，都促使我国劳动力的使用成本不断上升。数据显示，过去10年，中国的劳动力成本每年上升10%—15%。人工成本的上升与企业经济利益最大化的组织目标间的矛盾冲突极易影响劳资关系，引发劳资矛盾。特别是随着具有新生代特色的青年群体逐渐成为产业工人的主体，也在一定程度上促使近年来我国劳资矛盾激化变深、变广。这在我国劳动密集型产业集中的珠三角地区体现得极为明显。
>
> 近年来，随着青年产业工人成为该地区产业工人群体中的主体组成部分，加上产业转型与产业转移等各方因素作用，该地区包括劳资争议、劳资冲突甚至集体维权在内的各类劳资矛盾状况频发。调查数据显示，自2011至2013年，广州法院受理一、二审劳动争议案件总量分别为15492、16554、16208件，主要涉及劳动合同、工资、工伤、社保等基本权益问题；2013年全国停工次数共计730次，其中广东省工人停工次数为224次，占全国停工次数总数的近三分之一。该地区频发的劳资矛盾已经引起了社会各界的广泛关注。
>
> 在上述背景下，基于对劳资矛盾和青年产业工人的关注，本报告将从珠三角地区青年产业工人的日常生活出发，在与被访者共建"在地性文化"的过程中，结合舒茨的"生平情境""手头知识库"及

> "经验图式"等重要概念,描述并分析珠三角地区青年产业工人在"劳资矛盾"这一议题上主观意义脉络的形成与转变。
>
> 在研究方法上,本报告遵循现象学社会学的基本原则,在对珠三角地区青年产业工人进行深度访谈时,秉持"悬置"研究者主观态度的原则,从青年产业工人的日常工作入手,围绕"劳资矛盾关系"这一主题收集相关资料,结合实地"感知与洞察",形成对被访者的描述与分析。
>
> 此外,由于珠三角地区青年产业工人在其"年龄结构、财产状况及实际需求"等方面均有区域特殊性,依据质性研究方法的方法论,本报告中的描述和结论仅适用于解读珠三角地区青年产业工人对"劳资矛盾"问题的心态,研究结果不具统计学意义上的普遍性,相关结论在更广泛地区上的类推性有待深入论证。

对于一些学术性质的调研报告,一般还要有相关文献的综述和评论、调查研究的设计、假设的提出等内容。通过文献综述和评论,说明已有的学术观点、前人研究成果和研究水平、已有的研究成果存在的缺点或局限等。

三、核心观点

写报告时最重要的部分是核心观点提炼,这是整个报告的题眼,是全报告的纲,纲举才能目张。要抓住题眼,见微知著,直奔主题,做到一叶知秋,滴水观世界。调研报告不是文学作品,不能委婉含蓄,核心观点最好不超过200字,让读者看后能立即知道报告的主题,知道调查者主张什么,反对什么,知道全文要表达什么和核心思想是什么。因此,这200字既要高屋建瓴,统率全篇,又要直奔主题,言简意赅。

核心观点提炼的方法是"找岔子"。所谓"找岔子"就是找到此次调研

如何有效开展调查研究

与以往调研的不同点、找到调研的意义和价值所在，这是一篇调研报告的灵魂，如果不同点找不好，就算论证得再严密，也是无用之功。"找岔子"的方法有很多种，主要采用验证假设，就是预先有个假设，然后通过数据分析和访谈来验证，也可以通过研讨会让专家来协助提出核心观点。

例如：怎么给新的社会阶层定性？我们的调研报告从人口结构、收入分布、地域分布、职业特点、政治态度等十几个方面分析了新的社会阶层的特点，但是必须有一个核心观点，把十几个特点串起来、连起来，让读者一下子就可以抓住报告的主旨，因此，我们提炼的新的社会阶层的本质如下。

> 随着经济社会的进一步发展，新的社会阶层自我进化的繁殖扩张能力不断加快，线上线下的跨群体触发能力不断加深，引导社会舆论走向的意识形态能力不断加强，且因其出身"体制外"，对执政党在感情上天然较为疏离，因此很可能成为影响我国社会稳定的潜在杠杆和影响我党执政根基的关键少数。
>
> 这种判断就是整个报告的核心观点，整个报告的内容都要围绕着这个核心观点展开，不能脱离这个判断。

而对于网络主播这个群体的认识，我们调研报告的核心观点如下。

> 网络主播是具有一定特长的"小文青"，是满足观众需求的"调节器"，是提供颜、才、情的"传播者"，是看似自由自主的"宅忙族"、是脆弱社会关系网的"蜘蛛客"。网络生存的纷繁芜杂和现实生活的"宅"形成了巨大的落差感；网络直播的造富效应和现实世界的"屌丝"心态产生了一定的离心感，回不去的家乡和离不开的北京形成

> 了强烈的漂浮感。他们是现实社会中落差感、离心感和漂浮感交织的新兴青年群体。
>
> 这篇报告是从传播过程的五个基本要素——传播者（主播）、受传者（观众）、信息（内容）、媒介（平台）、反馈（交流）的维度来研究网络主播群体的特点，但是核心观点是把所有方面的精华总结提炼出来，凝萃成一段话予以表达。

有的时候，在核心观点中使用或创造一些形象的"名词"，能够给报告添色不少。需要强调的是，这不是哗众取宠，也不是故弄玄虚。仔细阅读我课题组的研究成果便可发现，"蚁族""工蜂""洄游""拐点一代"等简单几个字的背后是数十万字的理论阐释与实证数据，它们并非凭空捏造，而是建立在大量感性素材与理性认识的基础上，课题组对整个研究内容的高度抽象与总结升华。回顾历史上诸多经典社会学研究，许多学术大家也是在用这种方式凝练表达着自己的研究旨趣。从费孝通的"差序格局"到乌尔里希·贝克的"风险社会"，从科塞的"理念人"到丹尼尔·贝尔的"后工业社会"，从罗纳德·博特的"结构洞"到马尔库塞的"单向度"的人，他们无不是将自己的研究内涵凝练为数个简洁的概念，使读者一下便抓住问题的核心，把握其主要结论。这不仅体现了调查者的逻辑思维能力与提炼总结能力，更彰显了其学术功底与理论积淀。

四、正文结构

正文是调研报告的主干和核心，是序言的引申和结论的依据。前言之后、结语之前的文字，都属于正文。主体部分要包括大量的材料——人物、事件、问题、做法、困难等。所以要精心安排调研报告的层次，安排好结构,有步骤、有次序地表现主题。

正文部分必须准确阐明调查研究中全部的论据,包括问题的提出、核心观点的引出、论点的论证、分析问题的方法等。报告主体部分有以下四种基本形式。

第一,分述式。这种结构多用于对事物做多角度、多侧面的描述,是多向思维在谋篇布局中的反映。其特点是范围宽、概括广。具体写法是紧紧围绕主旨,按照不同的类别分别归纳成几个问题,每个问题可加上小标题。每个问题里还可以再分成若干个小问题。典型经验性质调研报告的格式,一般多采用这样的结构。这种调研报告观点鲜明,中心突出,使人一目了然。

七大因素加速衰减改革效应

一、患者满意度趋势"逆转","看病贵"问题又有所显现

本次调查显示,各总评项目满意度评价相较前五次调查出现明显下降,其中对医院服务的总体评价基本回到改革之初的水平甚至低于原有水平。与改革之初相比,除就医环境总评大幅度提升之外,其他总评项目得分均低于改革之初水平,其中医院收费总评满意度低于改革之初的幅度最大。同时,从变化趋势的形态来看,前五次各总评项目呈现"M型"形态,即"年中高、年末低",但是本次调查发现患者满意度在去年底下降的基础上继续下降,患者满意度的趋势形态发生逆转,医院改革效应明显衰减。

二、医务人员认知现矛盾心态,满意度呈现"分项上升、总评下降"的特点

三、两会履职信息公开、沟通渠道建设有待加强

四、人均财政卫生投入被摊低,政府卫生保障不到位

第二，层进式。这种结构主要用来表现对事物的逐层深化的认识，是收敛性思维在文章谋篇布局中的反映，即"概述/描述（差异/问题）——对策/思考"。

第三，三段式。主体部分由三个段落组成，即"情况——做法——效果""问题——原因——建议"或"现象——特征——对策"，故称三段结构。

层进式和三段式的结构安排，有两种逻辑脉络，一是按调研事件的起因、发展和先后次序进行叙述和议论。揭露问题的调研报告的写法多使用这种结构方式。第二种是按问题、原因、建议层层递进的方式安排结构。一般建议性质的调研报告多采用这种形式。

当前我市养老服务业发展的问题与建议

一、当前我市养老服务业发展的四大问题

（一）养老床位供给总量不足、结构失衡

（二）社会资本进入养老服务业的"五不"制度困境

（三）互助型体系发展滞后导致养老支付能力不足

（四）养老服务体系仍不健全，供给需求不相匹配

二、应对严峻养老形势的四大建议

（一）扩大供给总量，为社会资本进入提供有效政策支持

（二）优化存量结构，构建高效优质的养老服务精准供给体系

（三）保障居家养老，强化以居家养老为核心的"三养"联动养老服务体系

（四）整合多方资源，提高老年群体的养老服务支付能力

三、下一步亟待开展的研究工作

（一）系统梳理国家层面的养老政策体系

> （二）调查掌握我市养老群体的实际养老需求
> （三）调研了解外省市应对"五不"限制的政策创新

  第四，综合式。这种形式兼有上述几种结构的特点，互相穿插配合。采用这种调研报告形式，一般是在叙述和议论发展过程时用纵式结构，在撰写收获、认识和经验教训时用横式结构，即"背景意义——研究目的——调查方法——文献综述——现状描述——特征分析——问题挖掘——原因研判——影响因素——发展趋势——经验借鉴——对策建议"。实际报告撰写中，会根据调研主题和内容进行取舍。我们上文提到的"蚁族"群体的调研报告就是类似结构。调研报告的主体部分不论采取什么结构方式，都应该做到先后有序、主次分明、详略得当、联系紧密、层层深入。

  正文论述时，要在语言雕琢上下功夫，根据报告的需要以扎实的语言功底和良好的排列组合将调查的思考反映出来，给读者留下强烈的印象。句子的编写要坚持内容第一，不言题外话，要简明扼要、生动形象（如"蚁族""工蜂""洄游""城市新移民"等），善于运用数字、通假、排比等；撰写句子要有规范性，遵循行文的一般要求和准确性。

  在写作中，我们要始终牢记，调查研究提出问题、分析问题、解决问题，是为了推动各项任务完成，而不是为了抒发文采，展示才华。这就要求调研报告的文字必须反映实际情况，以解决问题为宗旨，避免坐而论道，避免把时间和精力花在打造新奇的概念、词句、提法上。如果在思考之中有好句子自然涌现，那固然好；但如果不是实际工作的需要，而是专门在遣词造句、提法概念的"出新"上动歪脑筋，那就会贻误工作，造成文风的浮躁。

  古人对文章的最高要求是"文以载道"。"道"是事物或社会运行的规律，规律是朴实的，因此反映规律的文字也必然是朴实的。写报告时，不能故意把问题的表述写得过于复杂、玄虚，以此显示自己的高明。社会问题本身是复杂的，但是在文字表述上一定要让人读得懂、看得明，语需通俗方久远。所以，应以内容需要来剪裁文字，而不是以文字工整来剪裁内容，合之则留，不合则去。

我课题组给中央提交的报告，正文都严格控制在 4000 字以内，详细的长篇论述和学术分析可以在附件中体现。正文 4000 字必须精简练达，逻辑清晰，表达准确，明快透彻。就好比古人用竹简书写奏折，必须用最少的文字表达最多的内容，"文到高处，言少而意多"正是这个意思。

> **"三失"变"三得"——对××省××市保障失地农民权益的调查**
>
> ××市党工委、管委会秉持"群众利益无小事"理念，建立了"让失地者得保障、失居者得住房、失业者得岗位"的"三得"保障体系，实现失地农民由"三失"变"三得"，并积极引导实施"农民变市民、农村经济变城市经济、农村变市区"的"三个转变"。
>
> **失地者得保障——有饭吃老无忧**
>
> ……
>
> **失居者得住房——有房住更舒敞**
>
> ……
>
> **失业者得岗位——有活干在家门**
>
> ……
>
> 住上了楼房不等于就变成了市民，为顺利实现"农民变市民、农村经济变城市经济、农村变市区"的"三个转变"，居委会开展了"三个转变"的专题教育，得到了大家的衷心拥护，正是因为有了这个专题教育，失地农民才顺利实现由"三失"到"三得"的转变。
>
> 这篇《"三失"变"三得"》就是在撰写时运用了排比的手法，结合并列式的结构布局成就了一篇比较不错的调研报告。

观点统率材料，材料说明观点。每个观点，由一组材料论证说明，构成一个小逻辑推理；一组这样的小逻辑推理，集合起来说明一个二级标题、二级观点；几个二级观点的论证组合，形成一个完整的逻辑连接，完成一篇调研文章的逻辑论证。一般来说，二级标题下设的三级观点一般在3—6个之间，数量过多说明二级标题间结构松散，也就是架子搭建得太稀疏，数量过少说明层级太多。同时，论证所呈现的观点层次及特点要注意宏微观、局部性和平行性，要讲究逻辑性和协调性，注重整体与部分、趋势与现状，前言和结尾之间的协调性。

五、分析论证

调研材料具有多样性、多义性、变动性和层次性的特点，捕捉到的信息材料越多，其虚假成分的比重就越大，这就需要四个"重新"来进行梳理，发现其最本质、最有意义的东西。一要重新验证，去伪存真；二要重新筛选，去粗取精；三要重新挖掘，由表及里；四要重新提炼，由此及彼。调研主体的这四个"重新"，实际是对调研活动已经完成部分的否定，只有这样，才能给调研成果奠定一个真实可靠的基础。

分析论证过程要有理有据。调研报告的观点不论如何新颖独特，也一定要以理论依据和事实依据作为支撑，尤其不可缺少事实依据。首先，分析要点面结合，既要有总体阐述，也要有实例证明，做到协调配套。其次，论证要正反两面结合，既要阐述正面成绩，也要揭示缺陷和不足，做到辩证统一。最后，要论据充分，既要有理论依据，又要有实例典型，做到有理有据。点动成线，线动成面，面动成体，才有立体感，有了立体感，才有厚重感。

在调研中，问题的外在的和表层的现象较易显露出来，容易认识和把握。但对问题的深入揭示就需要运用理论工具，理论水平的高低往往决定着看待同一问题的深度和广度。因此我们一定要注意理论知识的学习，理论水平会决定研究的切入点以及最终报告的质量。

> 在社会变迁研究中有一个重要理论"代际更替"。每一代人都是在某种特定的社会氛围和社会体制中成长起来的,特别是在剧烈动荡的社会变迁年代(如战争或革命年代),儿女一代人的成长环境、世界观形成时期的社会政治环境,很可能与其父辈差别很大。所以在调查研究中,需要关注目标群体的成长环境和社会背景。认识到"代际差异",就可以比较深入地理解一个国家大规模的"代际更替"会对整个社会的运转、社会各阶层之间的互动带来什么影响。
>
> 比如法国青年骚乱,英国青年骚乱,问题的核心就是"代际更替"。在欧洲出生的阿尔及利亚青少年的追求和比较的参照系与他们的父辈完全不同,而欧洲各国政府和主流社会对此视而不见。
>
> 运用代际理论也可以发现,我国新生代农民工与老一代农民工相比表现出一些新的特点,比如收入与闲暇之间的选择变了,节假日必须要休息;收入与劳动强度之间的选择变了,苦累的不干;收入与生活品质之间的选择变了,消费水平提高了。表面上是劳动力减少了,实际上是劳动力性质变了,这就体现出"代际更替"的特征。

在运用理论时,调查者要注意,理论是具有不同层次、不同适用条件的论断,每一种理论都有其解释范围,不存在统一通用的使用方法。培根曾说:"知识本身并没有告诉人们怎样运用它,运用的方法乃在书本之外。"有的理论很宏大,是世界观和哲学观的总体描述;有的理论很具体,是微观行为的有力解释。在调查研究中,我们将理论分为三个层次:宏观理论、中观理论和微观理论。

宏观理论,是高度概括的世界观和方法论,体系庞大,构造复杂,概念抽象，是一切分析研究的总原则和总方向。在中国，我们研究一切问题，都要以马克思列宁主义、毛泽东思想、邓小平理论、"三个代表"重要思想、科学发展观、习近平新时代中国特色社会主义思想为指导，不能背离这些理论。宏观理论更多的是作为调查者观察分析问题时所采用的理论视角和思考背景。

中观理论，是以某一大类问题或某一阶层为研究对象，对其提供解释分析框架。它由一系列假设组成，通过严谨的逻辑推导形成对该问题的一套研究认识体系，因此，它只涉及有限的社会现象。比如社会学中常见的社会流动理论、社会分层理论、社会运动理论、社会资本理论等。

微观理论，是解释微观现象或微观行为的命题，大多数理论属于这个层面，比如互动仪式链理论、公共能量场理论、角色理论、社会个体化理论等。在对某一问题的分析中，如能恰当地运用一种微观理论进行阐释，就已经非常好了。在一篇调研报告中，理论的选择不能过多过泛，不能把相互冲突的两种理论都运用到同一分析框架中，应在报告中运用尽可能多地使用调查资料和调查数据的微观理论。当然，很多学术论文会得出一些更细微的理论，比如"恋爱中男方自有住房面积越大，男女双方的结婚率越高""家庭经济地位越高，子女受教育程度越高"等，这种陈述两个变量之间关系的命题是最细微的理论，但我们往往不称这种判断为理论，仅将其作为一种研究结论。

在理论分析中，还要注意结合文化背景和制度背景加以分析。

> 比如牛津大学项飙教授撰写的《全球猎身——世界信息产业和印度的技术劳工》一书。在印度社会，历史原因形成了高度不平等的种姓、阶级和性别关系。印度的姻缘关系成为一种特殊的资源动员方式：男青年如果成为IT工程师，特别是在海外找到一份IT行业的工作，结婚时会从女方家里获得大笔的嫁妆，这不仅能够使他的IT培训费、出国中介费全部"回本儿"，还使他有闲钱、有能力承担在海外沦为IT民工的风险。因此，项飙分析认为，印度社会结构中的家庭关系、婚姻关系，在很大程度上保证甚至驱动了印度男青年不惜血本学IT、削尖脑袋要出国的行为。这一方面促进了印度IT产业业绩的膨胀，另一方面，将印度社会中通过种姓、阶级、性别不平等所积累起来的资本，转移到更广阔的全球市场与世界资本主义经济体系当中。

论证过程中，我们可以按照时间和空间两个思维框架并行，即纵向时间轴：过去——现在——未来；横向空间轴：文化、政治、经济、社会。把调查对象放到时空的四个象限中加以考察。

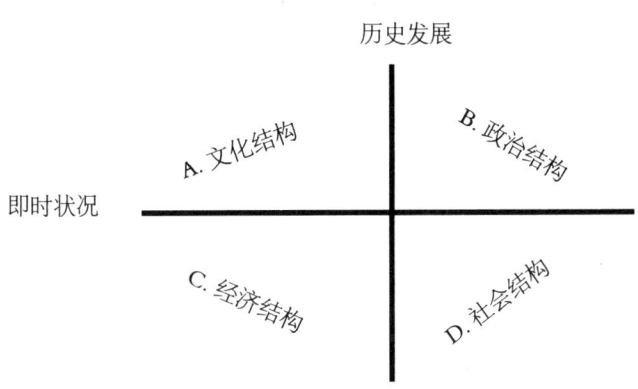

论证过程必须有很强的逻辑性。要以理服人，就要靠逻辑的力量。论证虽没有固定统一的套路，但整个论证过程的逻辑结构必须是严密的，要能够自圆其说。逻辑分析常用的有矛盾分析法、比较分析法和因素分析法。

矛盾分析法是指运用矛盾的观点观察、分析事物内部的各个方面及其运动的状况，以达到认识客观事物的方法。其具体做法分三个步骤：首先，客观全面地叙述事实，找出事物的各种矛盾；然后，从这诸多矛盾中找出并分析主要矛盾和次要矛盾，以及主要矛盾的主要方面和次要方面，主要矛盾和矛盾的主要方面决定事物发展的方向和现象的本质；最后分析矛盾的对立面，考察矛盾的主要方面与矛盾其他方面互相依存、斗争、转化的条件，从而把握矛盾的特性。

> 自由联合与垂直管理之间的矛盾。由于文化领域新群体所具有的强大知识资本和文化资本，使得"自由人——共享平台——消费者"的劳动关系模式得以率先实现，从而形成了"从劳动者的模块化组合到自由人的平台化联合"的转变。按照这种发展模式，未来集中供给文化产品的大型企业将会消失，只剩下文化产品供给方和文化产品需求方，以及两方之间的联系渠道——共享平台，这预示着自由人联合时代的到来。比如现在的知识传播平台"得到""喜马拉雅"等都是这种模式。这种新型文化生产模式的产生，对文化部门的既有管理模式提出了挑战。垂直科层化的管理模式与自由结合的文化产生机制之间产生了强烈的对冲，严格的过程监督和终端品控等传统管理方法已经失效，必须探索用现代化的管理方式，特别是大数据智能化的手段来服务文化领域新群体。把管理寓于服务之中，在管理中实现发展，在管理中提升质量，从而实现你中有我、我中有你的水乳交融境界。

> 另一方面，新兴文化领域的自由结合模式也把市场压力直接传导给了生产者，由于不再有企业或组织为个人提供担保和保障，生产者直接面对整个市场。随着近年来经济下行压力的增大，单纯依靠文化创新实现盈利较为困难，很多组织和个人缺少持续有效的造血手段。比如民营博物馆等公益性机构，主要是靠个人兴趣喜好发起，投入很大，很多文化新群体是个体工作者，缺乏固定的收入来源，迫于生存发展压力，在进行文艺创作和传播时，存在一定程度上只关注经济效益的倾向，或只停留于闲时爱好，从而导致长远发展受限。另外，因为相应的行政管理和服务机制对新兴领域本身尚不健全，管理和服务机构还不完善，造成文化领域新群体得不到有效的组织、引导和管理，整体上呈现出自由庞杂的组成形式，难以发挥出文化领域新群体的真正力量。

比较分析法有横向比较和纵向比较，横向比较是将同一时期的相关的事物进行比较，发现两类事物或同类事物不同部分之间在某一方面的差异，进而分析造成这种差异的原因。纵向比较是对同一对象在不同时期的具体特点进行比较，揭示对象在不同时期不同阶段上的特点及其变化发展的趋势。常用的分类方法为先进行比较，弄清事物的异同，根据共同点将事物归集为一大类，然后再根据差异将大类划分为几个小类，依此类推，事物就被区分为具有一定从属关系的，不同层次的大小类别，明确地反映出客观事物之间的区别和联系。

一是横向维度，也就是横向职能部门的协调。文化和旅游部、国家新闻出版广电总局、国家网信办和国家版权局是文化领域各个最为关键的单位，如新媒体的注册须在网信办申请服务许可，内容审批由新闻出版广电总局把关，著作权登记、著作集体组织由国家版权局负责管理，一项政策规划是否有效可行，与各职能部门在同一问题上能否达成共识密切相关，许多法规细则的设立、实际困难的解决涉及多个职能部门。

二是纵向维度，即中央与地方部门的维度。政策落地需要执行层面积极主动，合理合法，"十三五"规划出台以后，上海、深圳对文化领域的支持力度走在前列，不仅注重资金扶持，而且重视文化人才培养，而许多其他地方政府的思路还停留在修建场馆等硬件支持层面，服务新阶层人士仍然是"硬"的多于"软"的，在思想观念上没有跟上中央的政策和理念。

三是服务对象维度，文化领域新群体涉及多利益主体。从既得利益的强弱关系来看，市场规律划分出了有资本优势的特殊获益者，平稳发展中的普通获益者，以及受制度、市场双重制约的利益相对受损者。统筹协调多方利益主体的平衡可能会成为推进改革的潜在阻力。

因素分析法是依据分析指标与其影响因素的关系，确定各因素对分析指标影响方向和影响程度的一种方法。因素分析法可在多变量观测分析的基础上较全面地反映出事物的各个侧面，并对事物在发展中所表现出的外部特征和联系进行处理，从而得出客观事物普遍本质的概括。运用因素分析法，首先应进行总体分析。

第一步，是把蕴藏在现象之中的各个方面的基本因素清理出来，并在初步分析的基础上，将它们按一定的标准组成一个有机的多层面的网络结构。影响事物变化的多种因素，按不同划分尺度，可以分为外因和内因，积极因素与消极因素，直接因素与间接因素，历史因素与现实因素，家庭因素与个人因素等。各个系列因素有可能相互交织，错综复杂，显现出一种网络状态。

第二步，就是通过对这一网络的分析，从总体上考察研究对象，分析出现某一社会现象的综合原因。这就要求研究者实事求是地把握诸因素的内部联系，把握其特征和转化规律，对事物的总体进行多维的、系统的，内因与外因，宏观与微观相结合的辩证分析。

其次，是对因素与因素间的各种关系进行分析，着重分析因素间的因果关系、功能关系、转化关系、共因关系。通过对事物共因的分析，可以找到问题的关键，抓住事物的本质。

最后，是进行因素树分析，即以某一种关键性的因素系列为主要分析目标，予以系统地多层次地剖析，按因素之间的联系绘出因素树图。

此次调查显示，关于优秀党员应具备的特点，62.1%的受访者认为应该是全心全意为人民服务，59.9%认为应该具有高尚的情操，57.7%认为应该是保持艰苦奋斗的生活作风，仅有28.3%认为是学习成绩优秀。说明"95后"大学生对于共产党员"应然"形象的预设是基于道德标准的，是具有崇高理想和伟大情操的杰出人物。但对于身边已经入党同学的看法，50.8%的受访者认为能力突出，28.9%认为比较现实与功利，33.3%不了解，仅有30.3%认为具有高尚品格。可见，"95后"大学生对于共产党员"实然"感知的体验是基于能力标准的，是能力突出且现实功利的群体。深访中还了解到，有些学生党员存在行为前后不一、内心外表不一、言论情感不一等"分裂"现象，也加剧了"95后"大学生心目中党员的光辉形象与现实中基层党员实

际状况的落差。总的来看,我们党宣扬的价值理念具有很强的先导性和引领性,树立的党员光辉形象必然带来"95后"大学生对党员行为的很高期待。但是基层党员的现实行为与"95后"大学生依照价值判断所预想的形象存在一定反差,价值观念高点与实际行为低点之间的差距可能会造成"95后"大学生对党员品德素养的困惑迷茫。长此以往,"95后"对党的性质、宗旨、作风、纪律本身的真实性也会心存怀疑,少数大学生甚至开始质疑党性修养本身就是虚假的。这种非正向情绪需要有效疏导,否则会导致"95后"大学生对党组织的负向感知增加,削弱其入党动力。

从我国的现状来看,新的社会阶层的四个群体各有特点,在实际工作中我们还是联系强者多,服务弱者少。原因在于强人士或强组织与我们的关系好,联系强者,效果比较明显。但另一方面,强人士或强组织由于与我们走得过近,自主性相对较差,在新的社会阶层中的号召力相对较弱。当然,这几年在具体工作中,统战部门和群团组织也扶持过一些弱人士和弱组织。现在来看,其实不少弱组织并不弱,有可能是弱势群体的强组织或弱势个体的领头羊。因此,我们需要辩证分析新的社会阶层中强弱力量的对比关系:我们究竟是服务强势群体的强人士或强组织,还是服务强势群体的弱人士或弱组织?是服务弱势群体的强人士或强组织,还是服务弱势群体的弱人士或弱组织?在资源有限的情况下,我们联系和服务的对象需要在这两个维度四个方面做出取舍。有些社会组织,例如一些官办协会和联谊会,虽然有政府支持,但其实是强势群体的弱组织。而一些关注留守儿童、单亲家庭的社会组织,反而是代表弱势群体的强组织。在新的社会阶层中,

> 这四种情况都或多或少地存在。从抓骨干的角度来说，和强的联系最有效果，但容易造成一家独大的情况，不利于团结广大新的社会阶层人士；但要是和弱的联系，培育期比较长，影响因素也比较多，未来效果不好确定。

要处理好观点与材料的关系。事实材料是调研报告观点主张的客观依据。离开事实的道理是空洞的，缺乏根据的，是不会使读者信服和接受的。所以，材料运用得好不好，能否说明观点，就直接关系到调研报告质量的好坏。

一是列出观点找材料。当然这种观点的确立应该是自己心中有数，要服从调研报告的目的。比如返乡青年调查，有人提出的观点是外出打工比回家工作收入要低，那么就得用数据去证明这个观点，要收集返乡青年在家收入是多少，外出打工收入是多少并进行对比，并且一两个人不能说明问题，要找一批人。另一种方法是借助材料提观点。比如企业改制前后发展情况对比，通过数据说明改与不改的实际效果。

二是数据的采集与整理。在论证之前首先要列出一个大致的假设，也就是初始主观判断（当然这种判断可能正确也可能不正确），然后这就要靠数据来说话，以证明初始的判断，设计要采集的数据。数据的采集也有技巧，就是尽量采用已经公开的数据，比如统计年报、财务报表等。这里要说明的是，如果报告是准备发表的，那么就要随时准备别人对你的数据提出质疑。因此，一般图表资料都必须注明数据的出处备查。

三是材料的引用。运用典型材料说明观点，是论证的常用写法。典型事例具有代表性，能揭示事物的本质和规律，运用得恰当，具有很强的说服力。选取多个典型材料时，要选用不同的类型或者从不同的角度不同的侧面说明观点。

四是文字说明与图表的配合。一般给读者看的材料能用文字说明的就不用图表，但用了图表就必须对图表做出相应的解释。当然各人风格不同，我课题组呈报给中央的调研报告一般不用图表，主要是因为篇幅限制，图表无非是想说明观点，只要在有限的篇幅中用文字把观点说清楚就行。但是我们写学术论文，必须用图表，而且对图表的数据来源、计算方法作详细的交代。

此外，在论证部分中要注意，既要有描述，也要有分析。比如"此次战役，敌人伤亡率31%，撤退速度每秒1.1米，撤退时旌旗不乱"。但是只有这样的表述，显然话只说了一半，读者还不知道分析是什么，想告诉他什么。这就要在描述后再紧跟一句分析的话："从以上数据分析得出，敌人大概率是诈降。"

同时，在论证中既要有现象也要有研判。比如"新的社会阶层在社会交往上以专业性较强的内循环为主，群体内形成了一个个认同度较高的小圈子。除了职业圈，各种基于学缘、趣缘的圈子也比较活跃。在圈子内部，以线下交往为主，经常以沙龙、茶叙、座谈、乐跑、穿越等形式聚会，抱团取暖，组团取乐，对群团组织的活动参与不多。"这段话的表述本身已经很好了，把新的社会阶层的交往现状描述得很清楚，但是这种现状反映了新的社会阶层什么问题呢？揭示了新的社会阶层什么新的特点？如果加上这句话就更好了："实际上新的社会阶层的'圈层化'不仅仅依托于表面的家族和地缘等关系，而且内化于这一阶层的价值观和生活方式，因此具有强大的自我驱动力和自觉行动力。与其他群体主要基于家庭（血缘）、地域（地缘）、教育（学缘）、职业（业缘）和兴趣（趣缘）等联结方式不同，新的社会阶层更多地基于'价值观'（意缘）认同，他们是'意缘驱动'的阶层。"这样，就指出了新的社会阶层交往所具有的区别于其他群体的本质特征，把整个分析提升了一个高度。

六、对策建议

通过对难点、痛点、堵点的论证分析,最终是要为改革创新和制度创新,提供"入口",找到"出口"。因此,对策建议要"发人所未发",新颖独特;有的放矢,操作性强;分析深刻,效果显著。在对策建议部分,要说明调查获得哪些重要的结论,根据调查的结论应该采取什么措施、方案或具体行动步骤。为使研究成果更易于被采用,我们应该努力使研究成果更可信,更容易理解;努力使研究结论和建议更具体、更富有操作性;努力关注那些应用者能够改变和修正的变量;努力使研究报告更有趣。如果决策者觉得研究的对策建议切中时弊、与他们的需要吻合时,就会倾向信任研究成果;如果调研成果在恰当的时间出现,那么成果被利用的可能性就更高。要尽可能地用政治语言对调研成果进行总结提炼,这会增加调研成果被决策者阅读的可能性。

新时代开展新的社会阶层工作的十个建议

新的社会阶层工作是长远之计,不是权宜之计;是全局性的工作,不是某一方面的工作;是战略性的布局,不是一般性的任务。做好新的社会阶层的工作既涉及统战部门、群团组织,又涉及登记管理部门、业务管理部门,还涉及行业协会和为数众多的民间组织,仅凭个别部门单打独斗是做不好的,必须实现各部门、各单位、各行业、各组织的联系沟通,协作配合。

(一)短期政策

1. 前移工作重心,最大限度减少新的社会阶层的负面效应

> 2. 切断连接通道,引导新社会阶层在舆论战线发挥积极作用
>
> 3. 提供属地服务,推动新社会阶层的社会融入
>
> 4. 坚持放管并重,加强新社会阶层的规范管理
>
> **(二)中长期政策**
>
> 1. 摸清合理诉求,为新社会阶层的有序政治参与创造条件
>
> 2. 完善政策机制,为开展新社会阶层工作提供制度保障
>
> 3. 积极改善环境,为开展新社会阶层工作营造良好氛围
>
> 4. 强化平台建设,为开展新社会阶层工作激活供给侧结构性改革
>
> 5. 对接联合趋势,为开展新社会阶层工作打造组织体系新格局
>
> 6. 大胆探索创新,为开展新社会阶层工作提供新鲜经验

具体到某一项对策建议如何提得有针对性,可以从以下四点考虑。一是延伸开发。以掌握材料为线索,先把事物发展本质、规律等方面的相关因素理出头绪,再进行逻辑推理,衍生出思考建议。二是逆向开发。确定事物所表现出来的现实状况和人们对这些现象普遍或共同的看法,向相反方向考虑,反过来看问题,反弹琵琶,会有意外收获。三是横向开发。主要是采用对比、类比等研究方法,把掌握的一些材料放到更为广阔的范围进行比较研究,得出适用于自己的发展思路。四是综合开发。把上述三种方法综合运用,把仅有的材料以一当十,以少胜多,厚积薄发,形成全新的意见建议。

我课题组对"95后"大学生入党问题的对策建议中，第一点就是制度构建：注重科学评价，坚持"能中选好"，树立正确的大学生党员发展质量观。

很多高校都是从学生干部或成绩优秀的学生中选拔学生党员，这在一定程度上有其合理性，但也存在盲区，只关注表现突出或经常和老师接触的同学，忽视了普通学生中群众基础好的同学。为了将真正认同党的理念的学生吸收入党，高校党建工作应深入到学生中去，从多方面综合考察发展对象。学生党员不是学生偶像，不是单纯成绩好或者工作好，而应当是一面旗帜，能在同学中起到先锋模范作用，是学生中的先进分子。从这一点来说，在发展学生党员时不仅应考察其学习成绩和活动表现，更应看重其道德品质、党性修养和政治意识，以及对普通同学的影响和带动能力。也就是说，在大学生这个青年精英群体中选拔党员，不仅是"能中选能"，更应是"能中选好"，要"品学兼优，以品为先"。

为了实现"能中选好"，就需要建立一套较为完善的科学评价体系。这一评价体系应该是多层面、多角度的，可以通过设置模块的形式进行。各模块之间可以有重有轻，可以给予不同的分值和权重系数，但任何模块都不要轻易拥有否决权，力求对学生有一个较全面、较完整的评价和判断，不会究其一点而肯定或否定。这里有三个方面需要考虑。第一，建立科学的评价体系，对入党积极分子要有学习成绩和科研成果的要求，但又不要唯分是举，唯学而论。第二，建立科学的评价体系，对学生干部与普通学生的发展要求可各有侧重。在发展学生党员时，学生干部具有一定优势，但是不要把学生活动作为评价发展党员的印象标准，更不要让学生干部成为发展党员的"专利号"，要特别关注普通学生的入党要求。无论是学

如何有效开展调查研究

生干部,还是普通学生,入党条件和标准可略有侧重,但不能以偏概全,也不能苛求创造完人。第三,建立科学的评价体系,要处理好定性评价与定量评价的关系,两者互为依托、互为补充。在定性评价中,要特别注意入党积极分子的入党动机、理想信念,以及对重大政治、原则问题上的态度。在定量评价中,指标的量化要科学,要有实际意义,但又不能斤斤计较,简单以数字论优劣。入党本身是一种先进性的选择,在评价中要注意入党积极分子一贯的学习态度、生活表现,一个人能力有大小,主要看思想觉悟,看主流,看本质,看群众的公信度。让定性评价显示"亮点",让定量评价衬托"亮点",性量互证,保证把真正具有先进性的学生送进党的队伍。

七、结尾的写法

结尾是调研报告分析问题、得出结论、解决问题的必然结果。调查报告常在结尾部分显示研究者的观点,对主体部分的内容进行概括、升华,因此,它的结尾往往是比较重要的一个部分。结尾的撰写要能够强化调研报告的中心思想,给人以冲击、给人以启发、给人以思考。好的结尾要能够"使读者好像嚼橄榄,已经咽了下去而嘴里还有余味;又好像听音乐,已经到了末拍而耳朵里还有余音"。总的来说结尾要结得适时、结得干净、结得拔高、结得回味无穷。当然,有些报告在说明主题后,也可以自然结束。

报告结尾有"四忌":一忌"刹空",该结的时候不结,造成报告臃肿;二忌"刹偏",偏离主题,到最后把报告弄走脚了;三忌"刹过",把本可悟出的含义一语捅破,有时候含蓄也是一种境界;四忌"刹急",不该结束的时候结束了,该说的没说完,也会留下一些遗憾。

一般来说,调研报告的结尾有以下五种:一是概括式,对调研报告归纳说明，总结主要观点，深化主题，以提高人们的认识；二是预测式，对事物发展做出预测，展望未来的方向，启发人们进一步去探索；三是建议式，提出建议，供领导参考；四是问题式，写出尚存在的问题或不足，说明有待今后研究解决；五是补充式，补充交代正文没有涉及而又值得重视的情况或问题。

结尾的写法较多，不论采取何种方式结尾，都应服从写作目的、内容表达、结构安排的需要，灵活运用。有话则长，无话则短，简明扼要，意尽即止。

> 新的社会阶层人士作为中国特色社会主义事业的参与者、建设者和受益者，是实现中国梦的一支重要力量。《中国共产党统一战线工作条例（试行）》中，已将"新的社会阶层人士"单列为统战工作对象，这表明新社会阶层已成为统战工作新的增长点，新社会阶层的壮大将对中国政治产生重大且深远的影响。在新形势下，做好新的社会阶层人士的工作，关系着我们党阶级基础的巩固和群众基础的扩大，影响着党执政地位的巩固和领导核心作用的发挥。随着经济结构、社会结构的发展变化，未来新的社会阶层中还会出现一些新的群体，需要通过统战工作和群团工作去覆盖、去整合、去影响、去团结。我们必须切实做好新的社会阶层人士的各项工作，进一步增强我们党的影响力、亲和力和吸引力，把广大新的社会阶层人士更加紧密地团结和凝聚在党的周围。

八、附件的排列

附件是对正文报告的补充，也是详尽的说明，包括有关材料的出处、参考资料和书籍、调查统计图表的注释和说明、调查中使用的测量表和其他工具、旁证材料以及研究者对调查的评价或提出需要继续研究的问题等。例如，在撰写的调研报告里，可以把相应的问卷选一部分作为调研报告的附件。在实际运用中，多数也是将汇编报告作为附件。有的时候，照片也是很好的附件，可以增加调研报告的现场感和生动感。

材料一：北京市新生代农民工发展状况专题调研方案

材料二：北京市新生代农民工调查问卷抽样方案

材料三：北京市新生代农民工专题调研工作部署情况

材料四：北京市新生代农民工调查问卷试测方案——朝阳区平房乡

材料五：北京市新生代农民工调查问卷试测分析

材料六：北京市新生代农民工专题调研培训情况

材料七：调研培训手册

材料八：调查问卷检审

材料九：调查问卷录入方案

材料十：调查问卷数据分析报告

材料十一：深度访谈手册

材料十二：深度访谈总结报告

材料十三：专家座谈会观点整理

第四节　调研报告应注意的问题

调研报告的撰写不同于一般的学术文章，是在占有详尽资料的基础上通过逻辑分析而得出的观点，基于数据而又高于数据，基于访谈又超越访谈。写调研报告时，要注意克服四种倾向：一是观点与材料脱节；二是材料不充分，不能说明观点；三是堆砌材料，没有从材料中概括出观点，缺乏分析与研究；四是表述不当，写调研报告，应尽量避免枯燥无味的语言，力争写得通俗、朴实、生动。同时，调研报告的写作离不开反复的修改润色，避免错别字和语句不通等问题。通过反复地打磨，不断完善报告的主题与结构，优化细节。

学者与政府之间的沟通非常需要有"共同语言"。由于知识生产不断专门化，学科分类不断细化，各个学科的学术研究都有自己的一整套规范和表述方式，研究报告应方法严谨、论据充实、概念准确、表述严密。政策决策者则不可能成为每一个领域的专家，也不会有时间和精力去细读冗长的研究报告，简洁、明晰、实用是他们对政策报告的基本要求。因此，要创设一些恰当的语境，为学术话语和政府话语的转换建立畅通的管道，真正做到建言献策有现场感，学界与政府相互听得懂。好的学者应该能够"深入浅出"。比如下面这段话，用政治话语体系讲出了学术深度，对政府部门而言，这种表达方式是受欢迎的。

> 不能庸俗化理解"为人民服务"。"为人民服务"是我们党和政府的宗旨，这一点毋庸置疑，但是，我们的政府从来没有将"为人民服务"庸俗化地理解为市场关系中的"服务"。这两种"服务"的意义是不同的。"为人民服务"是一项政治原则，并不能等同于具体的行政过程。我们说干部是人民的公仆，主要是从政治要求来说的；而行政过程有其科学性，不能简单地用政治原则和行政价值来代替。再有，人民群众是一个需要分析的复数，不是任人摆布的单一"符号"。尤其是在当前的基层治理环境中，"为人民服务"应是为群众的整体利益服务。

如何有效开展调查研究

比如我们最初的"蚁族"的定义就很通俗易懂。

> 所谓"蚁族",是指"高校毕业生低收入聚居群体",该群体具有三个典型特征:大学毕业,低收入,聚居。
>
> 首先,该群体是大学毕业生群体。从毕业院校看,毕业于211院校的占10.8%,毕业于非211院校的占89.2%,其中37.3%为民办或成人高校毕业生。从学历层次看,主要集中在本科和专科层次,本科占48.5%,专科占42.9%。从所学专业看,52.1%就读理工医等技术类专业,28.6%就读经济管理类专业。
>
> 其次,该群体是低收入群体。调查显示,"蚁族"中大多数从事简单的技术类和服务类工作,以保险推销、电子器材销售、广告营销、餐饮服务为主,群体中甚至有18.6%的人处于暂时失业状态。该群体月均收入为1956元,既大大低于北京市城市职工月均工资(3726元),也低于全国城镇人均月收入(2435元)。考虑到1956元是北京地区"蚁族"所得,放眼全国,"蚁族"平均工资应该和农民工月均工资(1400元)相去不远。
>
> 最后,该群体呈现出聚居的生活状态。调查显示,该群体主要聚居于人均月租金377元,人均居住面积不足10平方米的城乡接合部或近郊农村,已经形成了一个个聚居区域——"聚居村"。"聚居村"住宿条件简陋,已经形成了自给自足、自我封闭的低层级衍生经济圈。

最后,还要强调的是,媒体与学术的关系始终是调研成果转化的热点话题。学术自身的价值中立性要求调查者与媒体保持一种相对疏远的距离,同时调研的应用性与现实导向又对媒体传播提出了一种相对较强的现实需求。一项好的调查研究应是在二者之间找到一个平衡点，将二者有机地协调起来，既不能过分依赖和迎合媒体，沦为大众舆论的附庸，又不能将学问做死，只写受众仅为数百人，甚至数十人的象牙塔报告。

在十多年的社会调查中，我们相继推出了《蚁族——大学毕业生聚居村实录》《蚁族Ⅱ——谁的时代》《工蜂——大学青年教师生存实录》《中国青年发展报告》系列、《中国青年评论》等作品，这些研究都获得了社会各界的高度关注，有较大的社会影响力。特别是"蚁族"研究，由于这一概念较为形象地总结了在聚居村中生活的大学毕业生生存状况，在推出后不久便迅速成为媒体关注的焦点，一度成为该年度最热的关键词之一。"蚁族"走红的同时，也将课题组推上了舆论的风口浪尖，除荣获了诸多赞誉外，也承受了一些质疑和批评，"与媒体走得过近""有概念炒作之嫌""学术明星""哗众取宠"等声音我们都有所耳闻。作为完全由青年学者组成的调查团队，我们并不刻意回避这些略显尖锐的批评，而是沉下心来对其进行系统的剖析，怀着谦恭虚心的态度反思自己，最终发现多数质疑都指向了学术研究与媒体传播之间的距离问题。而这也恰是我们长期以来不断思索，尝试协调的核心关系之一。

其实在研究之初，我们只是单纯地想通过自己的研究，去刻画和发现社会中一个被忽视的群体，并未想到"蚁族"一词会如此流行，成为街头巷尾的焦点。我们更无意通过凸显社会问题引发社会恐慌，相反，本着对社会负责的态度，我们在《蚁族》一书内容的编排上下了很大功夫，只节选了研究报告中较为缓和的部分予以公开出版，而比较尖锐的问题则以"内参"的形式上报中央决策层。

事实上，无论是"洄游"还是"蚁族""工蜂"，其作用都不仅是要提出这个概念，而是想将调查对象的真实面貌拉到人们的视野中，获得社会的关注和反思。研究永无止境，我们相信在自己的"抛砖引玉"后，会出现更多更为科学、更为严谨的调查研究，我们也期待更具权威、更有资本的研究者来推进和完成。流动人口管理部门在"蚁族"群体获得社会关注后,在其日常统计中单独增设相应路径,较准确地估测了该群体的数量与分布,这便是极佳的例证。

在当今时代,谁能准确抓住中国社会发展中的关键问题,谁就能把握世界未来发展的轨迹。越是中国的,就越是世界的。这样的研究成果,不仅有助于解决中国现实问题,而且对于整个世界的和谐发展也具有重大意义和贡献。这样的研究成果,不仅具有国内水平,而且具有国际水平。中国社会科学研究必经一个"经验时期",即以实证研究、经验性研究为主的时期。这是一个不可逾越的阶段,有时看看国内调查研究的成果,大而化之的研究多,实证的、经验的研究少。其实,做研究越具体则越困难,因此也才越有价值。我们要下大力气、下真功夫,沉下心来去做大量深入生活、深入实际、深入群众的调查研究。决策是"做"出来的,一切认识、一切理论都要从调查研究中获得,都要有实践经验的支撑。这正是习近平总书记提出要重视调查研究的意义所在。我们要"用脚底板做决策",行万里路读万卷书,读大地之书、社会之书、人性之书,不忘初心、牢记使命,努力做出世界一流的研究成果来。

参考文献

1. 〔美〕米勒,萨尔金德.研究设计与社会测量导引[M].重庆:重庆大学出版社,2004.

2. 〔美〕威廉·富特·怀特.街角社会——一个意大利人贫民区的社区结构[M].黄育馥,译.北京:商务印书馆,2007.

3. 〔澳〕戴维·德沃斯.社会研究中的研究设计[M].郝大海等,译.北京:中国人民大学出版社,2008.

4. 〔美〕弗洛伊德·福勒,曼吉奥诺.标准化调查访问——如何实现访问员相关误差最小化[M].重庆:重庆大学出版社,2009.

5. 〔美〕艾尔·芭比.社会研究方法[M].邱泽奇,译.北京:华夏出版社,2009.

6. 〔英〕希尔弗曼.如何做质性研究[M].李雪,张颉颖,译.重庆:重庆大学出版社,2009.

7. 〔英〕迪姆·梅.社会研究——问题、方法与过程[M].李祖德,译.北京:北京大学出版社,2009.

8. 〔美〕布莱洛克.社会统计学[M].沈崇麟,译.重庆:重庆大学出版社,2010.

9. 袁岳,汤雪梅.定性研究方法使用指南——焦点团体座谈会[M].南京:南京大学出版社,2001.

10. 金勇进,李序颖,蒋妍.抽样技术[M].北京:中国人民大学出版社,2002.

11. 郝大海. 社会调查研究方法 [M]. 北京：中国人民大学出版社,2005.

12. 张蓉. 社会调查研究方法 [M]. 北京：高等教育出版社,2005.

13. 周孝正,王朝中. 社会调查研究 [M]. 北京：中央广播电视大学出版社,2005.

14. 边燕杰,李路路,蔡禾. 社会调查方法与技术——中国实践 [M]. 北京：社会科学文献出版社,2006.

15. 水延凯等. 社会调查教程（4版）[M]. 北京：中国人民大学出版社,2007.

16. 徐经泽. 社会调查理论与方法 [M]. 北京：高等教育出版社,2010.

17. 邢占军,衣芳. 社会调查研究方法 [M]. 北京：人民出版社,2010.

18. 文军,蒋逸民. 质性研究概论 [M]. 北京：北京大学出版社,2010.

19. 潘绥铭,黄盈盈,王东. 论方法——社会学调查的本土实践与升华 [M]. 北京：中国人民大学出版社,2011.

20. 张晓琼. 社会调查研究方法教程 [M]. 济南：山东人民出版社,2011.

21. 风笑天. 现代社会调查方法（5版）[M]. 武汉：华中科技大学出版社,2014.

22. 王明柯. 反思史学与史学反思 [M]. 上海：上海人民出版社,2016.

23. 黄盈盈等. 我在现场——性社会学田野调查笔记 [M]. 太原：山西人民出版社,2017.

24. 王雨磊. 学术论文写作与发表指引 [M]. 北京：中国人民大学出版社,2017.

25. 风笑天. 社会研究方法（5版）[M]. 北京：中国人民大学出版社,2018.

26. 王明柯. 游牧者的抉择——面对汉帝国的北亚游牧部族 [M]. 上海：上海人民出版社,2018.

致　谢

　　与日常行政事务不同，也与其他诸多学科的研究性质不同，基于大量一线调研的社会现象研究，除了对现实问题的敏锐性、学术功底的扎实性、潜心研究的耐久性提出了要求之外，因其庞大的调研规模和敏感的调研性质，还对组织动员调研团队、协调调度各方资源的能力提出了高要求，更对个人的政治敏锐性，以及兼顾政治和学术的能力提出了更高要求。在我课题组对三十多个社会群体的调研中，几乎每一次都会动员上百人的调查员队伍和访问员队伍，其范围经常遍布全国多个城市，培训、分组、路线、用餐、住宿、记录、人身安全等事务千头万绪，有时还需要协调公安、国安、网信办等部门支持配合，工作量大，协调部门多，时间跨度长，需要很强的管理运筹能力。调研中还经常遇到突发事件，这就要求调查者具备较强的应急反应能力和舆情应对能力。

　　很多人好奇："常年坚持这么大强度地深入一线做社会调研，还有大量纷繁复杂的行政工作，你是怎么坚持下来的？"回顾自己过去的学术生涯，我感到比较惊讶的是，感情——自己学术研究的问题意识来源，其实比理性的作用更根本。我们习惯认为，"问题意识"主要来自一个人的理论修养，但在我的人生经历之中，它更多来自感情——对弱小个体的感情，对普通大众的感情。感情的驱动，往往区别于纯粹的理性思考，但也许更强有力、更能成为激励一个人长期行为的原发动力。当然，感情也会产生负向引导。把控情感的关键在于要从对社会现象的矛盾思考中获得建设性的前行力量而不是悲观化的怨艾情绪。同时，还要把感性的求善和理性的求真结合起来，找到支撑自己长远发展、超越功利得失的人生目标。当然，这也和个人的成长背景、性格特点、经历遭遇等有一定的关联，具有较大的偶然性。

本书虽然署名是我，但却是课题组所有成员共同努力的成果。无论是在学术上，还是在生活上，他们都让我获益良多、受益匪浅。正是因为有了他们的鞭策，我才得以孜孜不倦，勇往直前。十余年来，与其说是我带领他们，不如说是他们给我以启发，赋我以能量。具体到这本书，为写作做出重要贡献的有：

冯丹，北京市经济与社会发展研究所副研究员、社会研究部副部长，主要研究领域为社会群体、社会公共服务等。

芦垚，北京大学中国与世界研究中心特聘研究员，原新华社《瞭望东方周刊》时政编辑部主任，长期从事时政领域报道。

张钊，阿里巴巴高级用户研究专员，主要研究领域为互联网数据分析、消费洞察、人口市场细分、社会政策分析等。

周宇香，中国青少年研究中心助理研究员，人口学博士，主要研究领域为人口社会学，包括青年问题和婚姻家庭等。

当然，先后参与我课题组的核心成员有数十人之多，如果算上十余年来课题组的调查员和访谈员，估计要有数千人之多。应当讲，他们或多或少都参与了书中案例的调研和写作，受篇幅所限，恕我不能一一列出他们的名字。但每每想到他们，我都觉得自己有更大的责任去记录伟大的时代，讲好中国的故事。

要特别感谢在学术上帮助我的各位领导和专家学者，我能有今天的成果，与他们的包容鼓励和指导教诲密不可分。我也要感谢家人的理解与支持，本书算是对我长期忙于工作、疏于顾家的一种回应与补偿吧。

人生即将步入不惑之年，对很多东西的看法与年轻时差别很大。我常有感慨，在雄浑的自然面前，人是渺小的，心中会生出悲，这种悲是"念天地之悠悠，独怆然而涕下"的悲，是独坐江上，面对江水滔滔、明月朗朗生出的悲。说到底，要对自然有敬畏，对生命有尊重。因此，感悟到自己的渺小，才能领略宇宙的浩瀚；体验到生命的价值，才会谦卑和感恩。这种思考反映到学术研究中，就是我们的成果不能成为高高在上的俯视解读和冷漠刻薄的对策研究，而是要以人性的温情进入，以平等的视角切入，以坚实的学术品格呈现出来的时代结晶。

未来的日子，无论是小我还是大我，自己仍要努力向上生长。小我，做到内核坚实、成色精良，无傲气有傲骨，无限收缩体积，增加质量密度，成为中流砥柱。大我，做到心胸宽阔、见识深邃、境界高远，富有仁爱与悲悯，肩负更多责任与使命，与国家和时代共同成长。我始终坚信：国家的一小步，是我们的一大步；我们的一小步，是国家的一大步。

一句话：不忘初心、牢记使命，珍惜所有，不懈奋斗！